章成林 甘泗群 著

武陵山区制度变迁与经济社会发展研究

上海财经大学出版社

图书在版编目(CIP)数据

武陵山区制度变迁与经济社会发展研究 / 章成林，甘泗群著. -- 上海：上海财经大学出版社, 2025. 6.
ISBN 978-7-5642-4635-8

Ⅰ.F127.7

中国国家版本馆 CIP 数据核字第 2025HM5154 号

□ 策划编辑　杨　闯
□ 责任编辑　杨　闯
□ 封面设计　张克瑶

武陵山区制度变迁与经济社会发展研究
章成林　甘泗群　著

上海财经大学出版社出版发行
(上海市中山北一路 369 号　邮编 200083)
网　　址:http://www.sufep.com
电子邮箱:webmaster@sufep.com
全国新华书店经销
江苏凤凰数码印务有限公司印刷装订
2024 年 6 月第 1 版　2025 年 6 月第 1 次印刷

710mm×1000mm　1/16　14.25 印张(插页:2)　196 千字
定价:78.00 元

引　言

在当今全球化的背景下，一些国家和地区民族矛盾凸显，社会冲突与撕裂加剧。与之形成鲜明对比的是，新中国成立后包括武陵山区在内的南方少数民族地区社会安定，区域融合程度较高，整体呈现出趋同性特征。分析其中的缘由，制度是重要的内因。如何通过持续的制度变迁促进经济增长与社会稳定，进而实现共同富裕仍然是我们需要关注的问题，也是本书的研究背景。对武陵山区制度变迁与经济社会发展的研究有助于探索构建中华民族共同体意识的路径、丰富马克思主义政治经济学和新制度经济学相关学说；同时有助于探讨在西部民族地区通过制度变迁来推进经济发展、思考制度变迁推动地区与民族融合的路径，推动包括武陵山区在内的民族地区的进一步发展与融合，最终实现共同富裕。

本书以武陵山区制度变迁与经济社会发展为切入点，分别阐述了改土归流、新中国成立和改革开放三个重要时期的制度变迁事件，论述了制度变迁和经济社会发展与区域融合的内在逻辑，试图阐明以下问题：区域发展与民族融合需要一定的物质基础，而制度变迁产生的绩效有助于经济增长与社会发展水平的提升；制度改革能更有效地实现经济持续增长，推动区域民族融合与共同繁荣，实现中华民族的伟大复兴。

第一章阐述了相关的概念与定义，梳理了马克思主义政治经济学、新制度经济学以及民族学、人类学相关理论。本书结合产权、交易成本等理论,分析了如何通过制度变迁明晰产权、降低交易成本,提升组织效率、市场活力、市场网络的构建和经济持续增长的动力;并在此过程中阐述了生产生活方式的变化如何对文化产生影响进而引起整个社会意识变化。

第二章分析了改土归流制度的变迁历程与影响。首先分析了改土归流制度变迁产生的前提,介绍了改土归流前长期存在的土司制度的形成与发展以及土司制度的经济基础和经济社会发展情况;然后从政治、经济和社会层面分析了改土归流制度变迁的背景过程;最后分析了制度的变迁产生的人口增长、土地可开垦面积的增多、生产方式变化以及市场活跃的制度绩效,并认定加强统一管理提升了地区的国家认同意识,促进了经济融合与社会融合。

第三章首先阐述了制度变迁的背景,即晚清、民国时期武陵山区的早期现代化的探索和该时期边区的新民主主义社会发展状况;然后阐述了新中国成立带来的制度变迁彻底终结了农奴与封建社会长期存在的剥削制度,在全国范围内土地改革和社会主义改造背景下建立社会主义制度,公有制经济得以确立,社会生产力得到极大的解放与发展,制度变迁产生的绩效表现为农业生产力水平的提升、为工业化奠定制度框架以及交通基础设施建设的初步发展。制度变迁同时为民族区域自治政策提供了制度基础,建立了平等化的民族关系,推动了教育发展与文化交融。

第四章分析了改革开放的制度变迁历程。改革开放在全国范围内逐渐引入市场机制,为经济社会发展带来新的活力。从农村到城市,再到后面的社会主义市场经济体制的建设,制度变迁为产业、市场的发展与基础设施建设水平的进一步提升产生了积极的影响。而随着经济社会的发展,武陵山区各民族社会表征更加交融,语言与衣食住行上高度趋同,文化整合达到较高程度。区域融合表现为城镇化进程不断推进,为习俗不断变迁以及传统文化的现代改造和开发创造了条件。

第五章对制度变迁影响经济社会发展进行了实证分析。通过分析制度变迁对经济增长的假设，我们认为在一般情况下制度变迁的一般路径为制度变迁需求产生——制度变迁过程——制度变迁结果。此后在论证制度变迁对经济增长的基础上对其进行实证分析，构建C-D模型，分析人均资本、人均产出和制度变迁的关系，得出的结论是，长期的制度变迁对地区经济增长具有显著正向效应。

结论和展望部分提出了相应的建议。武陵山区要通过不断的制度变迁来缩小区域发展差距、推动要素市场流动降低交易成本、培育现代市场意识、推进工业社会向信息社会的转变、跟上时代的潮流并融入全国统一大市场，实现经济社会和谐与繁荣。为此，需要构建有效的组织、协调各方利益关系、构建制度风险保障制度、因地制宜选择制度变迁方式、加强文化建设，培养内生动力。

目　录

绪　论 /001

第一节　研究背景和意义 /001
　一、研究背景 /001
　二、研究意义 /004

第二节　研究综述 /005
　一、改土归流制度变迁的影响 /005
　二、制度变迁与实证研究 /019
　三、地方志、史籍等材料 /030
　四、研究述评 /031

第三节　研究目的、内容与方法 /032
　一、研究目的 /032
　二、研究主要内容 /032
　三、研究方法 /033
　四、本书结构 /033
　五、研究创新点与不足 /035

第一章 相关概念及理论基础/036

第一节 相关概念/036

一、武陵山区域/036

二、制度/038

三、中华民族共同体意识/043

第二节 相关理论/044

一、马克思主义政治经济学/044

二、产权理论/046

三、交易成本理论/052

四、经济人类学/060

第二章 改土归流制度变迁历程与影响/069

第一节 武陵山区土司制度的形成与发展/070

一、土地所有制及农业的发展/071

二、手工业与商业的发展/076

第二节 改土归流的历史变迁/079

一、改土归流的背景/079

二、改土归流的历史必然/084

三、改土归流制度变迁/088

第三节 改土归流制度变迁的绩效/096

一、人口的增长/096

二、土地可开垦面积增多/100

三、生产方式的变化/102

四、市场的活跃/105

第四节 改土归流对社会发展的影响/110

一、推动统一多民族国家建设/110

二、促进经济融合发展/112

三、促进社会融合发展/115

第三章 新中国成立时期的制度变迁/117

第一节 近代武陵山区经济社会发展概况/118

一、区域经济的早期现代化发展/118

二、经济制度影响下的社会变迁/121

三、边区革命根据地发展/124

第二节 新中国初期制度变迁历程/125

一、土地制度变迁/126

二、全行业的国有化/131

三、市场交易的稳定与恢复/135

第三节 制度变迁产生的绩效/137

一、农业生产力水平提升/137

二、为工业化奠定了制度框架/140

三、交通基础设施的初步发展/141

第四节 制度变迁对社会发展的影响/143

一、民族区域自治的实行/143

二、平等化的民族经济关系/144

三、教育与文化事业发展/144

第四章 改革开放时期的制度变迁/148

第一节 制度变迁的历程/149

一、农村土地制度改革/149

二、城市产权制度改革/151

三、社会主义市场经济体制建设/152

四、财政制度的变迁/154

第二节　制度变迁的绩效/157

一、产业发展/157

二、市场的发展/159

三、基础设施建设/161

四、财政与金融/162

第三节　制度变迁对社会发展的影响/163

一、推进城镇化进程/163

二、习俗变迁/165

三、传统文化的现代发展/168

第五章　制度变迁与区域经济发展实证分析/172

第一节　制度变迁对经济增长的假设/173

一、制度的帕累托最优/173

二、宏观视角下制度变迁一般路径/174

第二节　制度变迁对经济增长影响模型构建/176

一、制度变迁的经济解释/176

二、模型构建与方法/178

三、实证分析/181

结论与展望/191

参考文献/196

绪 论

第一节 研究背景和意义

一、研究背景

习近平总书记曾提到:"制度是关系党和国家事业发展的根本性、全局性、稳定性、长期性问题。我们扭住完善和发展中国特色社会主义制度这个关键,为解放和发展社会生产力、解放和增强社会活力、永葆党和国家生机活力提供了有力保证,为保持社会大局稳定、保证人民安居乐业、保障国家安全提供了有力保证,为放手让一切劳动、知识、技术、管理、资本等要素的活力竞相迸发,让一切创造社会财富的源泉充分涌流不断建立了充满活力的体制机制。"[①] 2019年,习近平总书记再次强调了制度建设的重要意义,把制度建设和治理能力建设摆到更加突出的位置,继续深化各领域各方面体制机制改革,推动各方面制

---

① 习近平. 在庆祝改革开放 40 周年大会上的讲话[N]. 人民日报,2018—12—19(1).

度更加成熟更加定型,推进国家治理体系和治理能力现代化。

当今全球范围内,随着人类社会向前发展,在百年未有之大变局下,中等收入陷阱、发展停滞倒退、贫富差距拉大等一系列经济社会问题凸显,造成一些国家和地区民族矛盾凸显,社会冲突与撕裂加剧,甚至造成分裂(如苏联、东欧和一些非洲地区)。与上述矛盾形成鲜明对比的是新中国成立后包括武陵山区在内的南方少数民族地区社会逐渐稳定,地区融合程度较高,经济生活与文化交融下展现出趋同性特征。所以,如何通过制度变迁追求乃至实现帕累托最优,促进经济增长与社会稳定团结是我们需要持续关注的问题。

任何事物的存在和发展都是内部因素与外部因素共同作用的结果,而内因是最主要的,也是事物发展变化的根据[①],一个国家和地区能否顺利地实现发展目标,制度是其中一个重要内因。本书拟通过制度经济学角度分析制度变迁对经济增长的影响,以及如何进一步影响社会发展,推动区域与民族融合,分析包括武陵山区在内的南方少数民族地区如何通过制度变迁推动经济增长,进而带动社会发展,最后实现民族融合。制度变迁影响绩效,制度同样属于上层建筑的范畴,经济基础与上层建筑的矛盾表明,在经济发展到一定阶段后,会产生相应的制度需求,包括经济、政治、社会等各个层面,如果此时制度变革能有效推进,适应生产力和经济发展的要求,那么一个国家和地区能继续向前发展,反之上层建筑会反作用于经济基础,产生一系列矛盾,使国家和地区发展停滞乃至倒退。

制度变迁是社会科学研究中一个重要的视角,尤其是随着我国改革开放的深入和全球化进程的推进,伴随着经济、法律等制度层面的变革给人们带来的巨大影响,人们认识到制度对经济社会发展的重要性,国内外学术界开始重新探讨不同时期制度变迁对经济社会发展的影响。发展是人类社会永恒的主题。张培刚先生认为,我们要从社会经济发展的历史维度进行溯源分析,只有懂得

---

① 赵家祥,王元明.马克思主义哲学原理[M].北京:中国人民大学出版社,2005:134.

历史,才能更好地理解中国的发展。① 如何理解和认识一个国家和地区的发展问题,需要我们从历史和过去中寻找。对于制度的研究有许多成果,但其中涉及改革经济社会制度,释放生产力,进而影响区域与民族融合的系统性研究内容不多,故本书希望从不同历史时期制度变迁影响入手,探讨其对区域与民族融合的影响。

选择武陵山地区作为研究地点主要是笔者曾多次去该地区调研,获得了大量的材料和史料。另外,该地区作为"内地的边缘",从经济社会发展条件来看具有过渡性和边缘性的特征,一是客观地理环境处于地形第二阶梯向第三阶梯过渡的区域;二是从区位上看,处于四省交界地带,各民族南来北往的频繁之地与各种文化交叉融合的地区。故该地区的几次重要制度变迁加速了地区发展与融合。改土归流打破了地区的封闭性,推动区域内生产生活方式与中原地区逐步趋同,推动了商品经济的发展;新中国成立是通过改变生产关系解放生产力,追求经济现代化(即工业化);而改革开放则是通过经济体制改革使武陵山地区积极融入全球化的浪潮,降低与外界的交易成本,增强了经济社会活力,在追求经济现代化的同时追求社会现代化,即现代市场机制的构建、市场意识的培育等。三次制度变迁中改革开放的社会影响最大,这也是从经济社会等不同维度得出的结果。

"我们悠久的历史是各民族共同书写的……我们辽阔的疆域是各民族共同开拓的……明代清代在西南地区改土归流,历朝历代的各族人民都对今日中国疆域的形成作出了重要贡献。"②因此,"要推动各民族共同走向社会主义现代化……全面支持各民族地区的深化改革、扩大开放,提升自我发展能力"。制度变迁贯穿重要历史时期,也影响后续的发展。我们通过对武陵山地区几个重要时期制度变迁及对区域融合的研究,吸取制度变迁的重要经验,为当今武陵山

---

① 张培刚.懂得历史,才能更好地理解中国的发展[J].江汉论坛,2001(11):5-8.
② 习近平.在全国民族团结进步表彰大会上的讲话[N].解放军报,2019-09-28(2).

地区发展提供一定的历史与现实经验。

二、研究意义

(一)理论意义

1. 铸牢中华民族共同体意识路径的探索与构建

中华民族共有观念作为国家的稳定基础、民族和谐的核心动力,对于维护国家和民族的精神力量至关重要,只有顺应社会发展趋势的制度才符合中华民族的根本利益,才能有助于地区与民族融合。习近平总书记指出:"要铸牢中华民族共同体意识,促进各民族交往交流交融。"[1]本书从武陵山区改土归流、新中国成立以及改革开放几个重要时期的制度变迁出发,研究其对区域经济社会发展与民族融合的影响,探索制度变迁构建中华民族共同体意识的路径,并进一步丰富和发展中华民族共同体意识理论。

2. 丰富马克思主义政治经济学相关学说

研究中的制度变迁涉及马克思主义政治经济学中的生产力与生产关系、经济基础与上层建筑之间的关系与作用,有助于丰富发展马克思主义政治经济学内容。

3. 丰富新制度经济学相关理论

通过一系列文献材料分析不同时期制度变迁过程及对社会生活的影响,本书阐述改土归流、新中国成立与改革开放几次重要制度变迁过程中的经济社会绩效及所带来的变化,进一步发展制度变迁理论、产权理论和市场理论。

(二)现实意义

1. 探讨在西部民族地区通过制度变迁来推进经济发展

本研究有助于认识地区不同的社会结构和不同发展路径选择,认识融合发展的过程中社会边缘性和社会组织方式的多样性,加强对地区制度变迁的认

---

[1] 王延中.铸牢中华民族共同体意识的战略意义[N].光明日报,2022-08-18(6).

识,为当今区域经济开发提供历史经验与借鉴。

2.思考制度变迁推动地区与民族融合的路径

在民族融合的过程中,经济融合是基础。在经济融合的基础上武陵山地区间交流日益频繁,思想文化上与中原地区互相学习、互相影响,从封闭走向开放,才能逐步形成文化认同、国家认同等意识形态精神层面的认同。本研究通过对武陵山地区制度变迁与民族融合研究,分析相关路径,为地区未来发展和民族融合的实施路径提出对策。

3.有助于加强民族团结、长治久安,实现共同富裕

研究武陵山地区重要时期的制度变迁,了解其过程及影响,系统分析制度变迁与融合的关系,对于实现地区进一步民族融合、各民族共同繁荣、实现中华民族伟大复兴具有重要现实意义。

第二节 研究综述

制度变迁的相关文献较多,本书主要参考武陵山地区改土归流与新中国成立后及改革开放的相关研究,包括历史、经济、文化等多个领域,这些领域均不同程度地涵盖了制度变迁的内容,而武陵山地区人口构成基本以土家族为主,故一些学者把武陵山地区视作土家族区域来研究。[①] 另外,武陵山地区的改革开放制度变迁则需要参考其他地区乃至全国的相关研究,同时制度变迁也涉及实证分析,故需要参考计量史的发展。

一、改土归流制度变迁的影响

清中期大规模实施的改土归流是包括武陵山地区在内整个南方民族历史进程中重要的制度变迁事件,其对后续区域发展和融合产生了深远影响。许多

---

① 部分学者把武陵山地区分为湘西(湘西北)、黔东北、川东(渝东南)和鄂西(鄂西南)四个小区域进行研究。

学者以不同视角和理论对改土归流进行研究,丰富并发展了相关学术理论。

(一)改土归流历程

1.经济史视角

李干等(1996)讨论了土家族地区的古代、近代和现代经济史,收集了各个历史时期土家族的三大行业(农业、手工业和商业)的相关材料,并用专门的章节描述了改土归流后的三大行业发展状况。[①] 陈安国(1999)研究了改土归流后近代晚清以来土家族地区的经济发展。[②] 周兴茂(2002)则关注土家族地区的经济制度的演进,以此为经济史研究的主线研究原始社会、奴隶制、封建制、新中国成立等不同历史时期的生产力、经济结构和生产关系,对比了改土归流前后经济结构和生产关系的差异。[③] 邓辉(2002)则关注土家族地区改土归流之前的古代经济史,主要研究了生产生活方式、劳动力制度和赋役制度。[④] 吴永章和田敏(2007)研究了从先秦至清代历代鄂西民族地区的政治、经济、社会、文化、民俗诸方面的发展演变过程[⑤],论述了改土归流过程及对区域消费生活、民族教育和各种习俗的影响。《土家族简史》修订本编写组(2009)编写的著作论述了土家族的族源以及土家族历史时期(封建社会、半殖民地半封建社会、社会主义时期)的传统文化,重点强调了土司制度和改土归流对土家族经济发展历史进程的重要性,阐述了现代史上土家族地区实施民族识别以及民族区域自治制度的过程。[⑥] 马天卓(2010)关注川东南三厅(叙永、石柱、黔江)清代农业变迁与近代工业文明转型,并提到了改土归流对民族共同体和原有文明的影响。[⑦] 杨洪林(2013)从移民发展历程的视角深入探讨了明清时期移民与鄂西南少数民族地

[①] 李干,周祉征,李倩.土家族经济史[M].西安:陕西人民出版社,1996:10-33.
[②] 陈国安.土家族近百年史(1840-1949)[M].贵阳:贵州民族出版社,1999:40-75.
[③] 周兴茂.土家族区域可持续发展研究[M].北京:中央民族大学出版社,2002:20-45.
[④] 邓辉.土家族区域经济发展史[M].北京:中央民族大学出版社,2002:1-34.
[⑤] 吴永章,田敏.鄂西民族地区发展史[M].北京:民族出版社,2007:1-19.
[⑥] 土家族简史修订本编写组.土家族简史(修订本)[M].北京:民族出版社,2009:1-17.
[⑦] 马天卓.清代四川土家族苗族地区的城市发展[J].西南民族大学学报:人文社科版,2010(10):38-44.

区乡村社会变迁的演变过程以及其间的联系,并详细阐述了移民在改土归流过程中对社会经济生活的影响。①龙先琼(2014)以区域开发和社会变迁的史实分析为重点,梳理了改土归流后近代湘西开发的历史过程,阐述了湘西开发治理引发的社会历史变迁的基本情况。②朱圣钟(2015)阐述了从唐宋到清末土家族地区发展的客观地理环境、地域空间,涉及交通地理、农业地理、手工业地理和商业地理等方面,其中也涉及改土归流的内容。③

2. 制度视角

郑大发(1982)指出建立在封建领主制经济基础之上的土司制度到明末清初阻碍了湘西地区的经济社会发展,故改土归流在经济层面有助于解放生产力,进而加强区域融合,巩固统一的多民族国家。④彭官章(1983)研究了土家族地区的封建农奴制度的政治、经济、文化等形态,并指出,随着生产力的发展,到了明清之际,这种制度显示出对社会生产发展的阻碍作用,最终通过改土归流得以废除。⑤彭武一(1985)研究了土司时期土家族地区的封建地主经济,指出其主要特征是地主阶级通过租佃役让佃户耕种其土地,另外,在有"旗"的地方还存在原始农村公社的组织,故得出以下结论:佃户以及村社的贫苦农民遭受土司的超经济剥削,而改土归流使原有的原始农村公社逐步瓦解,在鸦片战争之前逐步形成封建地主经济。黄仕清(1986)⑥从政治、经济和文化三个方面对比改土归流前后土家族地区的开发情况。⑦刘东海(1987)对恩施地区改土归流的原因、过程和结果进行了论述,重点提到了改土归流在经济制度上的影响,涉

---

① 杨洪林.明清移民与鄂西南少数民族地区乡村社会变迁研究[M].北京:中国社会科学出版社,2013:80,160—170.
② 龙先琼.近代湘西开发史研究:以区域史为视角[M].北京:民族出版社,2014:41—110.
③ 朱圣钟.区域经济与空间过程——土家族地区历史经济地理规律探索[M].北京:科学出版社,2015:30—174.
④ 郑大发.试论湘西土家族地区的改土归流[J].吉首大学学报:社会科学版,1982(2):48—55.
⑤ 彭官章.试论土家族封建农奴制度[J].民族论坛,1983(1):31—39.
⑥ 黄仕清.略论清代前期土家族地区的开发[J].中南民族学院学报:哲学社会科学版,1986(1):59—61.
⑦ 彭武一.明清年间土家族地区社会经济实况[J].吉首大学学报:社会科学版,1985(2):14—19.

及土地所有制、赋税、生产技术、经济贸易和对外交流等层面。[1]陈廷亮(1987)则分析了改土归流对武陵山湘西地区封建地主制经济的影响,认为改土归流后社会生产力得到发展,出现了零星的资本主义经济萌芽,这种变化是湘西地区经济发展的结果。[2]彭官章(1991)认为改土归流在土家族地区经济和政治制度上产生非常深远的影响,促进了土家族地区社会、政治、经济的发展。[3]周兴茂(2002)分析了土家族区域从原始时代、奴隶制、封建制和新中国成立至改革开放前的区域经济史分期及基本特征,认为其对于当代的可持续发展具有重要的影响与制约。[4]朱圣钟(2002)详细阐述了不同历史阶段中土家族的农业地理、手工艺地理和商业地理情况,并对这些领域的变化趋势做了深入研究。[5]他最终得出结论:从历史角度来看,土家族区域的经济构造及其转变过程得到了清晰呈现。同时,他还探讨了改土归流这一重大历史事件对于当地农业、手工业和商贸业产生的影响。同样,喻湘存(2002)也强调了湘西苗族和土家族地区在过去和现在湘西经济社会发展中的密切关联,这可追溯到隋唐之前他们受羁縻制度影响而形成的自给自足式经济模式,也可以看到隋唐至明清期间他们的开垦经济和改革开放之后的发展型经济。[6]邓辉(2004)通过对其所在地的土家族社会的特点和社会组织形式——封建农奴制加以剖析,揭示了其独特的经济形态。[7]然而,由于土司制度逐渐无法满足社会进步的需求,因此改土归流成为一种历史必然选择;而在改土归流实施以后,该地区便步入了封建地主经济的时代。雷翔(2005)则关注了土家族地区的游耕制度与土司制度,研究了两者之间

---

[1] 刘东海.雍正朝在鄂西的改土归流[J].湖北民族学院学报:哲学社会科学版,1987(4):92-98.
[2] 陈廷亮.改土归流与湘西土家族地区封建地主制经济的最终确立[J].吉首大学学报:社会科学版,1987(4):39-45.
[3] 彭官章.改土归流后土家族地区的巨大变化[J].吉首大学学报:社会科学版,1991(4):48-52.
[4] 周兴茂.从土家族区域经济史看当代可持续发展[J].湖北民族学院学报:哲学社会科学版,2002(2):26-30.
[5] 朱圣钟.鄂湘渝黔土家族地区历史经济地理研究[D].西安:陕西师范大学,2002:1-67.
[6] 喻湘存.湘西苗族土家族地区历史经济述略[J].湖南商学院学报,2002(5):36-39.
[7] 邓辉.土家族区域土司时代社会性质初论[J].湖北民族学院学报:哲学社会科学版,2004(3):36-41.

兴盛与衰退的关联,并分析了改土归流的利弊。[①] 陈延亮(2006)探究了土司时期湘西土家族的社会阶级关系和结构以及由此产生的土地分配状况,在此基础上分析了武陵山湘西地区的社会经济形态。[②] 其研究发现,明清更迭时期生产发展导致的土地逐渐私有化,是该地区封建领主制经济向封建地主制经济转变的关键因素。李虎(2010)认为土家族历史上的改土归流是一次具有里程碑意义的政治和经济转型。这种转变在客观上促进了经济和文化各个层面的交融,对农业、手工业以及商业产生了影响。[③] 刘琼(2017)以环境史的视角分析了清代3个时期的不同时代状况对土家族地区的开发以及生计方式对环境的影响,其中制度变迁的内容主要涉及土司改流与改流后的制度,改土归流后地区经济开发与人口增长情况以及晚清时期西方资本入侵下近代工商业的发展。[④] 王航(2020)认为南方地区"改土归流"经济逻辑为白银货币化与"摊丁入亩"减轻了封建依附关系,动摇了土司统治。[⑤] 郄玉松(2021)指出清代湖广土家族地区改土归流的经济政策在一定程度上避免了土客矛盾的激化,有利于湖广土家族地区文化的繁荣、经济的发展和社会的稳定。[⑥]

3. 产业发展视角

王承尧(1985)关注湘西桐油产业历史,分析了桐油生产在湘西地区经济发展的地位和作用,探讨在新的历史条件下如何更好地利用其资源禀赋条件来推动区域民族经济的发展,提升人民生活水平。[⑦] 李干等(1996)收集了武陵山地区从上古到现代不同时期农业、手工业和商业的相关一手材料,详述了该地区

[①] 雷翔.游耕制度:土家族古代的生产方式[J].贵州民族研究,2005(2):82—87.
[②] 陈延亮.土司时期湘西土家族地区社会经济形态简论[J].吉首大学学报:社会科学版,2006(2):89—92.
[③] 李虎.论清代改土归流对土家族地区经济开发的影响[J].重庆三峡学院学报,2010(5):59—63.
[④] 刘琼.清代土家族地区开发与环境变迁研究[D].武汉:华中师范大学,2017:81—125.
[⑤] 王航.南方地区改土归流发生逻辑与策略探析[J].黔南民族师范学院学报,2020(5):16—22.
[⑥] 郄玉松.试论改土归流后流官的施政策略——以清代湖广土家族地区为例[J].遵义师范学院学报,2021(4):18—22.
[⑦] 王承尧,秦加生.油桐生产在湘西少数民族经济中的历史地位及其作用[J].中南民族学院学报:哲学社会科学版,1985(1):15—22,25.

土家族的经济发展情况。[1] 王朝辉(1996)以永顺县王村为调研对象,研究了当地桐油产业的历史(比如油桐的种植、桐油贸易与桐油水路物流运输等),分析了湘西地区改土归流后桐油产业发展对地区农业经济变迁的影响。[2] 吴旭(1997)讨论了清代鄂西地区生计方式的变化,从文化、经济、人口角度分析发生制度变迁的原因。[3] 段超(1998)则关注了改土归流前后土家族地区农业开发的差异及影响,认为总体上改土归流刺激了土家族地区农业的发展,表现为地区耕地开垦的面积扩大、农作物种植种类增多以及粮食作物和经济作物的种植面积显著扩大。[4] 杨国安(1999)以人口发展史视角分析了明清时代的移民大量涌入对鄂西南地区农业开垦的影响。[5] 朱圣钟(2000)以历史上土司时期及改土归流时期三个阶段来分析鄂西南地区农业结构的变化及自然条件、国家政策、移民等对农业结构的影响。[6] 朱圣钟(2004)的研究则表明,从历史角度来看,土家族区域内的农业构成变化实质上是一个包括农耕、捕鱼狩猎及采摘共存的过程,其中农耕活动逐步主导了整个农业领域的发展。"改土归流"政策实施之后,农耕成为主要的农业产业,然而过度依赖农耕可能对当地环境造成严重影响,进而引发生态系统的恶化。[7] 黄柏权等(2005)探讨了土家族纺织行业的成长过程及其背后的各种因素,这些因素包括社会经济发展状况、价值观转变、经济政治环境变动以及社会对其关注度等方面。[8] 廖桂华(2006)探讨了改土归流

---

[1] 李干,周祉征,李倩.土家族经济史[M].西安:陕西人民出版社,1996:1-22.
[2] 王朝辉.试论近代湘西市镇化的发展——清末至民国年间的王村桐油贸易与港口勃兴[J].吉首大学学报:社会科学版,1996(2):32-39.
[3] 吴旭.论清代鄂西土家族食物获取方式的变迁[J].湖北民族学院学报:社会科学版,1997(2):33-35.
[4] 段超.清代改土归流后土家族地区的农业经济开发[J].中国农史,1998(3):56-63.
[5] 杨国安.明清鄂西山区的移民与土地垦殖[J].中国农史,1999(1):16-28.
[6] 朱圣钟.鄂西南民族地区农业结构的演变[J].中国农史,2000(4):27-33.
[7] 朱圣钟.历史时期土家族地区农业结构的演变[J].湖北民族学院学报:哲学社会科学版,2004(2):38-43.
[8] 黄柏权,游红波.土家族织锦的发展演变及其现代启示[J].湖北民族学院学报:哲学社会科学版,2005(2):8-13.

后,尤其是近代以来恩施桐油贸易在区域经济社会发展中的作用。① 李良品(2008)分析了乌江流域土司时期土家族地区的整体经济发展,认为这一时期农业生产稳步发展、商业贸易有一定发展,但工业发展缓慢。产业的发展主要受制于地理环境、政策措施、移民屯垦、技术推广运用和交通建设。② 王高飞(2013)从环境效应视角出发,认为在改土归流后,大量移民涌入土家族地区,带来中原地区新的高产农作物、先进生产工具和生产方式,推动农业、手工业、工商业等领域的发展,但开发过程中人地矛盾开始凸显,一段时间后出现过度开发现象,生态环境问题日益严峻。③ 龙先琼(2014)对湘西桐油业多有论述。④ 郗玉松(2014)则指出清代改土归流后,大量移民携带先进的生产工具和生产技术进入武陵山的湘西地区,该地区的各级流官不遗余力采取措施,推动农户开垦荒地、吸纳并推广先进的农业生产技术、为增加收入和人口引进新的粮食作物和经济作物等,极大提升了湘西地区的农业发展水平。⑤ 陈明和柴福珍(2016)通过深入剖析清朝时期湘西地区的历史文献资料,如《湖南通志》与《永顺府志》等,揭示了改土归流政策实施后湘西地区各农耕领域的发展情况及占比状况,包括农业中的种植业、养殖业、林木产业、水产行业以及其他辅助经济活动。他们发现,人口数量的增加是推动农业结构变化的关键因素。⑥ 莫代山(2016)分析了改土归流措施推行之后玉米的大规模应用如何深刻地影响着当地居民的生活方式、人口分布、文化和经济发展模式,同时还指出其对环境生态系统产生了深远的影响。⑦ 黎帅(2018)指出清代改土归流让黔东北地区农业、手工业、矿

---

① 廖桂华.近代以来恩施桐油的生产及贸易[J].边疆经济与文化,2006(3):18—19.
② 李良品.乌江流域土家族地区土司时期的经济发展及启示[J].湖北民族学院学报:哲学社会科学版,2008(1):1—7.
③ 王高飞.清代土家族地区改土归流及其环境效应初步研究[D].重庆:西南大学,2013:26—34.
④ 龙先琼.近代湘西开发史研究:以区域史为视角[M].北京:民族出版社,2014:63—64.
⑤ 郗玉松.清代湘西土家族地区农业开发初探[J].兰台世界,2014(21):43—44.
⑥ 陈明,柴福珍.清代改土归流后湘西地区农业结构的演变[J].古今农业,2016(2):89—95.
⑦ 莫代山.清代改土归流后武陵民族地区的玉米种植及其社会影响[J].青海民族研究,2016(1):140—143.

业等经济发展水平都有显著提高。[1] 郑丽娟(2020)认为"改土归流"的推进实际上打破了湖南西部地区原本的封闭型自然经济体系。伴随着人类迁移与农业发展的推进,农业生产的构成发生了转变:耕地面积增加、耕种技能不断提高,农产品的类型及多样性也在逐步增长,从而提高了该地区农产品的市场价值。[2]

4.市场视角

潘洪钢(1990)从财政发展历史角度分析了包括鄂西地区在内的中南少数民族地区的税赋政策及所反映的经济发展不平衡状况。[3] 刘孝瑜等(1991)以城市发展史视角观察了鄂西南地区城镇的发展历程,探讨鄂西南集镇商业发展历程。[4] 王朝辉(1996)研究湘西地区改土归流后的市镇化进程。[5] 柏贵喜(1997)分析清代是土家族区域内与区域外产品交换与互补从贡赐为主导转向以市场交换为主导的重要历史时期。在该时期土家族地区的产品逐步实现初级的商品化,这种商品化的过程反映了武陵山地区土家族经济社会的共时性变迁。[6] 陈国安(1999)指出改土归流后,土家族地区产品商品率有所提高,但近代时期受到帝国主义殖民主义的影响,地区自给自足的自然经济逐渐破产,沦为半殖民地经济。同时随着商品交换日趋频繁,土家族地区大大小小的集镇不断形成,一些地方还形成了码头,商贸繁盛。[7] 许檀(2000)认为明清时期生产力与生产关系并无明显的突破,与之形成对比的是经济发展呈现出活力与生机,主要是市场机制的作用。[8] 另外,他的研究深入探讨了当时的全国市场网络结构,根

---

[1] 黎帅.清代黔东北经济开发研究(1644—1840)[D].武汉:中南民族大学,2018:45-70.
[2] 郑丽娟.改土归流后湘西地区的农业开发研究[D].吉首:吉首大学,2020:20-35.
[3] 潘洪钢.清代中南少数民族地区赋税政策概说[J].中南民族学院学报:哲学社会科学版,1990(2):61-65.
[4] 刘孝瑜,柏贵喜.鄂西土家族地区城镇的兴起和发展趋势[J].中南民族学院学报:哲学社会科学版,1991(3):38-45.
[5] 王朝辉.试论近代湘西市镇化的发展——清末至民国年间的王村桐油贸易与港口勃兴[J].吉首大学学报:社会科学版,1996(2):13-19.
[6] 柏贵喜.清代土家族地区商品经济的发展及其影响[J].贵州民族研究,1997(4):143-148.
[7] 陈国安.土家族近百年史(1840—1949)[M].贵阳:贵州民族出版社,1999:43,145.
[8] 许檀.明清时期城乡市场网络体系的形成及意义[J].中国社会科学,2000(3):191-202,207.

据商业规模和城镇人口聚集程度将其细分成三类(即流通中心城市、中型商业镇和乡村集市),结果显示这种城乡市场的建立有力地促进了地区甚至全国范围内的经济发展,同时也表明传统的经济模式正在逐渐转变为以市场为主导的经济形态。而方志远(2001)主要集中于研究明清时代湖南、湖北、江西地区的人口变动及其对当地城乡商品经济产生的作用。方志远(2001)从人口迁移与城乡商品经济两个方面分析了这个特定区域内商品经济的情况,并在此基础上详细讨论了这片区域的商品经济发展如何深刻影响整个明清时期中国的经济布局。[①] 陈延亮(2006)认为对于商品经济而言,武陵山湘西地区生产水平的提升客观上促进了商业贸易的日渐兴旺,一些土司衙署所在地(如永顺)逐步成为商品交换的重要场所。[②] 何伟福(2007)以商品生产及流通为视角,深入探讨并分析了清朝时期贵州省经济发展模式、特性以及其发展方向。他还通过考虑自然资源环境、农作物生产的优化配置、矿物资源的使用等方面,进一步阐述了商品经济发展的特征、历史走向以及它对于贵州社会变化产生的作用等。[③] 同时,他还特别关注了清朝时期黔东北武陵山区的商品经济相关问题。田晓波(2008)详细地讨论了土家族历史上传统的分配方式和交易规则。[④] 尽管改革后的土族地区仍然保持着封建社会传统经济产品的交换原则——等值互换,但在土族人与外部世界进行商业活动或者产品交换的时候,他们往往期待得到比付出更多的东西,这反映出了这种外部的交换行为是基于负面互惠性的。李良品(2008)认为乌江流域土家族地区土司时期商业贸易有适度的发展,并认为在促进少数民族地区的市场经济发展时需要重视以下几个方面的问题:人类居住地

---

① 方志远.明清湘鄂赣地区的人口流动与城乡商品经济[M].北京:人民出版社,2001:140-150.
② 陈廷亮.土司时期湘西土家族地区社会经济形态简论[J].吉首大学学报:社会科学版,2006(2):89-92.
③ 何伟福.清代贵州商品经济史研究[M].北京:中国经济出版社,2007:71-164.
④ 田晓波.土家族历史上的传统分配和交换制度研究[J].湖北民族学院学报:哲学社会科学版,2008(3):6-8.

的损害情况、主要参与者的问题、相关政策的影响及人才需求的问题。[①] 曹端波(2009)认为清朝时期的武陵山区湘西地带由于区域开垦导致一些有规模的市场城镇出现,这些城市吸引了很多外地居民并提供大量的劳动力,此外,交通运输设施的完善也为产品的制造和销售创造了便利条件,而教育事业的进步则为城市的进一步壮大提供了知识支持。所有这些要素都互相作用,共同推进着武陵山区湘西地带市场的兴旺和成长。[②] 李锦伟(2010)从丰富的物产资源、道路交通的改善和农村市场的发展三个方面探讨了清代黔东农村商品经济发展的内部条件。[③] 安元奎(2011)认为自古以来,川渝与贵州之间就存在一条主要依赖乌江航运,同时也能进行水陆交通的盐油古道。这条古道覆盖了四川、重庆、贵州和湖南,对贵州土家族地区的经济文化发展产生了深远影响,其影响力甚至可以媲美滇藏之间的茶马古道。[④] 王高飞(2013)认为改土归流后土家族地区加强了对外交流,商业贸易更加活跃,实现了经济与社会的快速发展。[⑤] 廖桂华(2013)认为为了保证集镇的健康稳定发展,必须在国家和社会之间建立一个平衡点。也就是说,只有当国家控制政治、经济等时,才能充分利用社会在资源配置上的优势。[⑥] 龙先琼(2014)从开发史入手对湘西多种农产品的商品化及手工业生产进行了研究。[⑦] 朱圣钟(2015)对改土归流后土家族地区的农村集场分布情况进行了研究并得出如下结论:受到客观环境与经济发展影响,晚清时期鄂西南、川东南地区集市分布相对紧密,而湘西与黔东北地区相对稀疏。[⑧] 宋祖顺

[①] 李良品. 乌江流域土家族地区土司时期的经济发展及启示[J]. 湖北民族学院学报:哲学社会科学版,2008(1):1-7.
[②] 曹端波. 清代湘西商业市镇的发展及其原因[J]. 吉首大学学报:社会科学版,2009(1):39-44.
[③] 李锦伟. 清代黔东农村商品经济发展的内部条件探析[J]. 安徽农业科学,2010(11):6033-6035.
[④] 安元奎. 乌江盐油古道及其对贵州土家族经济文化发展的深远影响[J]. 铜仁学院学报,2011(4):12-17.
[⑤] 王高飞. 清代土家族地区改土归流及其环境效应初步研究[D]. 重庆:西南大学,2013:7-19.
[⑥] 廖桂华. 土家族地区小集镇的发展与变迁——以鄂西南建始县为例[D]. 武汉:中南民族大学,2013:3-21.
[⑦] 龙先琼. 近代湘西开发史研究:以区域史为视角[M]. 北京:民族出版社,2014:44-46.
[⑧] 朱圣钟. 区域经济与空间过程:土家族地区历史经济地理规律探索[M]. 北京:科学出版社,2015:288-290.

(2017)从历史商业地理层面讨论了改土归流后晚清民国时期土家族地区商品经济的发展,涉及商品分布、商品运输网络、商业市场的分布和商人与商业组织。除此以外,他还分析了重要历史时期土家族地区生计方式的改变以及市场经济的发展。[1] 李亚(2017)认为改土归流后武陵山区酉水流域比之前更加开放,区域开发进度加快,催生了武陵山区酉水流域市镇的兴起。这些市镇为民众提供了多重生计方式的选择,市场活动活跃了经济与社会,激励了各阶层社会群体的交融,社会各阶层在商品贸易中逐步强化分工与合作,有效地推动了该流域从传统社会向近代社会的转型。[2] 黎帅(2018)提出随着改土归流的展开,黔东北地区以城镇乡场为节点辐射范围不断拓展,促进了黔东北商贸网络的形成和发展。[3] 徐毅郝和博扬(2019)对改土归流过程中大规模投资建设城市进行了深入分析。他们发现,随着一系列优惠政策(如减税、激励产业发展以及提供路费等)的实施,一些外地工商业者前往这些新兴地区发展,推动了改土归流区域城镇经济的繁荣。[4] 欧阳庆(2020)以百福司集镇变迁来研究武陵山地区集镇贸易的发展。改土归流之后,百福司集镇充分发挥了酉水通航水路以及连接三省边区的陆路交通节点优势,随着桐油出口贸易的兴起,很快成为鄂西南地区本地货物外销和工业品输入的港口,经济逐渐繁荣,并逐步向区域经济中心转化。[5]

(二)对区域融合的影响

1.区域融合表现为经济社会文化的重构

彭官章(1991)的观点是,清朝废除土司并以流官取而代之(这就是所谓的

---

[1] 宋祖顺.晚清民国时期土家族地区商业地理的初步研究[D].重庆:西南大学,2017:44—162.
[2] 李亚.改土归流后酉水流域市镇的发展与分布[J].中南民族大学学报:人文社会科学版,2017(6):104—108.
[3] 黎帅.清代黔东北经济开发研究(1644—1840)[D].武汉:中南民族大学,2018:127—140.
[4] 徐毅郝,郝博扬.清代前期西南改土归流地区的城市治理初探——以云南、广西和贵州为中心的考察[J].清史论丛,2019(1):63—77.
[5] 欧阳明.明至民国时期来凤百福司集镇变迁研究[D].恩施:湖北民族大学,2020:29—45.

改土归流),是将间接统治转变为直接统治。[1] 田敏(2000)分析,元代至清中期改土归流土家族地区土司势力扩张、收缩乃至消亡的变迁过程,描绘了该地区土司兴亡的历史全景图。[2] 段超(2001)主要关注改土归流之后土家族地域经济发展过程及其对于鄂西南地区产生的正面与负面影响。他强调,尽管各阶段的发展都推动了该地的进步,但因人们的认知限制,这种发展往往伴随着一定程度的无序化,导致当地环境遭到损害。因此,我们需要从过去的经历中学习并汲取经验和教训。[3][4] 杜成材(2007)通过分析湘西土家族苗族地区的内在差异性,揭示出这两个民族群体在经济形态、文化和社交互动等方面的显著区别,这突显了他们各自的社会特性。[5] 谭清宣(2009)研究表明,改土归流让大量移民通过各种方式流入土家族地区,人口数量、结构和移民会馆的大量出现,给土家族地区带来巨大的社会影响。[6] 龙先琼(2011)的研究表明,湘西地区在改土归流后的开发速度得到了加快,这主要归功于湘西社会成功地将自身融入封建国家的统一政治架构,从而重塑了社会政治秩序,使社会稳定、人民生活安逸。[7] 龚义龙(2014)指出了基层组织的重要性。在改土归流前,土司制度已经成为其辖区发展的严重体制性障碍,故改土归流制度变革给原土司地区带来前所未有的发展机遇。[8] 贾霄锋等(2015)提到改土归流有助于加强中央王朝对周边地区的控制力,同时还促进该地区经济社会的变迁。[9] 陈文元(2017)阐述了改土归

---

[1] 彭官章.改土归流后土家族地区的巨大变化[J].吉首大学学报:社会科学版,1991(4):48—52.
[2] 田敏.土家族土司兴亡史[M].北京:民族出版社,2000:25—60.
[3] 段超.试论改土归流后土家族地区的开发[J].民族研究,2001(4):95—103.
[4] 段超.古代土家族地区开发简论[J].江汉论坛,2001(11):68—71.
[5] 杜成材.湘西土家族苗族地区的改土归流及其社会历史差异[J].吉首大学学报:社会科学版,2007(3):51—55.
[6] 谭清宣.清代改土归流后土家族地区的移民及其社会影响[J].重庆社会科学,2009(5):88—92.
[7] 龙先琼.改土归流时期的湘西开发及其社会历史变迁[J].吉首大学学报:社会科学版,2011(6):41—45,50.
[8] 龚义龙.制度变革、政策杠杆与社会进步:容美地区改土归流前后经济社会发展状况比较研究[J].长江师范学院学报,2014(6):1—8,145.
[9] 贾霄锋,马千惠.重构·变迁:清末改土归流与川边藏族社会嬗变[J].青海民族研究,2015(4):164—168.

流不仅对土司产生了影响,也触发了该地区广大土民社会的变革,特别是在土民政治、社会和文化身份的转变上,这反映出地方社会逐步融入王朝国家的历史进程。① 覃芸(2018)认为湖广地区桑植土司改土归流影响比较广泛,改土归流体现清政府实施改土归流的决心和执行力,桑植土司改土归流强制性地完成,推动了地区经济、社会和文化的发展,但也存在局限性和遗留问题。② 杨洪林(2019)考察了武陵民族地区从先秦到清末的移民史,详述了改土归流对移民开发的影响,并阐述了移民社会和土著社会的变迁以及土著社会在移民迁入之后的结构变迁和社会调适。其研究从汉族与边缘地区的少数民族互动与整合过程中发掘中华民族形成与发展的微观机制。③ 陈永萍(2021)则认为思州土司改土归流使得黔东在政治、经济、文化等方面发生一系列社会变迁。大量移民的涌入带来了中原先进的农业技术、儒释道文化等,促进了黔东地区经济、文化等各方面发展,使西南边疆与内地呈现一体化发展。④

2. 区域融合也表现为国家认同

郑大发(1982)认为,土司制度在其发展初期有一定积极作用,但随着社会生产力的发展,土司制度逐渐失去了其存在的价值,日渐阻碍了湘西土家族地区的社会发展。故通过改土归流有助于解放生产力以及巩固统一的多民族国家。⑤ 黄仕清(1986)认为清代前期和中期的改土归流对包括土家族地区在内的武陵山地区产生了影响,推动了地区经济文化的开发,进而有助于巩固统一的多民族国家。⑥ 马天卓(2010)的研究专注于四川民族地区清朝农业发展和近代工业文明转变。他强调,除了增强政治和文化认同之外,各个民族的共享繁荣

---

① 陈文元.改土归流与土民身份转型——以鄂西南容美土司为例[J].湖北民族学院学报:哲学社会科学版,2017(1):53-57.
② 覃芸.清代桑植土司"改土归流"研究[D].吉首:吉首大学,2018:7-23.
③ 杨洪林.历史移民与武陵民族地区社会变迁研究[M].北京:人民出版社,2019:30-50.
④ 陈永萍.明代思州土司改土归流与黔东社会变迁研究[D].贵阳:贵州师范大学,2021:8-48.
⑤ 郑大发.试论湘西土家族地区的"改土归流"[J].吉首大学学报:社会科学版,1982(2):48-55.
⑥ 黄仕清.略论清代前期土家族地区的开发[J].中南民族学院学报:哲学社会科学版,1986(1):59-61.

才是实现民族融合的基础。① 龙先琼(2011)指出改土归流之后各土司分割管理、各自为政的割据状况结束,稳定社会的同时有利于本区域的各民族交流,推动社会经济的开发,促进了统一国家历史进程。② 张振兴(2013)以区域民族史视角研究清朝治理湘西的方式与政策变迁,并认为"改土归流"是清朝"天下一体"理念的体现。③ 黄柏权(2013)的研究指出清朝中期的土司制度已然成为制约地区经济进步和社会多元化的重要因素,同时也对多个民族的国家整合产生了负面影响。然而,随着清朝政治稳固、军事实力的增强、经济的发展及民族间的融洽互动,改土归流的基础得以建立起来。这一变革不仅推动了各民族之间的交流与合作,也使得多民族国家得到了更深层次的联合与发展。④ 郝玉松(2016)指出,自改土归流之后,地方官员团体逐渐替代了土司阶层的领导地位。他们深入基层了解民情,并实施了一系列政策来维持社会的和平稳定,包括优化行政人员配置、提高管理效能,积极推行公共服务项目、确保社会秩序井然等。这种做法既有助于推动社会生产力的增长,又能够有效地保障改土归流后武陵山区土家族的社会稳定与凝聚力。⑤ 黎帅(2018)认为在武陵山区黔东北地区经济开发不均衡的背景下,改土归流是国家和地区层面通过建立一些制度来缓冲社会矛盾、维持地区社会稳定。而社会稳定是区域开发的基础与前提,也是国家在场的重要宗旨。⑥ 莫代山(2020)从国家的角度出发,认为改土归流标志着个体家庭对权力的控制逐渐转向国家和当地社区共管的状态,这使得公众的双重认可开始发展并建立起来,从而推动了多种文化的融合和统一,形成了

---

① 马天卓.清代四川土家族苗族地区的城市发展——以川东南三厅为例[J].西南民族大学学报:人文社科版,2010(10):38-44.
② 龙先琼.改土归流时期的湘西开发及其社会历史变迁[J].吉首大学学报:社会科学版,2011(6):41-45,50.
③ 张振兴.清朝治理湘西研究(1644—1840)[D].北京:中央民族大学,2013:57-79.
④ 黄柏权.鄂西南土家族地区改土归流的必然性和进步性[J].三峡论坛,2013(6):1-6.
⑤ 郝玉松.改土归流后土家族社会治理研究[J].山西档案,2016(4):162-164.
⑥ 黎帅.清代黔东北经济开发研究(1644—1840)[D].武汉:中南民族大学,2018:27-32.

所谓的"一体多元"文化模式。[①] 王航(2020)提出了关于南方地区"改土归流"发生机制的独到见解:虽然土司制度能够满足南部地区分散且自我供给的文化背景需求,但却违背了一体化的大一统原则。中央政府在各区域具体实施改土归流带来了各种影响、教训及经验,这些都为我们处理少数民族地区事务提供了参考框架。[②] 郗玉松(2021)指出清政府在湖广土家族地区开展改土归流有利于民族文化交流,促进了区域内的民族融合。[③] 赵艾东等(2022)研究了土地使用权以及对移风易俗的政策,认为改土归流很大程度上限制了旧势力的影响,促进了地区新秩序的构建,这也是促进民族地区国家认同的迫切需要。[④] 杨亚东(2022)指出,改土归流制度变革加强了中原王朝对云南的统治,有利于各种改革措施的推进,这些措施使地区经济社会文化等"内地化"程度大大加深,并逐渐融入中华民族"多元一体"的发展格局。沈杰(2022)则研究了清代容美土司改土归流文书,通过这些文书了解改土归流各个时期文书的内容与特点,从中可以得出改土归流的曲折过程和改土归流政策的强力推行,进一步印证了"清代容美土司的改土归流是整个武陵山区较为成功的尝试,有利于加强中央集权和促进少数民族区域社会的发展,推动了统一的多民族国家的建设进程"这一观点。[⑤]

二、制度变迁与实证研究

(一)计量经济史

经济学研究量化和系统化的特征使得人们把它视作社会科学的典范,计量学派善于运用经济学理论、计量工具,对历史上曾经发生的现象进行定量研究,

---

[①] 莫代山.改土归流与区域社会的"国家化"[J].广西民族研究,2020(5):120-126.
[②] 王航.南方地区改土归流发生逻辑与策略探析[J].黔南民族师范学院学报,2020(5):16-22.
[③] 郗玉松.试论改土归流后流官的施政策略——以清代湖广土家族地区为例[J].遵义师范学院学报,2021(4):18-22.
[④] 赵艾东,李真.清末巴塘改土归流、地方秩序重建与国家认同[J].西南民族大学学报:人文社会科学版,2022(6):10-18.
[⑤] 沈杰.清代容美土司改土归流文书研究[D].南京:南京师范大学,2022:70-81.

以此来检验传统经济史研究中约定俗成的结论,分析经济变革的各种变量在特定环境下如何相互作用与影响。在经济史中,计量学派构建数理模型,运用假设—演绎的模式开展对历史的模拟研究。这一学派的主要观点由两位著名经济学家——罗伯特·W. 福格尔（Robert W. Fogel）与道格拉斯·C. 诺思（Douglass C. North）提出并加以阐述。

1. 国外相关研究

诺思(1961,1963)分析了 1790 至 1860 年美国经济发展状况,在大量统计数据的基础上融合了多种经济学原理,以此探讨出口交易及地域专门化如何推动美国的经济进步。[①][②] 1963 年,福格尔在一次美国经济学会议上提出,可以利用计量历史学的方法探究一些曾被视为不可测量的领域。随后,福格尔(1964)研究了 19 世纪铁路与美国经济增长的关系,并以铁路运输成本为数据计量。[③]其假定 19 世纪后期只存在水路运输和陆路马车运输以及有铁路运输的两种情况,构建运输成本模型研究并得出结论：假定没有铁路,该历史时期美国国民生产总值减少的上限为 3%,故铁路在美国的经济发展中并没有起到重要影响。福格尔(1965)认为研究经济史要坚持定量研究方法,并找到资料中可以计量处理的部分。[④] 诺思(1966)总结了美国历史时期经济增长与福利,用经济理论和相关数据阐释了一些基本经济理论对历史研究的影响,并通过间接计量 1600—1850 年海洋运输业的运输生产率变化[⑤],将单位海运成本视为海洋运输生产率变化的中间指标,对比 1600—1784 年和 1814—1860 年两个历史时期得出结

---

① Douglass C. North. The Economic Growth of the United States (1790—1860)[M]. New York: The Norton Library W-Norton & Company Inc,1961:138—140.

② Douglass C. North. Quantitative Research in American Economic History[J]. The American Economic Review,1963(3):128—130.

③ Robert William Fogel. Railroads and American Economic Growth Essays in Econometric History[M]. MaryLand:The Johns Hopkins Press, 1964:277—279.

④ Robert William Fogel. The Reunification of Economic History with Economic Theory[J]. The American Economic Review,1965,55(1—2):92—98.

⑤ Douglass C. North. Sources of Productivity Change in Ocean Shipping(1600—1850)[J]. Journal of political Economy,1968,76(5):953—970.

论:技术进步对生产率的提升远小于其他因素(如组织形式的变化、海盗数量的减少等),在技术进步不明显的情况下,效率的提升来自全要素生产率的增长,故全要素生产率的提升主要得益于制度。另外,雅各布·M.普赖斯(Jacob M. Price,1969)[①]、夏洛特·埃里克森(Charlotte Erickson,1975)[②]、克劳迪亚·戈尔丁(Claudia Goldin,1995)[③]则对美国计量史学的相关定量分析的定义、方法论进行了一系列研究,继承和发展了计量史学。在21世纪初期计量史学的转变时期,研究者们开始从经济学、政治学等领域探讨制度的变化过程。如阿夫纳·格里夫(Avner Greif,2008)就集中于探究中世纪晚期商业革新对社会发展及经济增长的影响。[④] 他利用历史制度分析的方法,深入挖掘具有独特特点的历史事件变化情况,尝试通过结合博弈论和历史经验揭示经济史上的规律。他特别强调了制度架构对经济发展的重要性,同时指出文化和宗教信仰也会直接或间接地影响经济社会政策选择。达伦·阿西莫格鲁(Daron Acemoglu,2015)则尝试通过借鉴政治经济学的政治与经济关系视角提出制度变迁理论,并完善了制度变迁模型的构建。[⑤]

2.国内相关研究

中国的计量史学研究起步较早,许多学者在早期就采用了计量方法进行历史探索。通常,他们会利用统计学手段对我国古代的一些历史事件进行定量分析。

中国对计量经济史学领域的深入探讨有着较为丰富的资料。早期相关主题的研究著作包括霍俊江编写的《计量史学研究入门》及《计量史学基础》。另

[①] Jacob M. Price. Recent Quantitative Work in History: A survey of the Main Trends[J]. Studies in Quantitative History and the Logic of the Social Science,1969(9):1—13.
[②] Charlotte Erickso. Quantitative History[J]. The American Historical Review, 1975,80(2): 351—365.
[③] Claudia Goldi. Cliometrics and the Nobel[J]. The Journal of Economic Perspectives,1995,9 (2):191—208.
[④] (美)阿夫纳·格雷夫.大裂变:中世纪贸易制度比较和西方兴起[M].郑江淮,等译.北京:中信出版社,2008:100—200.
[⑤] (美)德隆·阿西莫格鲁.国家为什么会失败[M].李曾刚,译.长沙:湖南科学技术出版社,2015: 50—71.

外还有一部重要的翻译图书,即由罗德里克·弗拉德(Roderik Fred)撰写并被王小宽翻译成中文的《计量史学方法导论》。

期刊论文方面,何顺果(1979)梳理了福格尔的经典著作,介绍计量学派以及相关理论。① 翟宁武(1992)则关注计量史学产生的背景、经典研究课题和计量史学在各个国家的发展情况。② 李延长(1992)、③郑备军(1995)研究了历史中的计量分析法。④ 华薇娜(1995)梳理了20世纪国内的计量研究方法和成果,提出了未来国内计量史学的发展方向。⑤ 郭艳茹和孙涛(2008)认为由于叙述方式的差异和理论的冲突,新经济史学和传统经济史学存在较大矛盾,但二者应该互相尊重,将二者的理论和方法融合,才能更好推动学科发展。⑥ 张跃平(2008)研究了国际上关于制度影响经济增速的研究成果,特别强调了与交易费用相关的理论及实践探索。⑦ 程建(2009)进一步分析了福格尔及其理论范式。⑧ 孙圣民(2009)则从经济学视角阐述了美国计量历史学的发展历程。⑨ 孙涛(2011)阐述了历史比较制度分析的不同维度和具体内容,他认为在工具和理论体系层面,历史比较制度分析有助于研究中国经济史和社会经济变迁历程。⑩ 王爱云(2013)与关永强(2014)梳理了美国经济史学的发展历程,分析了在中国史和经

---

① 何顺果.从《苦难时期》一书看美国"历史计量学派"[J].世界历史研究动态,1979(10):11—19.
② 翟宁武.计量经济史学评介[J].中国经济史研究,1992(2):147—154.
③ 李延长.历史研究中的计量分析法[J].西北第二民族学院学报:哲学社会科学版,1992(2):41—48.
④ 郑备军.新经济史学方法论述评[J].史学理论研究,1995(1):101—104.
⑤ 华薇娜.对中外历史计量研究发展史的比较[J].史学理论研究,1995(3):58—69,135.
⑥ 郭艳茹,孙涛.经济学家和史学家应该互相学习什么——论新经济史学与中国传统经济史学的范式冲突与协调[J].学术月刊,2008(3):77—82.
⑦ 张跃平.经济增长中制度绩效实证分析综述[J].中南民族大学学报:人文社会科学版,2008(2):140—143.
⑧ 程建.对福格尔关于铁路与经济增长关系理论的研究[D].北京:北京交通大学,2009:10—50.
⑨ 孙圣民.历史计量学五十年[J].中国社会科学,2009(4):142—161,207.
⑩ 孙涛.阿夫那·格里夫的历史比较制度分析及对中国研究的启示[J].山东社会科学,2011(9):129—133.

济史研究中使用计量方法的优劣。①② 梁晨等(2015)的数据库研究表明中国历史中有着庞大的记录,这些记录有助于量化研究,定量分析与历史史实的结合有助于相关学科的发展。③ 李伯重(2015)与姚晓丹(2016)针对计量方法进行了阐释与分析,并运用理论化的方式论证了计量方法的合理性,其方法虽有缺陷,但是有助于历史研究。④⑤ 韩炯(2016)对美国计量历史研究的进展做了梳理,并预测了未来可能出现的新趋势以及它们可能给历史学领域带来的变化。他主张强化计量化研究,利用大数据为经济史和历史学的定量研究奠定了坚实基础。⑥

(二)新中国成立以来的制度变迁实证研究

孔泾源(1993)的研究主要集中于探讨制度转变及其限制因素,他通过实际案例分析了当时的农村土地制度转型历程、模式以及制约因素。⑦ 杨瑞龙(2000)利用成本—收益分析和博弈论思维,深入解析了中国逐步推进的制度转换的路径特性,并且特别分析了在从计划经济转向市场经济的过程中中央管理机构、地方政府领导人以及微观实体之间的竞争行为以及这些行为产生的经济效应。⑧ 乔榛(2006)针对改革开放以来二十六年的农业发展情况进行了理论和实践层面的分析,他认为制度变更在中国改革开放之后成为推动农业发展的关键要素。他还进一步使用实证方法对1978至2004年间各个时期内的农村土地政策和价格变动、财政税收制度调整如何影响农业生产效率做了详细阐述,

---

① 王爱云.计量方法在当代中国史中的运用[J].当代中国史研究,2013(6):94—102.
② 关永强.从历史主义到计量方法:美国经济史学的形成与转变(1870—1960)[J].世界历史,2014(4):114—123.
③ 梁晨,董洁,李中清.量化数据库与历史研究[J].历史研究,2015(2):113—128,191—192.
④ 李伯重.史料与量化——量化方法在史学研究中的运用讨论之一[J].清华大学学报:社会哲学科学版,2015(7):51—63.
⑤ 姚晓丹.反事实推理拓展史学研究路径[N].中国社会科学报,2016-08-29(3).
⑥ 韩炯.从计量史学迈向基于大数据思维的新历史学——对当代西方史学量化研究新发展的思考[J].史学理论研究,2016(1):65—74,159.
⑦ 孔泾源.中国农村土地制度:变迁过程的实证分析[J].经济研究,1993(2):65—72,16.
⑧ 杨瑞龙,杨其静.阶梯式的渐进制度变迁模型——再论地方政府在我国制度变迁中的作用[J].经济研究,2000(3):24—31,80.

以此验证制度变革对于促进农业生产的积极效果。[①] 张跃平(2008)系统总结了全球范围内关于经济发展中的制度效用方面的实证研究成果,涵盖了制度与经济表现的关系、交易成本测算以及经济演变理论的测试等多个方面。[②] 刘文革,高伟,张苏.(2008)分析了从1952到2006年制度变化如何影响中国经济的发展。他们的发现揭示了一个重要的趋势:虽然劳动力、资本和制度之间的关联是稳定的,但制度的变化显著地促进了经济发展。更深入的研究还显示,当把教育纳入考虑范围时,劳动力、教育、资本、制度和生产之间的长期联系仍然。他们还发现,自改革开放以来,制度因素对经济发展的推动效果更为突出。[③] 田钊平(2011)从产权私有化、决策自主化、运行国际化和经济国际化角度构建分析模型进行了实证研究,研究表明制度变迁促进了民族地区的经济发展,但四个维度发展程度不一,对经济发展贡献度的大小也不同,制度创新的空间依然很大。[④] 林毅(2012)用协整理论与向量误差修正模型等技术手段来评估经济、政治和法律制度变化对于中国经济发展速度的影响程度。结果显示,自改革开放以来,制度转变对于推动经济发展的贡献明显超过之前任何时期。[⑤] 张朝(2013)也采用理论和实际两条路径探讨制度变动如何影响中国的经济增速。他选取了1978—2010年中国年度数据作为样本并构建了数学模型,然后结合主成分分析法、协整测试、回归分析等多种统计工具进行了深入的实证调查,揭示了两者间的关联度并提出了相应的策略建议。[⑥] 王军等(2013)以制度、劳动

[①] 乔榛,焦方义,李楠.中国农村经济制度变迁与农业增长——对1978—2004年中国农业增长的实证分析[J].经济研究,2006(7):73—82.
[②] 张跃平.经济增长中制度绩效实证分析综述[J].中南民族大学学报:人文社会科学版,2008(2):140—143.
[③] 刘文革,高伟,张苏.制度变迁的度量与中国经济增长——基于中国1952—2006年数据的实证分析[J].经济学家,2008(6):48—55.
[④] 田钊平.制度变迁与民族地区的经济发展研究——基于恩施州的实证分析[J].西南民族大学学报:人文社会科学版,2011(1):112—118.
[⑤] 林毅.经济制度变迁对中国经济增长的影响——基于VECM的实证分析[J].财经问题研究,2012(9):11—17.
[⑥] 张朝.制度变迁对中国经济增长的影响——基于1978—2010年时间序列数据的实证分析[D].石家庄:河北经贸大学,2013:70—72.

和资本三种要素为基础构建了技术内生化宏观生产函数,在此基础上通过一系列测算得出结论:应通过市场化改革来避免制度僵化,进而推动经济增长;具体情况要具体分析,制定制度改革政策要关注政策对不同产业带来的预期冲击。① 姜海林(2013)在经济增长模型构建中引入制度变量,量化研究了制度变迁对云南经济增长的影响。② 孙亚南(2014)研究了制度变迁与二元经济转型关系,发现制度变迁与二元经济转型二者互为格兰杰因果关系,表明二者之间相互影响。③ 中国产业体系的制度结构研究课题组(2015)在制度变迁理论的框架下,利用 DEA 研究相关数据对 1949 年至 1957 年新中国成立初期计划经济替代市场经济的过渡阶段进行了实证分析,探讨了这次基本经济制度变迁所带来的制度绩效。④ 龚叶茂(2015)分析了从新中国成立到改革开放前后各个时期我国制度变迁的情况,运用含制度因素和制度变迁函数的内生增长模型,通过对东西部地区的制度和经济增长关系的实证测算分析,从制度角度探讨了东西部地区经济发展差异的原因。⑤ 万道侠(2015)分析了改革开放 30 年我国 31 个省市的面板数据,通过探索性空间统计分析和空间计量经济模型结合的方法构建了空间地理效应的经济增长模型,从城镇化、市场化、金融化、对外开放、政府管制五个方面测算了制度变迁与区域经济增长直接和间接贡献。⑥ 杨友才(2015)认为中国经济增长的奇迹在于制度红利的释放。其通过构建模型计量分析得出结论:在劳动力、物质资本及生产技术等主要生产要素投入的边际效用为 0 后,制度对经济增长的作用更加显著,制度变迁路径依赖进一步强化了制度对经济增

---

① 王军,邹广平,石先进.制度变迁对中国经济增长的影响——基于 VAR 模型的实证研究[J].中国工业经济,2013(6):70-82.
② 姜海林,申登明.制度变迁对云南经济增长影响的实证分析[J].云南财经大学学报,2013(4):108-112.
③ 孙亚南.制度变迁与二元经济转型关系的实证研究[J].黑龙江社会科学,2014(4):82-85.
④ 中国产业体系的制度结构研究课题组.建国初期的计划经济效率——基于制度变迁理论与 DEA 检验的经济史研究[J].当代经济科学,2015(5):116-123,128.
⑤ 龚叶茂.制度变迁与经济增长[D].合肥:中国科学技术大学,2015:60-80.
⑥ 万道侠.制度变迁与区域经济增长的空间统计分析[D].济南:山东财经大学,2015:21-50.

长的促进。① 刘志迎等（2015）引入制度因素考察了制度变迁对经济增长的作用，构建了市场化指数并运用协整分析对改革开放后时间序列数据进行了实证计算和检验，结论为制度变迁是改革开放以来推动经济高速增长的关键要素。② 刘瑾等（2017）利用主成分分析法创建了一个衡量经济体制变化的指数，并将其融入传统的道格拉斯生产函数。他们采用了时序数据分析工具（如协整测试、向量误差矫正模型和格兰杰因果关系检测）研究从1978年至2015年贵州经济发展与经济体制改革之间的关联。他们的结果表明，这种经济体制的变化对于地区经济增长产生了显著且积极的效果。③ 胡炼（2017）构建了一个包含制度因素的经济增长模型，并以此为基础研究了1978年至2016年制度变迁对中国经济增长的影响。④ 尹婷婷（2018）探讨了制度和制度变迁如何影响经济增长。他在梳理诺思关于产权、国家理论、意识形态理论、制度和制度变迁理论的基础上，把中国经济发展阶段按改革开放前后分为两个阶段，分别描述了各个阶段的经济发展特征和主要体制改革，并选择合适的模型进行了制度变迁的实证分析。⑤ 傅华楠（2018）从制度变迁的三个方面（产权、政府干预、对外开放）选择经济制度变迁变量，运用向量误差修正模型，结合资本、劳动力和技术进步等变量分析了经济制度变迁等变量对经济增长的绩效。⑥ 石自忠等（2018）则构建了制度变迁评价体系，该体系包括市场化程度、产业合理化程度、非国有化率、对外开放程度及城镇化率五个主要指标，并使用熵值法、借助MS-VAR模型测算了

---

① 杨友才.制度变迁、路径依赖与经济增长的模型与实证分析——兼论中国制度红利[J].山东大学学报:哲学社会科学版,2015(4):141-150.
② 刘志迎,陈侠飞.改革红利:中国制度变迁与内生增长[J].经济与管理研究,2015(10):17-24.
③ 刘瑾,朱明生.经济制度变迁对贵州省经济增长的影响——基于1978—2015年数据的实证分析[J].贵州商学院学报,2017,30(3):19-24.
④ 胡炼.制度变迁对经济发展影响的实证研究——基于1978—2016年宏观经济数据[D].长春:东北财经大学,2017:60-100.
⑤ 尹婷婷.中国的制度变迁与经济增长——基于诺思制度理论的研究[D].济南:山东财经大学,2018:10-30.
⑥ 傅华楠.中国经济制度变迁对经济增长的影响研究[D].济南:山东财经大学,2018:30-55.

制度变迁对我国农业经济的非线性影响。[1] 张慧一(2021)根据中国从2002到2016年全国级别的样本资料建立了一个门槛式统计分析框架,分析制度变迁对经济的影响并得出结论:私营企业发展和体制改革之间的关系呈现出两个阶段的影响效果,即"二元制约机制"的作用模式。他们指出,为了促进私人企业的进步,必须依赖政策调整以推进经济发展,同时还应加强公共部门及法规体系间的协作能力并激活民间资本自我创新、不断优化自身经营环境的能力。[2] 岑聪(2021)选择2006—2018年省级面板数据构建了空间计量模型,研究我国经济高速增长时期市场化和对外开放对区域创新效率的影响,结果表明,市场化进程与对外开放的正向发展对区域创新效率的增长存在正向空间溢出效应。[3] 孙赫扬(2022)通过现代经济增长模型研究改革开放中制度创新对经济增长的影响,结合1999—2019年我国经济增长演进过程探讨了制度创新影响经济增长的规律。[4] 崔日明等(2022)探讨了边境地区政策改革对于经济发展影响的作用,他们利用中国8个靠近国界的73座城市2003至2018年全局数据来建立模型,并运用双向固定模式、分位数回归法、门限效果模型及中介作用模型进行了实证研究。[5]

(三)改革开放产权研究

杨瑞龙(1994)认为社会主义市场经济体制是制度选择的目标,故需要关注制度变迁方式的选择才能在既定现实约束的条件下降低制度变迁的实施与摩擦成本。[6] 周其仁(1995)通过研究改革开放后的农业改革经历,强调了建立高

---

[1] 石自忠,王明利.制度变迁对中国农业经济增长的影响[J].华中农业大学学报:社会科学版,2018(5):49—58,162—163.
[2] 张慧一.制度变迁、政府作用与民营经济发展——基于非线性面板门限模型的分析[J].东北师大学报:哲学社会科学版,2021(6):118—224.
[3] 岑聪.经济制度变迁与区域创新效率差距[J].调研世界,2021(9):48—57.
[4] 孙赫扬.中国改革开放以来制度创新影响经济增长的实证研究[D].沈阳:辽宁大学,2022:31—50.
[5] 崔日明,陈永胜.沿边开放与区域经济增长——基于制度变迁的研究[J].山西大学学报:哲学社会科学版,2022,45(1):139—148.
[6] 杨瑞龙.论我国制度变迁方式与制度选择目标的冲突及其协调[J].经济研究,1994(5):40—49,10.

效且被政府保护的产权体系对于经济持续发展的重要性。然而,通常来说,政府并不主动实施此类保障措施,这需要包括农民、新产权代表和村级领导等多个利益相关方的积极参与,以达成纳什平衡并在国家和社会的交换过程中产生有利的财产权益联系。[①] 杨瑞龙(1998)提出的"中间扩散型制度变迁模式"理论假设提供了从计划经济转向市场经济体制的路径选择:随着改革进程的发展,供应导向型制度转型可能逐渐演化至中间扩散型制度;当排除性的产权逐渐明确之后,则会进入由消费者驱动的制度转型阶段,从而完成向市场经济体制的转换过程。[②] 姚洋(2000)探讨了中国的土地制度与其经济表现的关系,他发现效率、公正和社会稳定三者间的权衡会影响现有的土地制度安排,并且建议在新制定土地政策的时候应考虑规则的问题。[③] 张跃平(2003)用制度经济学原理分析了西部民族地区与小康社会的差距及其原因,指出包括土地产权制度在内的制度创新是西部民族地区经济发展的重要动力。[④] 钱忠好等(2013)将制度变迁理论融入中国土地市场化改革的研究。他们的研究结果显示,市场机制在土地资源配置过程中扮演着越来越关键的角色,随着市场经济体制改革的持续推进,土地市场化改革的深度发展已经成为历史的必然趋势。[⑤] 杜佳(2015)则梳理了新中国60多年农村地区土地制度变迁的过程,分析不同时期土地制度变迁的产权和制度特征,以此为基础提出未来土地制度改革的路径。[⑥] 胡艳红(2015)对新中国成立以来我国土地制度变迁进行了研究,得出了如下结论:农村土地制度进一步完善需要保障农民的权益以调动农民的积极性;通过法律完

---

① 周其仁.中国农村改革:国家和所有权关系的变化(上)——一个经济制度变迁史的回顾[J].管理世界,1995(3):178-189,219-220.
② 杨瑞龙.我国制度变迁方式转换的三阶段论——兼论地方政府的制度创新行为[J].经济研究,1998(1):3-10.
③ 姚洋.中国农地制度:一个分析框架[J].中国社会科学,2000(2):54-65,206.
④ 张跃平.制度创新:西部民族地区全面建设小康社会的有效途径[J].中南民族大学学报:人文社会科学版,2003(5):5-9.
⑤ 钱忠好,牟燕.中国土地市场化改革:制度变迁及其特征分析[J].农业经济问题,2013,34(5):20-26,110.
⑥ 杜佳.新中国60年农村经济制度变迁研究[D].西安:西北大学,2015:31-60.

善农业工作的制度化水平,保证家庭联产承包责任制和土地流转机制的与时俱进符合时代发展需要。① 杨文雯(2017)分析了新中国成立初和"一五"时期云南民族地区的制度变迁,探讨了在当时特殊的初始条件下,强制性制度变迁的发展效应以及带来的基础条件、物质生活的改善和财富分配关系的变化等强制性制度变迁的过程、机制和结果。② 肖旭(2017)分析了制度变迁的过程,整理了制度变迁理论思想和经典模型,梳理了国内有关制度创新的研究,这对于理解经济发展具有重要的指导意义。③ 卢现祥等(2018)指出,中国的制度演化具有其独特之处,其主要是以逐步的方式推进改革进程。这种模式融合了来自底层的社会力量推动的制度革新和社会高层领导者主导的政策调整。此外,他们的研究还强调了从"权利限制准入秩序"到"权利开放准入秩序"的转型过程。④ 刘秉镰(2019)对三个不同历史时期的国家发展策略进行了深入探讨(即新中国成立的初始阶段、经济发展的中期阶段以及最终实现强国的目标),他认为,这些策略在中国的发展过程中起到了关键作用,它们不仅受到外部环境的影响,而且受到了国内政治体制变化、社会结构变动以及各地区政府制定的具体规划等多方面因素的作用。⑤ 郑淋议(2019)认为新中国成立以来农地产权制度变迁先后经历了新中国成立初的"产权合一"时期、集体化与改革开放时期的"两权分离"时期以及新常态以来的"三权分置"时期。产权变迁在短期增强和长期分割之间相互交错,其变革目标在同一时期和同一历史阶段都具有多元化的特性。未来农地制度的改革应当根据环境限制调整发展策略,稳定地推动农地产权制度的改革。⑥ 何颜隆(2020)借助马克思主义经济学和新制度经济学等理论工具分

---

① 胡艳红.建国以来中国农村土地制度变迁及启示研究[D].成都:四川师范大学,2015:50—60.
② 杨文雯.云南少数民族"直过区"制度变迁及其效应研究[D].昆明:云南大学,2017:80—110.
③ 肖旭.制度变迁与中国制度改革的文献综述[J].首都经济贸易大学学报,2017,19(4):96—104.
④ 卢现祥,朱迪.中国制度变迁40年:回顾与展望——基于新制度经济学视角[J].人文杂志,2018(10):13—20.
⑤ 刘秉镰,边扬,周密,等.中国区域经济发展70年回顾及未来展望[J].中国工业经济,2019(9):24—41.
⑥ 郑淋议,张应良.新中国农地产权制度变迁:历程、动因及启示[J].西南大学学报:社会科学版,2019,45(1):46—54,193—194.

析了新中国成立以来我国基本经济制度演进的主要路径和内在逻辑。[1] 许经勇(2021)的研究表明,中国经济体制转型的过程是清晰且有导向性的,其采用逐步、全面的方式来降低改革过程中的障碍,并在整个进程中保持党对国家的领导,坚定地走社会主义路线,同时始终坚守人民的中心位置。这使得我国成功地从传统的计划经济体系过渡到社会主义市场的经济模式,并且实现连续的高速经济发展,从而极大地释放与提升了生产力。[2]

三、地方志、史籍等材料

本书参考的文献也包括地方志、史籍等材料,这些材料多为官方材料,记载了当地的风土人情,包括经济社会多个层面。

商业贸易层面的材料,有清朝乾隆、同治、光绪等不同时期的县志,如《桑植县志》《施南府志》《恩施县志》《鹤峰州志》《永顺县志》等。这类地方志中的风俗类内容记载了贸易往来的外来客商、贸易的特产、贸易路线等。如乾隆时期《鹤峰州志·风俗》提到了鄂西长乐县"行货下至沙市,上至宜昌而止";光绪《利川县志·风俗》则指出当地客商的籍贯有本省的武昌和外省的四川、贵州等地,"自改土归流后,远人麇至"。

此外,商品经济的发展、人口的增长、产业发展的情况还被记载在各地的食货志或物产之中,如同治《来凤县志·食货志》记载,当地同治九年人口有1.436 5万户,9.839 7万人。据清朝时期的《湖南通志·食货志·矿长》所述,位于湖南省永顺府桑植县的水獭铺地区出产铜矿石,每提取一炉铜,需上缴20%作为税收,剩余80%则由官方收购,支付的价格是白银9两6钱。

对于明清时期的土地记载,在地方志的"田赋篇"中有相应内容,如乾隆《永顺县志·田赋》记载了人们购买土地的行为,"在永顺客户以及莫伊人等,始各

---

[1] 何颜隆.制度变迁与我国基本经济制度演进逻辑[D].武汉:武汉理工大学,2020:40—50.
[2] 许经勇.改革开放以来中国经济制度变迁回顾与思考[J].西部论坛,2021,31(1):1—11.

买产落籍"。乾隆《桑植县志·田赋》也记载"……至入籍客民现有之产,将来只许当卖与此处土苗民"。

市场组织方面,地方志也有记载,但内容较为分散,如嘉庆《宣恩县志·风俗》的记载表明客商已成为当时宣恩县乡村集市的主导力量,"土著只十之二三,余俱外省人"。而城乡集市层面,地方志的"建置"部分多有涉及,如光绪《施南府志续篇·续建置志·坛庙》记载,来凤南门外有许真君庙,是江西会馆所在地。民国《咸丰县志·建置志·村集》的记载则表明,随着商品经济的发展,多地交界的三星场、八家台场已经形成了新的乡村集场和人口聚落。

文化教育层面,地方志中风俗、艺文、建置、沿革等部分均有记载,如光绪《长乐县志·沿革志》记录了万历年间五峰安抚司的子侄有十余人考入长阳县学。乾隆《来凤县志·艺文志·观风示》则记录了乾隆二十一年,来凤县知县重修书院,改名为朝阳书院,创建学校,兴办教育。

除去明清以及民国时期的地方志和史料,还有一些当代新编纂的地方志,如贵州省志、湖南省志、四川省志、恩施州志以及其他县市的地方志等,这些材料也涉及明清时期当地的政治、经济、文化等各方面的情况与数据,对于以前的地方志和史料是一个很好的补充。

四、研究述评

总体来看,对武陵山区改土归流制度变迁的研究视角有经济史、制度、产业发展和市场发展,内容主要是改土归流对地区经济社会的影响。而对于地区融合的研究主要从改土归流制度实施后对地区的全面重构以及改土归流的一系列政策推动了国家认同的角度来阐述。关于新中国成立以来的制度变迁研究则与实证相关。制度变迁的实证研究与计量经济的发展息息相关,国外计量经济关注制度演化过程,新中国成立以来国内制度变迁的相关实证研究关注制度变迁路径以及制度变迁对国家或地区经济增长的影响。而改革开放以来,随着社会主义市场经济体制的构建,学界更为关注社会主义市场经济中的产权研究,尤其是土地制度的研究较多。

这些文献研究了制度变迁的历程以及所涉及的内容(如土地制度、产业变迁、市场与商品经济的发展等),并为本书研究提供了思路,但这些研究要么是单一时期的制度变迁,要么是全国范围内宏观上的总体分析,对于制度变迁推动经济增长进而影响社会发展与民族融合的相关论述不多,对民族地区跨时期的制度变迁对比研究也较为有限。故本书在已有研究成果的基础上对武陵山区三个重要制度变迁进行了梳理与归纳,全面论述了制度变迁产生的背景,制度变迁的历程、绩效以及对社会发展和区域、民族融合的影响。

第三节 研究目的、内容与方法

一、研究目的

长期以来,南方少数民族区域融合发展特征表现为整体上地区民族融合程度较高,区域较为稳定,民族关系较为融洽,特别是新中国成立后和改革开放以来,随着制度变迁推动经济不断增长,该地区生活水平也有显著提升,客观上推动了区域社会发展与民族融合的进程。本书以制度变迁—绩效—社会发展与融合为脉络,为新的历史时期总结经验,以推动地区民族团结、民族融合与共同繁荣。

二、研究主要内容

本书对武陵山区制度变迁对经济社会发展的影响进行了研究,分析了制度变迁与区域融合的内在逻辑,内容主要包括改土归流、新中国成立以及改革开放三个重要时期的制度变迁前的基本概况,制度变迁的背景、经过、绩效以及对社会发展的影响,涉及生产力发展方式的变化和人口的变化,社会发展与融合(尤其关注绩效带来的社会变化与融合)以及教育、文化、思想意识等。

本书的研究证实了以下结论:

其一,经济基础决定上层建筑,区域发展与民族融合需要一定的物质基础,而制度变迁产生的绩效有助于经济增长与社会发展水平的提升,故制度变迁能有效推动区域经济社会的进步与民族融合。

其二,包括武陵山地区在内的南方少数民族地区,由于区域融合程度较高,区域社会较为稳定,因此近代以来内部没有出现大规模的社会动荡。制度的改革能更有效地实现经济与社会现代化,有效推动民族地区经济社会发展,进而推动区域民族融合与共同繁荣,实现中华民族的伟大复兴。

三、研究方法

(一)文献分析法

本书的研究内容涉及不同的历史时期,需要从古籍、方志、档案中广泛搜寻相关资料,同时借助知网等搜集各种研究文献,在获取充足材料后对其进行鉴别、整理、分类,分析其包含的思想及理论。

(二)田野调查法

在民族学研究中,田野调查是获取第一手资料的最重要途径。在本书选题确定之前,笔者曾多次前往恩施、湘西地区开展调研和资料搜集工作,收获了对本书具有重要价值的地方志、档案等民间文献,走访了恩施、宣恩、来凤、利川、龙山、吉首、古丈和永顺等武陵山地区重要城镇,也考察了恩施土司城、老司城遗址等历史遗迹,力求在各种事件和文献记载中提取历史信息。

(三)定量分析法

将制度因素加入经济增长理论模型并进行动态分析,通过计量方法实证制度变迁对中国经济社会发展的影响。

四、本书结构

(一)章节安排

绪论部分概述了本书的研究背景、意义、内容,对相关研究进行了综述并阐述了本书的研究框架、研究方法以及创新和不足。

第一章为基本概念与理论的阐述,分析了马克思主义原理、中华民族共同体意识、新制度经济学和民族学、人类学相关理论。第二章阐述了改土归流前后的区域状态,包括改土归流前土司制度的发展、改土归流的背景、改土归流的内容与过程以及改土归流制度变迁的绩效及对社会融合的影响。第三章介绍了近代以来武陵山区经济社会发展,指出新中国成立这一制度变迁的重要意义、过程、绩效以及对社会发展的影响。第四章分析了改革开放以来制度变迁的绩效以及对区域融合的影响,主要涉及教育、思想、文化和民族认同等方面。第五章是制度变迁影响经济增长的实证分析,主要通过C-D模型分析了制度变迁对经济社会发展的影响。

(二)框架

本书框架如图0-1所示。

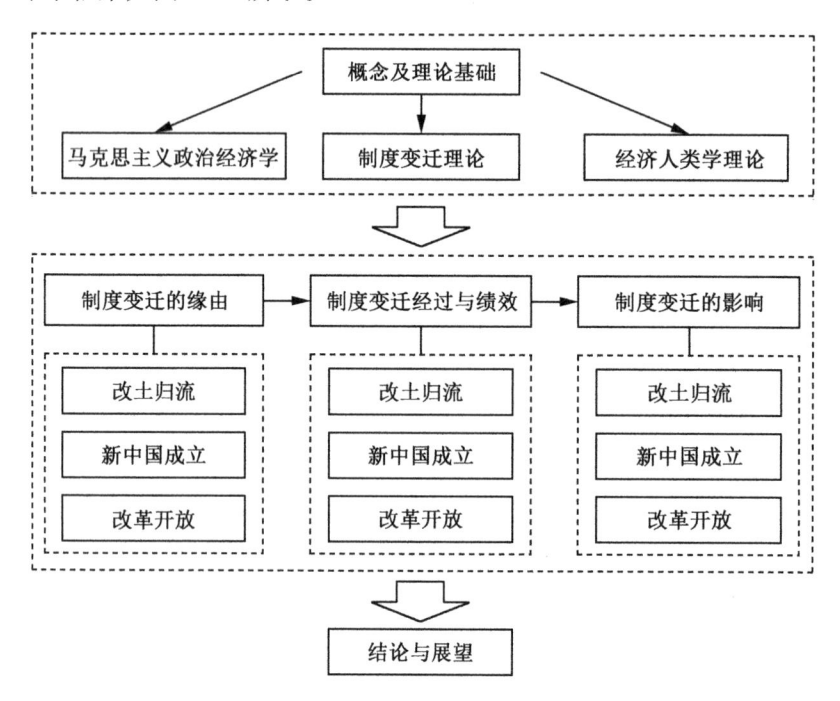

图0-1 本书的框架

五、研究创新点与不足

(一)创新点

本书从系统的跨时期的三个重要制度变迁事件切入,分析了制度变迁对经济与社会发展以及民族融合的影响。在研究方法上,本书通过定量的立法研究制度变迁及其影响,并在传统 C-D 模型的基础上进一步验证。本书研究表明,只有通过制度的改革,才能更有效地实现经济社会现代化,才能有效推动民族地区经济社会发展。作为社会的基石,经济发展依赖于其基本结构(即制度)的影响。通过分析马克思主义关于经济基础和上层建筑、生产力和生产关系之间的二元论及新制度经济学中有关制度演进的概念,我们可以了解到民族地区的进步必须不断推进制度改革,以强化国家的身份认知,释放社会生产的潜力,使之与生产关系相协调,并在此基础上建立起社会主义的市场经济体系,促进国内各地间的互动与整合,形成全国性的庞大的市场网络,从而提高整体的社会发展程度,进而增加民族融合深度,使得各个民族都能共享繁荣的生活。

(二)不足

本书对一些理论与实践的研究还不够深入、制度变迁理论涉及的内容较多,限于个人学术水平和自身能力,理论研究的深度还远远不够,所发现的问题和障碍也并不充分,所提出的观点也有待后续的实践验证,如何更好地构建制度变迁与经济社会发展的内在联系也需要在后续的研究中予以弥补并进一步修正。

第一章 相关概念及理论基础

第一节 相关概念

一、武陵山区域

武陵山区以武陵山脉为核心,东接两湖,西通巴蜀,北连关中,南达两广,是中国各民族南来北往的繁忙地带。该地区内有多个民族居住,其中土家族、苗族、侗族人口较多。该地区涵盖了湘鄂渝黔四省(市)的省际边区,总面积超过 11 万平方千米,总人口超过 2 300 万。武陵山区是西部大开发的前沿,是连接中原和西南地区的重要枢纽,也是中国三大地形阶梯之一。它位于北纬 27°10′~31°28′,东经 106°56′~111°49′,属于云贵高原东部延伸地带,平均海拔约 1 000 米,海拔在 800 米以上的地区约占全境的 70%。其中,武陵山脉贯穿了黔东、湘西、鄂西、渝东南地区,同时也是乌江、沅江、澧水的分水岭。该地区气候属亚热带向暖温带过渡类型,平均温度在 13℃~16℃,降水量为 1 100~1 600 毫米,无霜期大约为 280 天。该地区山水一脉相连,人民有着共同的根源,经济、文化和资源禀赋相似,发展水平也很接近。可以说,这个地区是自然环境和经济社会发展相对完整和独立的地理单元,具有很强的内在一致性。

本书所指的武陵山区属于自然地理文化的范围,与国家扶贫攻坚规划里的武陵山片区范围上存在交叉。传统意义上的武陵山区特指土家族苗族地区,大致处于鄂西南、川东(现渝东南)、湘西北和黔东北地区,这些地方属于原南方少数民族土司管辖地区,在文化上有一定的重合与交融。

20世纪80年代,著名民族学社会学家费孝通先生提出了"民族走廊"的概念,这一概念是对他的中华民族"多元一体"理论的延伸。费孝通指出,从整体来看中华民族,不同民族间的往来变动会影响它们的形成、合并和分化。有时候,两个民族碰在一起后会融合,但也有些未能融合,看似融合实际上又未真正融合,而且融合程度也会有所不同……这几个复杂的地区包括西北走廊、藏彝走廊、南岭走廊,以及东北几省等地。如果采用这种视角,中华民族的整体概念几乎能够被全面把握。[1] 费孝通则在民族迁徙流动、民族文化互动和经济贸易等层面指出武陵山区是一个"多民族接触交流的走廊","武陵山区的位置正好处在云贵高原和江汉平原之间,是东西交流的通道"。[2] 在此基础上,许多学者进行了相关研究,丰富和完善了关于"武陵民族走廊"的相关内涵。

"武陵民族走廊"是一条从西南到东北走向的山脉,东接雪峰山,西连大娄山,北依大巴山,南望苗岭。这一通道沿着武陵山脉,从东北延伸至西南,包括沅水、酉水、澧水、清江、乌江五条河流。这些山脉和河流在此交汇,形成了一个连接民族迁徙和文化交流的地理通道,地域大致相当于今天的武陵地区。武陵民族走廊地理环境上是第二级阶梯向第三级阶梯过渡的带区;文化上是中原文化与西南少数民族文化的交汇地,也是西部地区最东缘和中部崛起最西缘。历史上,这里是中原、东南、西南、北方各族群的交汇处。从古至今都有三苗、百濮、百越、巴人等各族在此活动,目前还有土家、苗、侗、瑶、白、维吾尔、汉等三十

---

[1] 费孝通. 谈深入开展民族调查问题[J]. 中南民族学院学报,1982(3):2—6.
[2] 费孝通. 武陵行(下)[J]. 瞭望,1992(5):12—15.

多个民族生活在这里。这条走廊是重要的"文化沉积带",呈现出丰富多彩的民族文化和悠久历史,具有古老、多样和复杂的特点。①

武陵山区以目前行政区划可分为湘西北、鄂西南、渝东南和黔东北四大区域。湘西北包括湘西土家族苗族自治州和张家界市,下辖县市为石门、沅陵、泸溪、凤凰、保靖、古丈、永顺、龙山、花垣县、吉首、慈利、桑植以及武陵源区、永定区。鄂西南地区包括恩施土家族苗族自治州,下辖县市为恩施、利川、建始、巴东、宣恩、咸丰、鹤峰、来凤以及宜昌市下辖的长阳县和五峰县。渝东南地区包括石柱县、秀山县、酉阳县、彭水县以及黔江区。黔东北地区指铜仁地区,包括沿河、印江、德江、思南、江口县和铜仁市。

二、制度

(一)定义

"制度"这个词汇具有多种含义,根据《辞海》的定义,它是指在特定历史环境下产生的法律、风俗和规则体系。这涵盖了制定法律法规、设定标准、确定等级服装的设计、生产方式、尺寸规格等方面。《易经·节卦》认为:"天地节,而四时成。节以制度,不伤财,不害民。"一种社会结构是通过规定或者操作方式来约束个人行为的制度。

托尔斯坦·B. 凡勃伦(Thorsein B. Veblen)是旧制度经济学的代表人物,他主张:"制度是一种普遍存在的思维模式或者说是对特定关系的理解和处理方法,它影响着人们的生活方式,并构成了特定的时代或社会的某种行为准则。如果从心理层面上来看待这个问题,我们可以把这种现象视为一种广泛接受的精神状态或是被大众认可的生活理念"。②

作为旧制度学派的重要领袖之一,约翰·R. 康芒斯(John R. Commons)对于制度的定义是:制度是由集体力量来约束个人的行为方式。他更深入地阐述

---

① 戴楚洲.加快武陵山经济协作区经济文化发展的思考[J].三峡论坛,2010(1):70—75,149.
② (美)凡勃伦.有闲阶级论[M].北京:中央编译出版社,2012:78.

了集体行为的形式及其广泛程度,包括没有组织的习惯、各种形式的有组织运作,例如家庭、企业、行业协会、工会、银行以及政府等。通常来说,个体的活动会受到不同程度上集体活动的制约。至于如何以集体行动来限制个体的活动,有很多具体的例子可以参考,比如"为了确定与他人相关的并相互关联的经济关系的事务规程,可以通过一家公司、一种联盟……或者是一个政治团体甚至整个国家来制定并且执行"。事务规程也可以被视为行为的规定、税收的标准、合理的原则或者是法律流程,它们具有相似的核心特性,那就是通过集体的力量调整个人的行为,因此制度就变成了一系列关于集体行动管理个人行为的准则。[1]

根据克莱伦斯·艾尔斯(Clarence Ayres)的观点,制度被视为一系列决定性的行动准则,它们影响了众多社交竞争中个人的选择,并为其相关的预设提供基石。[2] 而从更广泛的角度来看,制度可以理解为一种人类事务的管理方式,它既能被察觉到也能遵循,并且具有时间及地理位置上的独特特征。[3] 西奥多·W. 舒尔茨(Theodore W. Schultz)则将其所界定的个体制度解释为一组关于公众经济、社会和政治活动的规定性行为规范。[4]

而在阿夫纳·格雷夫(Avner Greif)看来,"制度是由各种制度元素组成的集合体,这些元素相互协作以形成规范和指导激励行为的准则"。[5] 而作为新制度经济学的领军人物,诺思强调,制度是一套社会中的竞争法则,它由人类设计并塑造了人与人之间的交互关系所受到的限制,制度强化了政治、社会和经济领域交换的激励。[6] 其他一些制度经济学家,对制度的定义与前人不存在实质

---

[1] (美)康芒斯.制度经济学[M].北京:商务印书馆,1986:22.
[2] (美)克莱伦斯·E.艾尔斯.经济进步理论:经济发展和文化变迁的基本原理研究[M].北京:商务印书馆,2011:121.
[3] (英)尼尔·基什特尼.经济学通识课[M].张缘,刘婧,译.北京:民主与建设出版社,2017:132.
[4] (美)西奥多·舒尔茨.经济成长和农业[M].郭熙保,译.北京:中国人民大学出版社,2015:34.
[5] (美)阿夫纳·格雷夫.大裂变:中世纪贸易制度比较和西方世界的兴起[M].郑江淮,等译.北京:中信出版社,2008:9.
[6] (美)道格拉斯·C.诺斯.制度、制度变迁与经济绩效[M].杭行,译.上海:三联书店,2014:3.

性差别。总的来说,学术界普遍接受的解释是,制度就是用来限制和规范个人行为的各种规定和限制。

(二)制度构成

新制度经济学认为制度分为正式与非正式制度,以及正式与非正式制度的执行机制。

1. 正式制度

正式制度是一种正规划体系。正规化体系也被叫作规范化的规定或明确的规定等,它是指人类通过明示的方式设立并确认的一系列制度设置,这其中包含了政治法规、商业规章及合同条款,同时还形成了一个由一系列相关规定组成的层级系统,例如宪法、书面法律、非书面法律,再延伸到与之关联的具体细节和单独的协议等,所有这些正规化体系都对人们的行动产生了限制作用。[①]

正规体系具备强迫力,它是由人类或群体所决定或者选定的,其主要通过奖励和处罚的方式规范人们的行动。因此,社会中存在专门负责维持并执行这些正规体系的人员。此外,设计这种正规体系时通常会考虑到遵从的代价,这包括评估各种待交易商品和服务的相关特性以及对代理人绩效的评价等活动所需的费用。为了确保遵守规则,我们必须准确地识别违规行为,并且对其严重程度做出判断。从成本—收益角度考虑,在一定技术条件下,如果成本超过收益,制定规则就没有必要了。

正式制度对于非正式制度而言是一种强化和补充,它能有效降低信息、监督和实施的成本。随着社会的日益繁杂化,正规制度的回报率也在不断提升,而这需要付出一定的代价。当一项规则被广泛应用时,其执行的边际成本会降低,这就是所谓的"规模经济效应"问题。[②]

2. 非正式制度

非正式制度又称非正式的束缚,是指在人们长期社会生活中形成的对人们行

[①] (美)道格拉斯·C.诺思.制度、制度变迁与经济绩效[M].杭行,译.上海:三联书店,2014:55.
[②] (美)道格拉斯·C.诺思.制度、制度变迁与经济绩效[M].杭行,译.上海:三联书店,2014:61.

为起到非正式约束作用的规范,例如风俗习惯、道德规范、文化传统、价值观念和意识形态等,这些是对人行为的非书面限制,与正式制度如法律等相对应。①

根据非正式制度的界定,我们可以在某些民族学研究中发现其涵盖了关于非正式制度层面的问题。这种非正式制度被视为社会传递出的一种信息,它带有文化的特性,也可以看作构成整体社会文化遗产的一个部分。因此,通常情况下,非正式制度的建立先于正式制度,并且拥有强烈抵制正式制度的能力,这和正式制度相似,都是由群体的选择决定的。纵观人类社会的历史,不同国家和文明的非正式制度(约束)存在差异,如许多非洲国家的氏族约束与中华文化圈的家庭约束、伊斯兰国家的氏族、宗教约束、欧美的宗教意识形态规则等。②

诺思将非正式制度划分为三个类别:对正规规则体系的延伸、补充或改良;被社会接受并遵循的行为规范及自发执行的标准。③ 这些非正式制度通常被称为"软制度",它代表了公众对于他人行动模式的一致期望,而这一期待主要源于社会的共享知识,而文化传统则是最重要的影响。软制度又可分为两类,即个人自我实施的约束和个人受到外力施加的约束(一般为社会群体)。

3. 实施机制

制度形成之后,需要加以实施,如果制度无法实施,任何制度基本形同虚设。虽然交易成本受制度执行机制的影响,但是尽管存在不完善的情况,实施机制仍然是构建制度的关键要素。如果没有实施制度,那么从实际效果来看就等同于缺乏制度。

对制度的执行包括奖赏和处罚两方面。一方面,对于违反制度行为的制裁使得其带来的利益小于所产生的代价,从而令违背规定的情况变得无利可图;另一方面是遵从规定的刺激作用,也就是行动者必须付出一定程度的努力来履行这些规定,但是最后获得的好处超过了这种投入,这是一种有价值的过程,并

---

① (美)道格拉斯·C.诺思.制度、制度变迁与经济绩效[M].杭行,译.上海:三联书店,2014:44.
② 王跃生.非正式约束·经济市场化·制度变迁[J].当代世界与社会主义,1997(3):6.
③ (美)道格拉斯·C.诺思.经济史中的结构与变迁[M].陈郁,罗华平,等译.上海:上海三联书店,1991:98.

能引发出对执行规定的积极反应。当这个正面影响被广泛传播后,某些规定就有可能会自动被执行,例如交通安全法则的推出,即便没有持续性的监控,大部分人走在路上的时候仍然会遵守这条规则,原因在于如果不这样做,他们的生命安全有可能受到威胁,这是关于遵守规定的回报高于支出的一种真实例子。

(三)制度变迁

一般而言,制度变迁是指对构成制度结构的正式、非正式规则以及执行机制三个部分的边缘调整。[①] 其主要的前提条件与方式如表1-1与表1-2所示:

表1-1　　　　　　　　　　　　制度变迁的原因

理论	代表学者	主要观点
经济增长	Schultz(1968) Ruttan(1978)	经济增长会引起制度变迁
技术决定论	Veblen(1899) Ayres(1953)	技术进步会引起经济增长,进而引发制度变迁
制度的自我循环理论	North(1973)	制度变迁引起经济增长,且可以自我循环积累
技术与制度二元论	Ruttan(1978)	技术变迁与制度变迁相互影响,存在互动
预期偏好理论	Bromley(1996)	制度变迁(即制度环境)的变化引起利益格局的变化,并通过博弈形成新的纳什均衡
利益集团理论	Olsen(1982)	利益集团形成与发展引起制度变迁

表1-2　　　　　　　　　　　　制度变迁的方式

理论	方式	代表学者	主要观点
演化方向差异	自发演进	Hayek(1949)	制度变迁更加客观,是自然筛选或过滤过程中的产物
	人为设计	North(1981) Williamson(1985)	制度的建立和变迁受到人为设计,且人为设计的制度效率更高
变迁主体差异	诱致性	Ruttan(1978)	自下而上,变迁主体来自基层
	强制性	林毅夫(1989)	自上而下,政府是制度变迁主体

---

① (美)道格拉斯·C.诺思.制度、制度变迁与经济绩效[M].杭行,译.上海:上海三联书店,2014:87.

(四)社会变迁

社会变迁与人类社会发展息息相关,人类社会一直处于动态发展中,这种社会过程也是社会变迁的历程。近年来,社会变迁成为学界研究的重心所在,故对社会变迁内涵的界定也更加细化。变化无常的社会状况涵盖了所有类型的社交转变,包含了从宏观到微观的所有社会变动,如进步或倒退的社会发展,不同领域之间的分离与融合,社会形态的稳定性和非稳定状态下的变化,社会规模上的增减,社会关系的调整,生活模式的改动,行为准则和价值观的演变等。

在探讨人类社会演进的过程中,民族学、人类学和社会学的研究重点在于特定社会的构造转变、或是构成元素的部分调整。所以,社会的变化不仅涵盖了全局性的宏大社会体制及国家的盛衰更迭,也包含了中层次的社会构造和社会组织的发展,同时还涉及个人层面(如生产和生活习惯等方面)的变动。本书对社会变迁的研究主要集中于中观和微观层面,力图突出制度变迁对社会变迁的影响,探讨制度变迁下社会结构与运行、文化教育、民风民俗等方面产生的变化。

三、中华民族共同体意识

文化认同是最深层次的认同,是民族团结的根脉。[1] 坚持打牢中华民族共同体的思想基础是习近平总书记在中央民族工作会议上重要讲话中谈到的"八个坚持"之一。[2]

中华民族共同体是指在以中国为主的地域范围内,中华各族在历史长河中相互融合形成的一个综合性群体。该群体具有中华民族历史文化联系、稳定的经济活动特征和心理素质,涵盖经济、政治、文化等各个社会生活领域,体现为各族相互兼容、依存、统一,在经济、文化、政治等方面相互影响。共同体具有共

---

[1] 习近平.在全国民族团结进步表彰大会上的讲话[N].解放军报,2019-09-28(2).
[2] 王延中.铸牢中华民族共同体意识的战略意义[N].光明日报,2022-08-18(6).

同的历史条件、价值追求、物质基础、身份认同和精神家园。①

从历史发展脉络上看,中华民族共同体意识在历史实践中逐渐形成,并在中国共产党领导下的社会主义革命和建设的实践过程中逐步巩固发展。中华民族共同体在几千年的历史实践中逐渐发展壮大,又在近代家国破碎的威胁中自我觉醒。面对新时代的问题挑战,加强中华民族共识的重要性不容忽视。习近平总书记强调:"全面建设社会主义现代化国家,一个民族也不能少。"②增强中华民族共识是保障各个民族核心权益、稳固并深化平等关系和平等团结互助和谐社会民族关系的关键步骤。中华民族共识是一种源于国土民族定位的政治行动,它包含了对于中华人民共和国及中国国民身份的政治认可,是对所有中华各族人民需要具备的一个基础性的自我认识,尤其是对历史上塑造出的中华民族的历史理解和感情依附,也是在中国共产党的领导和社会实践过程中持续加深对社会主义和中华文化认同的过程。③ 在新的历史进程中,团结全国各族人民,形成最广泛、最持久、最深沉的思想共识,以凝聚各族人民追逐梦想的磅礴伟力。

第二节 相关理论

一、马克思主义政治经济学

马克思主义政治经济学的制度理论主要涉及生产力与生产关系、经济基础与上层建筑等相关内容。

---

① 中共中央关于制定国民经济和社会发展第十四个五年规划和二〇三五年远景目标的建议。
② 新华社.习近平在青海考察:坚持以人民为中心深化改革开放 深入推进青藏高原生态保护和高质量发展[EB/OL].[2021-06-09]. https://www.gov.cn/xinwen/2021-06/09/content_5616441.htm.
③ 同上。

（一）生产力与生产关系

马克思认为生产力是一种能力，这种能力使人类共同改造自然、改造社会，进而获得生产与生活资料。生产力是一个复杂的系统，包括了所有参与社会生产和再生产的物质和技术要素，主要由劳动资料（生产工具）、劳动对象和劳动者三个要素组成，其中劳动者是主导生产力的因素。[①]

生产关系是指在生产过程中形成的相互联系，包括生产物资的拥有、制造流程的组织与分配以及产品的分配。其也可以被看作一种经济结构，该结构包含各种关系：生产资料所有制、人类在生产中的地位和交换、产品分配以及消费关系等。这些关系相互联系、制约，构成一个有机整体的生产关系的根基在于生产资料所有制。

生产力与生产关系相互作用和运动，并存在一种内在的、本质的、必然的联系，这种联系不以人的意志为转移，是社会历史发展的客观规律。如果生产关系能够匹配并促进生产力的进步，那么它和生产力之间存在的冲突还处于量的变化阶段，这意味着生产关系没有实质性的转变；然而，若生产关系无法满足生产力的需求，就会产生对新生产关系的需求以解决现有的冲突，这种情况下的生产力和生产关系间的矛盾逐渐累积，直至达到质的变化点，进而引发了生产关系的彻底改革——也就是由新型生产关系取代旧的生产关系，而后者又能再次与生产力保持一致，这一过程将会不断重复下去。

（二）经济基础与上层建筑

上层建筑由观念和政治两个方面组成，经济基础决定上层建筑，首先是决定上层建筑的产生。随着社会的进步与私人财产制度及阶级结构的形成，一种以个人所有权为中心的主观意识架构应运而生。为了保护他们在经济领域的权益，各个领导阶层也随之建立了以政府权力为主导、具备约束性的政治主体构架。各种社会形式的顶层构造都根据经济需求构建，并且拥有历史传承和自

---

① （德）马克思.资本论：第一卷[M].北京：人民出版社，2004：53.

我发展的基因。

其次,社会的经济结构影响它的政治制度及文化特征。因为所有社会形态的上层建筑都是由它们的经济基础驱动并构建的,因此,它们各自的特性都受到相应的经济基础的影响。例如,在封建制的经济背景下,我们看到了封建统治的国家和社会、主要为地主阶级的观念体系。而在资本主义社会中,我们看到的是资产阶级控制下的国家和社会以及以资产阶级为中心的价值观念系统。而在社会主义公有制的社会中,则是人民掌握了国家的领导权,并且形成了以马克思列宁主义等为核心的社会主义价值观。

最终,社会的基础结构由其经济条件所塑造,并对其产生影响,经济条件也会对社会结构的变化做出回应。社会的经济状况的变化必然会对其基础架构带来变化。

经济基础和上层建筑的矛盾贯穿了整个人类社会发展历程。在经济基础上建立的上层建筑会有一个逐步完善的过程,一般而言,上层建筑比经济基础更加稳定,所以其变化往往落后于经济基础的变化。

生产力和生产关系的矛盾相互作用于经济基础和上层建筑,一方面经济基础和上层建筑受制于生产力和生产关系的矛盾,另一方面,生产力和生产关系的矛盾进展也受到经济基础和上层建筑之间的矛盾进程的影响。这些运动推动着社会形态的依次更替。

二、产权理论

经济学是研究资源如何有效配置的科学,而民族学与人类学则从人类本性、社会历史文化等具体角度研究问题,这些都不可避免地涉及财产关系,也就是产权。一系列经济行为(如生产、分工、交换等)都要思考产权的问题,科斯把产权分析引入经济运行,使得新古典经济学研究的框架更加具体。在新制度经济学的产权理论中,产权并不只是人与物品之间的联系,而是基于物品的存在和使用所引发的相互认同的行为关系。它是人们对财产使用的权益,规范了人们的行为,它是一种社会体系。

(一)产权明晰是市场交易的前提

1. 产权明晰的内涵

产权理论首要强调的是产权明晰,科斯认为,产权的明晰是市场交易的前提,其涉及三个层面,即产权是明确的、产权是可以自由交易的、产权是有保障的。①

产权体系是市场的基石,其能间接地对各类商业活动产生的费用造成影响并最终确定商品的购买者及出售方。产权为制造、分化、交互、投资与存储等众多经济活动的开展提供了前提条件。此外,市场的价格是由消费者达成的满意度体现出来的,如果缺少私人产权,就无法形成能够表达个体观点的市场价位,合理性的经济评估也就无从谈起。②

另外,产权明晰可以提升市场的效率。在经济学领域中存在所谓的巴泽尔难题,即如果财产权未明确划分并且无法有效实施时(例如,缺乏对于可利用资产的所有权描述或未能完全履行所有权义务),个人将会竞相抢夺有限的经济资源与机遇。这种情况下,每个人都会为了争取更多的权益而展开激烈的竞争,其付出的代价可能远超出资产自身的价值,从而导致市场的低效运作。③

2. 产权失灵的表现

关于产权问题,一个重要的部分是产权功能被削弱的问题,也就是当产权缺失或是无法正常发挥作用时所引发的资源分配效率下降乃至完全失败的状态。根据约瑟夫·尤金·斯蒂格利茨(Joseph Eugene Stiglitz)的研究,以下三类情况可能造成产权的功能受损:首先是产权定义模糊不清,例如经济学的"海洋中的鱼"就是一种公共资源,这种类型的资源因为缺乏清晰的产权划分或者

---

① 科斯.社会成本问题[J].法律与经济学杂志(第三卷),1960(10):1-27.
② (美)卡伦·沃恩.奥地利学派经济学在美国——一个传统的迁入[M].朱全红,彭永春,等译.杭州:浙江大学出版社,2008:47.
③ (以)约拉姆·巴泽尔.产权的经济分析[M].2版.费方域,段毅才,钱敏,译.上海:上海三联书店,2017:14.

很难确定产权归属,所以在没有任何约束措施下,每个渔夫都会尽量多地捞鱼,这会导致过度开发,出现竭泽而渔的结果,最后形成所谓的"公地悲剧",使得原本可以继续捕获的鱼群消失殆尽。其次是有限制性的产权,这是指政府对于某些资源实施管制,从而影响资源的使用效果。最后是被称为产权的法律规定,如在美国的大型都市区内,有些地方允许通过长时间租赁的方式获得住宅使用权,这也是一种产权形式,但由于租金受到了严格监管,因此居民并不能合法地转让他们的住处使用权,这就降低了他们维护及改进住房的积极性,也减少了行动的可能性。①

从宏观上来看,一国的产权失灵程度可以用产权不存在的数量和产权受限制的数量之和占本国 GDP 的比重来衡量。一般来说,产权失灵现象在发展中国家更为普遍,如某非洲国家,居民拥有自己产权的房屋只有不到 10%,许多经济领域也存在产权不清晰的情形,因此行业从业者缺乏技术革命和创新的激励。②

产权失灵是市场与政府失灵更深的层面③,也能理解为产权的不完备。在新制度经济学的框架下,完整的产权应涵盖一切与资源使用相关联的所有权益,这构成了被称为"权利束"的一连串权限。通常情况下,这些权限会以实物或者服务的形式存在,其价值则由所涉及的权益来确定。因此,"权利束"具有数量及构造上的定义。从总体来看,产权包含多种类型的权益,例如排除他人使用的权利、获取利益的能力、可以转让的特点等;而从结构的角度出发,不同的权益捆绑在一起形成了特定的产权属性及其架构,然而每个权益都是有限制的,它们的范围受制于特定社会历史阶段的法律法规和社会伦理规范。④

---

① (美)斯蒂格利茨,沃尔什.经济学[M].黄险峰,张帆,译.北京:中国人民大学出版社,2010:23.
② 卢现祥.新制度经济学[M].2 版.武汉:武汉大学出版社,2011:141.
③ 科斯.社会成本问题[J].法律与经济学杂志(第三卷),1960(10):1—27.
④ 卢现祥.新制度经济学[M].2 版.武汉:武汉大学出版社,2011:65.

3. 产权分类

产权的基本权利包括所有权、使用权、用益权(收益权)和让渡权。①

所有权是赋予个人对其专属资产的控制力,任何其他人不得侵犯此项权益。这反映出所有权中主权方与被控方的所属关系,并且具有排除其他人的特性,也就是禁止任意掠夺私人财物(无论是物质财富还是非物质财富)。此外,所有人可以为他们的私产设定合法的额外权益,这就是对所有权进行细分的权利。另外,所有权的产权主体可以利用所有者权能(产权主体对财产的权利、职能和作用)收取一定的经济利益。②

权益的使用可以被划分为三种情形:其一,使用过程不会影响原始状态与属性,例如用机械设备制造产品而不破坏其物理结构及特性;其二,在使用中基本属性和形式没有发生显著变化,比如把布匹制造成各式服装;其三,全然的形式和特性的转换,甚至是原本的状态完全消逝,转化为其他的物质形式或者作为其他物质(或生命体)的能源,比如说食物的消耗。权益使用权涉及他人财产使用时,一般认为不能将其出售或改变质量形态,即使用权也存在法律道德的制约。③

用益权也称为收益权,法律上的用益权是他人所有之物享有的使用和获得收益的权利,新制度经济学的产权理论则更强调收益,西方产权理论研究学者认为财产的用益权特指通过财产获得资产收益的权利,如农户拥有获取一块土地农作物收益的权利,但土地的所有权不是他的。④

让渡权是指以双方都同意的价格将全部或者部分所有权、用益权和让渡权从一个人手中交给另一个人。这种权利不仅体现了产权的完整性,也展示了市场交易的关键特征,它确定了资产主体承担价值变动的责任。⑤

---

① (英)沃克. 牛津法律大辞典[M]. 李双元,译. 北京:法律出版社,2003:361.
② (英)沃克. 牛津法律大辞典[M]. 李双元,译. 北京:法律出版社,2003:371.
③ (英)沃克. 牛津法律大辞典[M]. 李双元,译. 北京:法律出版社,2003:382.
④ (英)沃克. 牛津法律大辞典[M]. 李双元,译. 北京:法律出版社,2003:396.
⑤ (英)沃克. 牛津法律大辞典[M]. 李双元,译. 北京:法律出版社,2003:405.

4.产权绩效的差别

各种类型的资产管理会影响资源分配的效果,例如共享所有权中,每个团体成员均有权利平等地享有团体的权益。如果监管或协商使用这些共用权利所需的费用不是零,则个体为了实现自我利益的最大化,需要支付这一额外开支并且不能排除他人参与其成果的分割,这会导致巨大的外溢效果。

在私人财产制度中,当决定权落在所有人手中时,他们会对未来可能获得的利益和需要支付的费用(预期的收入和支出)加以评估,并做出使其私人权益价值最大的抉择。因此,在实现这些收益的过程中所产生的一切费用都需自行负担,这使得很多公共资产中的外溢效果在私人拥有的情况下得以内化,从而激发了对资源的高效使用动力。[1]

(二)产权的功能作用

经济学的新制度理论主张,产权制度与经济增长密不可分。如果社会缺乏产权,那么经济增长无法实现。产权理论认为产权对经济的影响可以从下面四种功能中体现:

1.资源配置

当财产权发生变动时,它触及的是财产关系的改革,这种变化无疑会导致人们的行动模式发生转变,从而对资源的使用、生产结构和收益分割等造成冲击。根据科斯的观点,如果社会中的交易费用不是零,那么某些财产权利安排可能会提升效能,而另一些则有可能导致公众陷于贫困状态。

当代产权研究关注的是权利、奖励及经济活动之间的深层关联,并认为财产权益能够激发人们对财富的创新和维护动力。由个体构成的社会群体中,如果人们拥有资产,并且可以通过有效利用这些资产来实现收益,那么他们会尽力管理好他们的这些资产。因此,一旦明确了产权关系,它就能带来积极的刺激效应。

---

[1] 科斯.社会成本问题[J].法律与经济学杂志(第三卷),1960(10):1—27.

有了产权的保障,生产者与消费者在一定的契约规则下进行商业交易,这有助于市场的发展与繁荣,进而实现经济的增长。①

2. 价值功能

产权的保护价值指产权保护的财产与无产权保护的财产之间的差额,这涉及产权所有者自己努力保护、他人企图夺取和政府予以保护三个因素。其中政府的保护是最重要的,其既能限制他人对财产的非法夺取,又能降低产权所有者保护的成本,所以政府在产权保护方面有规模经济的优势。理论产权学者主张,一个有效的政府应当执行产权保护、私人契约以及公正的司法制度,并且该政府也需要受到足够的限制以防止强制和掠夺。因此,为了保障产权,必须构建两种制度:推动交易的法律体系和限制政府官员权力的政治体系。②

产权的功能包含了显性和隐性的价值元素。从隐性的角度来看,斯密主张维护个人合同的重要性在于它是自由且双赢交易的核心条件之一,这有利于专业分工的形成和创新的发展。人类的进步和进化取决于能否让每个人的个性能力得到最有效的发挥,而这个过程需要对产权的支持。根据产权理论,如果缺乏财产权,那么个人的生活质量会受到影响,因此产权体系被视为商业活动和市场运转的重要基础。③

从显性的角度来看,一些研究表明产权保护程度与该国经济发展正相关,产权保护最好的国家按照购买力平价计算的人均收入明显高于产权保护不足的国家,产权保护水平越高,越有助于实现最优的资源配置。

3. 经济功能

权利的转让是产权特性的一部分,它涉及所有权的销售或捐赠。可转入权能够使资源从低生产力的拥有者流向高生产力的拥有者,当这种权益被用于交

---

① 科斯. 社会成本问题[J]. 法律与经济学杂志(第三卷),1960(10):1—27.
② (以)E. 赫尔普曼. 经济增长的秘密[M]. 王世华,吴筱,译. 北京:中国人民大学出版社,2003:121.
③ (美)奥利弗·E. 威廉姆森,西德尼·G. 温特. 企业的性质[M]. 北京:商务印书馆,2010:22—31.

换时,其内在价值将得以增加,同时也会刺激创新活动。

产权的形成与资源的自由使用息息相关,随着资源的日益紧缺,如果没有产权这种排他性权利体系来避免资源的过度使用,经济秩序会崩溃,这不利于社会的稳定,所以良好的产权制度一方面能进一步挖掘资源的价值,另一方面能维护社会的经济秩序。①

三、交易成本理论

在美国经济学的研究中,科斯提出的"交易成本"是影响最大的概念之一。作为新制度经济学的主要组成部分,科斯定律强调了"交易成本"的重要性。根据他的观点,交易成本包括了所有的市场交易过程中产生的寻找、确定与执行的价格信息所需要的代价、每笔交易中的协商与签订过程所需的费用以及由于使用价格机制而产生的一切相关成本等。②

(一)经济制度的运行成本

1. 制度经济学的基本分析单位

制度经济学聚焦于问题的起始点——交易,这是人们在经济活动中各类人际关系的基石及普遍形式,它涉及的是个体间的物权转移或获取的过程。这种交易观念与经济学里的生产理念相呼应,而生产与交易则共同构建了人类所有的经济行为。

"交换"这个词汇在经济学中被定义为一项工作流程,它代表了商品的接受和交付,同时也反映了一种供需之间的均衡状态。然而,这种解读并不等同于传统或现代经济理论中所述的"交换",因为制度学派对于"交易"的研究焦点并非实体的存在,而是聚焦于资产的所有权,也就是我们常说的产权问题。这是一种人与人之间关于自然资源所有权转让及获取的关系,涉及的是法律层面的

---

① 卢现祥. 新制度经济学:[M]. 2 版. 武汉:武汉大学出版社,2011:78.
② (美)奥利弗·E. 威廉姆森,西德尼·G. 温特. 企业的性质[M]. 北京:商务印书馆,2010:32—38.

掌控变化。①

根据康芒斯的观点,经济活动可以被划归成三个类别:第一类是基于自由和平等原则的市场中商品和服务之间的购买和销售行为;第二类则是合同规定下的管理型贸易方式,这种模式下存在雇主对员工的不平衡权力分配现象;第三类则是对上层领导或团体的一种描述方法,指的是当某个个体需要遵守某些限制条件时所发生的权利和义务的转移情况。

在康芒斯看来,这三种交易模式几乎包括了所有人类间的经济行为,并且这些模式在不同程度上结合形成了多种制度构造,例如计划经济和市场经济。但这三种交易类型与市场、企业及政府交易并不是完全一一对应的,还存在如卡特尔、同业协会等既不属于企业组织也不能归于政府的组织形式。②

2. 交易成本

科斯对新制度经济学的重大贡献就是发现了价格机制的运行是有代价的,并把交易成本与产权引入了经济分析。其他学者如威廉姆森则对交易成本进行了理论系统化,扩展了交易成本的维度、分析交易成本与组织治理等。对于交易成本,一般可以从契约、产权和制度角度来分析。

在协议层面上,科斯强调了应纳入考量的交易成本,包括衡量、定义并保护专属权力的支出,寻找交易伙伴及确定交易价位的开销。签署合约的过程中的协商费用以及确保合约遵守的监管成本等。之后,在把交易成本理论化的过程中,有些研究者将其归纳为两大部分,一个是签约时设定交易方权益与职责(即责任)所需支付的费用;另一个是签完合约以后修改或终止合约可能产生的费用。③

产权层面,一些学者把交易成本界定为在转让、获取和保护产权时产生的

---

① (美)康芒斯. 制度经济学(上)[M]. 北京:商务印书馆,2017:20.
② (美)康芒斯. 制度经济学(上)[M]. 北京:商务印书馆,2017:32.
③ (美)科斯,威廉姆森,等. 制度、契约与组织:从新制度经济学角度的透视[M]. 刘刚,冯健,杨其静,译. 北京:经济科学出版社,2003:54.

相关成本。① 交易成本就是个体之间为交换经济资产所有权且执行这些排他性权利而产生的费用,也是一种机会成本,分为不变和可变成本两部分。而诺斯则认为在日益专业和复杂的社会分工下,维持产权体系必须支付一定的管理成本,这种成本就是交易成本。②

从制度的角度来看,人类之间的经济行为是以交换为基本单元的,而这种交换过程构成了经济体系的具体运作方式,并且受到其制度架构的影响。③ 阿罗也强调了交易成本对于经济体制运营的重要性。④ 因此,我们需要考虑的是包含制度设计费、执行与落实费、监管或保护费(即奖赏与处罚),以及后期可能发生的制度改革费等在内的所有交易成本。

3. 交易成本类型

根据康芒斯的三种交换形式,我们可以把贸易开销划为三类,即市场的、管理的及政策性的商业支出。其中包含了合同预备阶段所需支付的相关花费(如寻找协议内容并获取相关信息的代价,即搜索费和资讯费)、确定签署条款时需要承担的责任义务等相关的额外负担(如协商过程及其结果的选择权等,这些都属于制定契约时的经济消耗部分)、执行监管职责以确保遵守约定规则而产生的一切必要支出。这三种交易成本既互相联系也存在差异,市场型与管理型交易成本在某些时候可互相替代,一般而言,政治型交易成本降低能降低市场型和管理型交易成本。而通常情况下,管制会增加成本,这些成本由组织或企业承担,从而增加了交易成本。⑤

科斯认为,当交易成本呈现出正数时,制度便会形成,由市场型、管理型及政治型交易成本组成的总体交易成本构成了总量的交易成本。因此,我们通过

---

① (美)约拉姆·巴泽尔.产权的经济分析[M].费方域,段毅才,译.上海:上海三联书店,1997:4.
② (美)沃尔特·W.鲍威尔,保罗·J.迪马吉奥.组织分析的新制度主义[M].姚伟,译.上海:上海人民出版社,2008:6.
③ (美)康芒斯.制度经济学(上)[M].北京:商务印书馆,2017:76.
④ (美)约翰·N.德勒巴克.新制度经济学前沿[M].张宁燕,译.北京:经济科学出版社,2003:33.
⑤ (美)埃里克·弗鲁博顿,鲁道夫·芮切特.新制度经济学:一个交易费用的分析范式[M].罗长远,姜建强,译.上海:上海三联书店,2006:63—67.

对交易成本的研究可以评估经济体系的表现优劣。有研究表明,每种类型的交易成本(包括市场型和管理型)加起来可能会占据消费者支付的价格的50%至70%。[1]

所有商业行为都无法摆脱交易费用的影响,因此要深入研究每项具体的商务过程并对其各项费用做出精确区分是非常困难的。为了解决这个问题,诺思将整个经济体系分解为交易环节和生产转变环节两个部分,然后对与交易相关联的所有资源消耗进行了汇总,从而粗略地估计出了交易费用。购买者角度的交易费用指的是他们付出的但是卖家没有得到的那一部分费用,而从销售者的角度来看,交易费用就是如果商品被自身出售出去不会产生的一类费用。中间商可以细分为交易型和非交易型机构,前者如银行、保险公司及各类批发零售企业等,他们的运营费用应该包含于交易费用之中;后者如军事、法庭等,保障产品的支出以及政府部门的花销也被视为交易费用的一部分,这是由于它们的存在有助于推动社会的专业化生产和劳动分工,进而提高经济效益。[2]

(二)交易成本理论的分析范式

范式是一套公认的准则、思维模式和整体感知的规则。历史上那些具有重大影响力的科学著作,在特定时间段内为接下来的研究人员指明了在某个领域应该研究什么问题,使用哪种方法。[3]

1. 理论的实质与范式

交易成本理论为人们研究经济成果提供了一个研究方向,现实中交易成本数量很大,也很重要,需要很多经验性观察。

交易成本理论提出的新范式区别于新古典经济学研究。相较于传统的新古典经济学模型,人类有限理性的理念有所不同,其主要体现在三大基本原则(或者说预设)上:所有的资源都归属于个人私有财产;交易费用被视为无穷小;

---

[1] 科斯.社会成本问题[J].法律与经济学杂志(第三卷),1960(10):1-27.
[2] (美)道格拉斯·C.诺思.制度、制度变迁与经济绩效[M].杭行,译.上海:三联书店,2014:146.
[3] 张俊山.经济学方法论[M].天津:南开大学出版社,2003:67.

需求曲线是向下的。这些原理推动了我们对于社会决策集群意义、经济效益、市场竞争形式以及市场平衡状态的深入了解。① 而现代制度理论中的交易成本理论从以下四个方面扩展了传统的生产与交换理论:强调一个生产组织内的单个决策者所起的作用;事实上存在多种形式的产权形式,所以不能保证利润最大化;交易成本在所有情形中都大于零。②

新制度经济学的核心理念是交易成本,这种成本在经济领域中普遍存在。在进行经济活动时,我们需要考虑到交易成本的影响,它不仅会影响契约的安排,也会对产品和服务的提供产生影响。因此,我们应该将交易成本纳入经济学的解释范畴来理解经济系统的运作。③

2.组织与制度安排

交易成本最小化是组织和制度安排的基本原则。按照科斯的分析,无论什么样的组织形式和组织交易都是有成本的,区别在于相对成本的差异。根据交易成本理论,人们的经济活动是建立在一系列组织和调节经济模式的选择基础上的,即生产的制度结构。在这种结构下,为了减少成本、增加潜在交易量,组织会不断进行以经济计算为基础的替代活动,这种替代活动要考虑无法计算的要素,包括组织内部层面安排等组织要素和法律体系等制度要素。④

研究交易成本的常规方法是:在明确交易的特性之后,从最小化交易成本的能力角度来探索可能的管理架构。基于这个简化的假设,我们首先要建立交易与管理架构的匹配关系,然后通过实证分析验证。⑤

每一种经济组织和制度的治理结构要关注三个层面:激励强度、行政式命

---

① (南)斯韦托扎尔·平乔维奇.产权经济学:一种关于比较体制的理论[M].蒋琳琦,译.北京:经济科学出版社,1999:32.
② 科斯.社会成本问题[J].法律与经济学杂志(第三卷),1960(10):1-27.
③ (美)科斯.论经济学和经济学家[M].上海:上海三联书店,2010:10.
④ (美)科斯,威廉姆森,等.制度、契约与组织:从新制度经济学角度的透视[M].刘刚,冯健,杨其静,等译.北京:经济科学出版社,2003:69.
⑤ (美)约翰·克劳奈维根.交易成本经济学及其超越[M].朱丹,黄瑞虹,译.上海:上海财经大学出版社,2002:2.

令与控制以及契约法制度。如果所有适应阶段的人们都能获取净收益,那这个激励就会非常强烈;然而,当采用的是基于成本增加的回馈系统时,这种激励会相对减弱。而如果存在一套完整的契约法规制体系,那么它的影响力很大,相反,若是在不同的生产阶段中出现的争议需要通过私人的方式裁决,并且企业的角色只是作为最后的仲裁机构,这种情况下的契约法规制的影响力将会降低。

3. 特点与应用

交易成本理论主要聚焦于微观层面的研究,对于行为假设持谨慎态度,并通过对比制度的方式加以阐述。该理论特别注重依据不同类型的治理架构(包括治理能力和相关成本的差别)来决定采用何种有差别的交易模式,从而降低交易费用。[1] 这种理论及其框架可以应用到许多领域,例如代理关系、外溢效应、租金获取、公司内控、市场监管、历史经济学甚至是政治体制等方面。

阿曼·A. 阿尔钦(Armen A. Alchian)和哈罗德·德姆塞茨(Harold Demsetz)通过测量成本来阐释团队生产的问题,并强调了产权归属的关键性。经济组织的一项重要职能就是准确地衡量各个生产元素的生产效率,并以此为依据支付报酬。能否降低这种测算成本,将决定经济组织是否能存续下去。[2]

曼瑟尔·奥尔森(Mancur Olson)则用组织成本解释了利益集团的形成与作用,分析了组织成本与团体规模的联系。小型集团的运营成本较低,因此每个人都能获得更高的利润。一个组织的成员越多,其运营成本就越高,从而使得每个人的收益越低。因此,大型集团往往是比较松散的,而小型集团则拥有了与之不成正比的大权力。[3]

---

[1] (美)奥利弗·威廉姆森. 资本主义经济制度:论企业签约与市场签约[M]. 段毅才,王伟,译. 北京:商务印书馆,2002:32.

[2] Armen A. Alenian, Harold Demsetz. Production, Information Costs and Economic Organization[J]. The American Economic Review,1972,62(5):777—795.

[3] (美)曼瑟尔·奥尔森. 集体行动的逻辑:公共物品与集团理论[M]. 陈郁,郭宇峰,李崇新,译. 上海:上海三联书店,2014:45.

在制度绩效的研究中,诺斯引入了交易成本理论。他认为,一些国家经济表现不佳的原因是这些国家的商品市场和要素市场存在过高的交易成本,从而导致了低下的绩效和贫困问题。

(三)科斯定理

科斯的两篇著作(《企业的性质》和《社会成本问题》)对新制度经济学有着重要影响,这两部作品首次引入了交易费用概念,并提出了交易费用理论、新的企业理论以及产权理论,其中著名的科斯定理对新制度经济学产生了深远的影响。

1.科斯定理

科斯认为,在交易费用为零的情况下,不管产权初始如何安排,市场机制会自动达到帕累托最优。这就是"科斯第一定理"。

根据科斯第一定理,如果没有了交易费用(也就是所谓的"完美世界"),那么所有权可以通过市场的力量来重新分配而不受任何限制和约束;不论最初的所有者是谁,也不论他们是如何划分财产边界的,这种方式都不能决定其最后的归属或是社会的整体利益——只有当人们有权力选择是否参与到这个过程中时才能达到最好的结果,那就是让所有的资源都能被有效地利用并使其发挥最大的价值,从而使得整个系统处于一种均衡的状态。

然而,这个理论假设在实际的社会和经济生活中并不适用,因此,科斯进一步提出了解决方案——"科斯第二定理"。该定理指出,如果存在交易费用(即交易费用大于零),那么财产权划分的差异将会对资源配置产生不同的效果。[①]科斯第二定理包括两个主要观点:首先,由于现实世界的财产权划分并非免费的,不能通过没有代价的交换达到最佳状态,因此财产权的最初设定会影响经济效益;其次,只有在有利于总体生产价值提高并且所产生的收益超过了调整过程中需要付出的交易成本的时候,才有可能出现财产权的重新定义。这意味

---

① 科斯.社会成本问题[J].法律与经济学杂志(第三卷),1960(10):19.

着组织可以通过修改财产权的起始设定以提高经济效益,也可以利用公司或者政府的管理手段代替市场的交易方式来实现资源的配置。

实际上,所有的权利安排都需要费用,不同之处在于这些费用的高低。人们通常更倾向于选择那些成本较低的方式。因此,我们可以得出科斯第三定理:当交易成本超过零时,明确的产权划分能够显著降低交易过程中的成本并提升效率。假如交易成本存在但缺乏清晰的产权界定和保护规则,无产权制度或产权制度不健全,该情况下难以进行产权交易,经济效率难以提高。

2. 与科斯定理相关的研究

经济学研究认为合作能够产生经济剩余,所以尽量使不合作的损失降到最低具有重要意义。现实中无法达成共识的情形会经常出现,这主要是因为人性导致利益分配的冲突。因此,需要有一个强大的第三方的介入以协助人们完成合作任务。基于此,托马斯·霍布斯(Thomas Hobbes)提出了他的观点(即霍布斯原则):通过建立法制框架确保合作顺利进行,从而减少由于私人协作不易达成的损失。[①] 所以,法律体系能够有效地防止被强制参与合作的情况发生,可使得因意见不同而导致的损失降低至最小值,这也为科斯原则提供了更具体的阐释——利用法律手段清除私人协作的阻碍,这就是财产权的核心内容,它能最大限度地减小因为私欲对资源安排的不统一行为带来的损失;同时,也能尽可能地降低个人在资源安排方面达成合作协定的难度,从而在考虑交易费用的前提下实现资源的最优化配置。

另外,理查德·波斯纳(Richard Posner)的研究进一步深化了科斯原理,他提出了一种新的理论——波斯纳原则,该原则给出了实际应用中的权责分配需要遵从的标准:如果市场的交易费用太高以至于阻碍了交易的发生,那么应该把权力交给对它最为重视的人群。[②] 当交易费用是正数且有交易发生时,法律并非完全不偏向于资源配置,因为法律清晰地定义了财产所有者之间的权益范

[①] 卢现祥.新制度经济学[M].2版.武汉:武汉大学出版社,2011:165.
[②] (美)理查德·波斯纳.法律的经济分析[M].北京:中国大百科全书出版社,1997:20.

围,并且提供了行动指南。法律定向要考虑经济效率,波斯纳认为事故责任应归咎于能够以最低成本规避事故但没有这么做的当事人,在资源稀缺的环境中,法律条件正当性需要考虑经济上的合理性,避免资源的浪费。

四、经济人类学

作为人类学与经济学的交叉学科,经济人类学主要关注民族学及人类学中的主题,例如生存策略、交易行为、财产观等,这些都是关于人的经济生活的探讨[1],它描绘了人在日常生活中创造、分享和消耗资源的方式,并以此为基础分析这些体系如何构建、运转并且和其他体系产生关联,人自己的选择也受到这种系统的制约。同时,经济人类学也会深入探究分配机制的影响过程及其制度背景,以及其对于经济体制的作用力以及如何与人自身的选择相互作用。[2]

与经济学家不同,人类学家与民族学家看待经济的角度不一,对制度也有自己的学科理解,人类学、民族学对经济现象的理论探讨多从个人和文化的角度出发,涵盖了从微观个人心理到宏观的文化、社会关系和制度多个层面。

(一)人类学视角下的经济活动

在早期,人类学和民族学的研究者主要关注生产技术和工艺文化这两个领域。然而,随着经济的进步,他们对于经济活动的理解逐渐深入,生产、交换、分配、消费等问题也开始成为他们的研究焦点。

1. 生产层面

20世纪初,功能学派创始人之一、著名人类学家布罗尼斯拉夫·马林诺夫斯基(Bronislaw Malinovski)在对新几内亚进行研究时发现,当地家庭中的薯芋大约有近一半的比例分配给丈夫的姐妹和其他近亲女性。在分配过程中,要进行某种当地仪式,送的数量越多且质量越好,就越容易得到良好的声誉和赞美。

---

[1] Richard R. Wilk. Economics and Cultures in Foundations of Economic Anthropology[M]. Boulder:Westview Press,1996:32.

[2] David Levinson, Melvin Ember. Encyclopedia of Cultural Anthropology[M]. New York:Henry Holt and Company,Inc.,1996:267.

在当地村落之间,还存在通过竞争送薯芋以争取荣誉的现象,也就是说薯芋会被用来展示。此外,当地领袖也通过展示薯芋来获取声誉和权力。① 从人类学的角度来看,这属于一种生产活动,但其并非完全为了交换和使用,所以与经济学的理论存着差异。一些人类学家认为,要理解生产,必须从生产方式的角度出发。随着研究的进展,20世纪70年代的学术界逐渐形成了法国、美国和英国三种不同的生产方式理论。

克劳德·梅拉索(Claude Meillassoux)对非洲古罗族世系群的研究开启了法国的生产方式理论,该理论探讨并解析了由传统到商业化农业转变的过程。梅拉索主张,"经济人"这个概念不能被应用在前资本主义的社会环境中,因为它忽视了一个事实,即在有密切血缘联系的家族或者宗族社群里,个人的角色及位置是由遗传因素所决定的,这大大影响了人们选择社交关系的能力。而在具有层级结构或是阶级划分的社区内,家庭成员之间的亲密关系会被其他重要的社会关联所缠绕,而这种种社会关系反映出了不同的生产模式。然而,在资本主义生产的背景下,工厂制造的关系和流程与家庭内部的亲属关系之间却显现出了显著的差异。②

美国的制造方法论也被称为文化的物质主义,由马歇尔·萨林斯(Marshall Sahlins)创立并被广泛应用于美国的人类学领域。他的作品《史前时代的经济学》(*Economics of Stone Age*)对该领域的学者产生了深远的影响。萨林斯主张使用本质性的结构来理解经济体系作为一种维持社会关系的工具和维护社会架构的功能。③ 此外,他还深入探讨了小规模社会的家庭中心型生产模式,揭示出虽然从技术的角度来看,大部分部落的社会能够实现更高产量的目标,然

---

① Bronislaw Malinovski. Argonault of the Western Pacific[M]. New York: Dutton&Co., 1992: 7-21.

② Marshall Godelier, Levi-Strauss. Marx and After? [D]. Hong Kong: The Chinese University of Hong Kong, 1990: 31-32.

③ Marshall Sahlins. Stone Ages Economics[M]. Chicago: Alding Publishing Company, 1972: 17-33.

而实际上他们的实际产值大大低于这一预期。并且,这些人们似乎对此状况表示满意①,故此得出结论:人们的生产行为或生产目的并不是追求利益最大化(经济学的理性人假设),经济行为也是一种社会和文化行为——也暗含了社会和文化的满足尺度。

英国生产方式理论的主要观点内含于批评20世纪70年代"依赖论"的英国产出模式理论中,其强调了现代化概念而忽视了非资本主义国家和资本主义国家共同存在的状况。根据乔尔·卡翰(Joel Kahn)的研究,发展中国家的贫穷及产能不足并非由资本主义经济侵略造成,而是新殖民主义的影响所致。同时,他指出落后社会的形成是由小规模产品制造和小规模的新殖民主义这两种社会形态共同促成的,这使得原始的前资本主义生产体系得以延续,在一定程度上保持着独立于资本主义经济体制之外的状态。②

2. 交换层面

人类学上的交易或交换强调的是交换双方的社会关系。马林诺夫斯基的研究提到了一种被称为库拉圈(kula ring)的交易体系,这个系统中的商品虽然没有实际用途却具有重要且显著的象征性和经济价值。同时,这些商品的交换过程与本地的社会习惯紧密相连,它们所代表的价值实际上是社会权力和声望。这不同于传统的经济学概念下的交换方式,因为它涉及的是社会的阶层结构并证实了个体的荣誉和社会地位。因此,我们可以说,库拉圈的存在反映出了一种深层次的政治和文化含义。

法国人类学家马塞尔·莫斯(Marcel Mauss)对西萨摩亚和新西兰的初民"礼物"交换的关系进行了研究,研究结果表明,在初民社会中,"礼物"显示了送礼与收礼双方的关系,是社会关系的表达、联系甚至创建,礼物建立的关系无论

---

① Marshall Sahlins. Stone Ages Economics[M]. Chicago: Alding Publishing Company, 1972: 33—50.

② Joel Kahn. Marxist Anthropology and Peasant Economics: A Study of The Social Structure of Under Development[M]. New York: Martin's Press, 1978: 118—119.

是对称还是非对称都是互惠的。① 人类交换的方式有再分配、互惠和市场交换三种,互惠交换是不通过市场的,再分配交换是由行政部门分配产品,市场交换则是通过市场价格根据供需关系确定,这三种方式构成了人类经济的整体模式。

中国的文化研究者阎云翔深入调查黑龙江下岬村的农村礼品清单后得出结论:该地区的礼品赠送有其独特之处,即低阶层人士会给高阶层人士送礼,这颠覆了一些理论界的看法。这一逆向的馈赠行为表明,中国社会的交流方式主要依赖于礼物传递,而不是物品本身。回赠的方式并非基于礼物,而是取决于日常生活中各种因素的影响,例如当遇到困境时,具有更高社会地位的人群可以提供援助。这样的互动模式同样适用于当前的市场化商业环境及国家体制下的资源分配过程。②

3. 消费层面

在经济学中,消费主要研究如何满足人类的需求。生产是基于消费需求而产生的,并且是物质商品制造、分配、交换和消费过程中的一部分。而人类学更多从社会和文化背景中理解消费,认为消费是一种文化,能区别于自身与其他人。

关于消费与文化,西德尼·明茨(Sidney Mibntz)研究了加勒比的糖生产并追溯了欧洲的糖消费,其研究表明,在相当长的历史时期内,糖维护着一个控制生产和市场的有权阶级,他认为糖、烟草和茶是资本主义发展下的能表达思想的物品,即人们可以通过不同的消费成为不同的人。③ 20 世纪 90 年代,一些人类学家研究东亚地区的麦当劳来分析所谓的全球化和消费主义。麦当劳作为

---

① Marcel Mauss. The Gift:The form and Reason for Exchange in Archaic Societies[M]. New York:W. W. Norton and Company,1967:8—9.
② Yan Yunxian,Flow of Gifts:Reciprocity and Social Networks in a Chinese Village[M]. Stanford:Stanford University Press,1996:14—21.
③ Sidney Mintz. Sweetness and Power:The Place of Sugar in Modern History[M]. New York:Dutton & Co. ,1992:138—139.

美国街头大众快餐食品进入东亚各国和地区,在中国大规模地开设分店,成为当时西方现代文化的象征。一些人对此现象表示担忧,认为这是一种殖民文化,背后反映了一类国人对西方文化主动追逐的消费文化观。[①]"产品是一种承载着理念的物件,而购买行为则成为一种展示文化和领域的方式。在这个社会里,购物和服务的往复过程构建了这样一个信息网络,其中包含的产品与服务都是可视化的社交关系的象征。"[②]

此外,部分研究者主张,消费者的行为会带来不同的结果,因为他们会对实物资产和符号资产做出不同的配置选择,因此,消费行为同构建身份认同之间存在紧密的关系。不仅如此,像麦当劳这样的品牌产品、电影、家庭电子设备、互联网服务等都属于影响并塑造了文化及制造过程的产品,它们都在全球范围内的大多数社群中被广泛使用以推动文化变革。消费这些产品的同时也在消费并生产文化,构建身份认同和权力,把自己划入某一类人或某一圈子中与其他人区别开,故消费是文化建构和认同的再创造过程。[③]

(二)经济人类学的区域发展理论

1. 乡村内卷化

区域经济的与乡村经济息息相关,人类学一般研究乡民社会和乡民经济,乡村经济不仅仅是单纯的经济学分析,也要考虑社会文化等层面。农村社区处于从原始部落向现代工业化过渡的社会阶段。然而,这种社区并非一成不变,它同样包含了坚守传统的个体和社群及社会的持续变化。就中国的农村来说,费孝通教授通过基于本地的功能分析方法,针对具体的情境进行了深入的研究,涵盖了诸如农业生产、商业交易、劳动模式、村级管理等影响着农民日常生

---

① James Waston. Golded Arches East:MacDonald's in East Asia[M]. Stanford:Stanford University Press,1997:7—21.
② Susanna Narotzky. New Directions in Economic Anthropology[M]. London and Chicago:Pluto Press,1997:106.
③ D. Miller. Consumption as the Vanguard of History:A Polemic by Way of an Introduction[M]. London:Routledge,1995:30—32.

活的各个层面。① 随着时间推移,许多民族学、人类学学者对乡村经济做了进一步研究,其中一个重要方面就是"内卷化"。

"内卷化"这个概念起源于社会科学领域的人类学者戈登·怀斯(Gordon Wise)提出的理论框架,后被应用于对印度尼西亚岛屿上的农田的研究中,并由此提出了农业内卷化的观点。他通过观察发现,由于资金不足及耕地面积狭小等问题,农民无法扩大种植规模以实现最大效益;相反,他们需要投入更多的劳动来维持现有的水稻产量水平,这便使原本简单的农业活动逐渐演变成更细致且烦琐的过程——这种现象被称为"无发展性的增长"(没有扩张)。②

基于此观点,部分研究者提倡了"文化内卷化"的概念,这一概念指的是社会对文化和文明的高度投入以及精确规范各类规则的过程。这种现象导致农村地区出现内卷化的趋势,并间接阻碍了私人企业的成长,如个体经营者的发展。③

2. 市场机制

作为经济体系的关键组成部分,市场运作被广泛讨论。通过对加勒比地区的海地的观察,西德尼·明茨深入探讨了市场的商业行为模式。他发现,大部分从事市场贸易的人都是女性,她们携带商品至集市并出售给市场商人,后者负责在各个集市之间运输各类物品从而获取收益。这构建出一种有利的买卖关系,其中包含着人际情感和人与人之间的责任意识。每个商人都希望能够维持这样的有利关系,以确保产品的供应与销售。④

在中国社会市场研究中,施坚雅(G. William Skinner)提出的市场模型影响深远。他在对晚清中国区域市场体系修正中心理论的基础上进行了深入研究,并根据理论和调查结果构建了一个区域体系等级结构。在他看来,中国区域市

---

① 费孝通. 江村经济[M]. 北京:中华书局,1987:35.
② Clifford Geertz. Agricultural Involution [M]. Berkeley: University California Press, 1963: 62—80.
③ 张小军. 理解中国乡村内卷化的机制[J]. 二十一世纪,1998(2):23—25.
④ (美)基辛. 当代人类学[M]. 于嘉云,张恭启,译. 台北:巨流图书有限公司,1980:235.

场的基本构造可以被视为一个六边形蜂窝状的结构。在经济等级中,中心地区的等级划分是根据城市功能的强弱来确定的(见表1—3)。

表1—3　　　　　　　　　施坚雅区域市场结构①

中心类型	市场类型	属地
基层集镇	基层市场	基层市场区域
中间集镇	中间市场	中间市场区域
中心集镇	中心市场	城市、地区贸易区域
地方和地区城市		

在晚清时期区域市场的形成及城市的成长过程中,我们观察到两种平行的等级制度:一种是由政府官员组成的官僚政治架构,另一种则是经济领域中的民间组织和社会团体所体现出的社会自然框架。这个系统包括了商业交易、民众行为、特定的社群等。② 这两种等级制度并非截然对立,而是在某些地区有所重叠。根据施坚雅的研究,在这些非官方管理的地区,乡绅的影响力是巨大的,因此我们在研究整体的城市网络时必须考虑地区的差异、城市系统的特点、自然资源的分布情况以及自然环境的特点。

3.全球文化的一体化

全球化最早可以追溯到第二次世界大战后的现代化理论。这些理论实际上是围绕着资本主义经济体系来探讨现代化(尤其是发展中落后国家的现代化),并强调了以西方为主导。

随着全球化的发展,学界也开始关注除经济外的文化全球化。正如阿尔君·阿普杜莱(Arjun Appadural)所指出的那样,当前的世界文化经济正经历着交互整合的过程,因此我们有必要深入探讨文化一致性和多样性的关联问题。他指出,全球化是一个复杂且多层次的文化经济体系,它涉及一些基本的经济

---

① 庄孔韶.人类学通论[M].2版.北京:中国人民大学出版社,2016:75.
② [美]施坚雅.中国农村的市场和社会结构[M].史建云,徐秀丽,译.北京:中国社会科学出版社,1993:87.

文化和政治冲突。虽然全球化并不意味着文化的单一化，但它的实施方式呈现出高度的一致性，例如军事行动、广告宣传及服饰风格等，这种一致性已被广泛应用于各国的政治和文化经济领域，在这个过程中，国家起到了关键作用，充当了一种维持差异性的仲裁者。①

前文提及的对于亚洲地区的麦当劳的研究涵盖了文化全球化的概念。麦当劳是一个典型的例子，其展示了如何在多元文化和不同族群共存的世界里实现文化全球化，并成了大众消费者的一种选择。作为一个代表现代化生活的标准模式，麦当劳具有两面性：一方面是对外扩张和分离，另一方面则是积极地融入社会，促进本地文化的融合与更新。这意味着，即使是在全球化的背景下，麦当劳也需要调整自身以适应其所在地的环境，并在其中找到自己的位置。②

（三）对经济学"理性人假设"的批判

构建经济人类学的理论框架离不开卡尔·波兰尼（Karl Ploanyi）的影响。他把经济学分为两类：一类是以形式为主体的经济概念，其关注的是如何高效利用稀缺资源达成特定的目标的过程。这个过程中主要探讨个体的自我利益驱动及如何达到个人利益的最优化。这一观点与经济学中的人类理性和经济人的理念相似。另一类是基于实际的社会经济发展背景下的经济观念，它涉及人为设定的满足生活所需的方式，这些设定受制于人和自然环境之间的相互作用，尤其是社会文化和制度因素对个体决策的选择约束。这两种视角构成了经济人类学初始阶段的形式观和本质观的争辩。③ 据波兰尼所述，原始社会表现出的是非经济特性，随着资本主义的发展，自律的市场逐渐成为主体，然而过度

---

① Arjun Appadural. Disjuncture and Difference in the Global Cultural Economy, Global Culture, Mike Featherstone[M]. London: Sage Publications Ltd, 1990: 298—310.
② James Watson. Golden Arches East: McDonald's in East Asia[M]. Stanford: Stanford University Press, 1997: 1—10.
③ Karl Ploanyi, C. Arensberg and H. Person. The Economy as Instituted Process, Trade and Market in the Early Empires: Economies in History and Theory[M]. New York: The Free Press, 1957: 172—173; Richard R. Wilk. Economics and Cultures in Foundations of Economic Anthropology[M]. Boulder: Westview Press, 1996: 4—10.

自由化的市场可能导致人们的欲望膨胀,进而引发社会崩溃,甚至威胁人类及其生存的环境。此外,市场并非仅存于资本主义时代,前资本主义时期也有市场的存在,只是受到了一定程度的控制,处于附属地位。直到19世纪末期,伴随着土地、劳工等生产要素的全面商业化,市场社会开始形成,并且与其全球范围内的资本主义经济扩张紧密相连。

"人的目标是被文化和环境塑造而非由其他因素来定义的。"[①]造成英国工业革命中农民贫困并成为低价劳工的原因并非仅仅在于经济上的压迫,更多的是由于文化的崩溃。这种崩溃源于新科技、知识、权力与财富的影响,它们加快了社会的变革、个体的移动及家庭的变化等,对社会产生的冲击甚至超出了经济层面。

---

① (英)波兰尼.巨变:当代政治经济的起源(导论)[M].黄树民,译.台北:远流出版公司,1989:213.

第二章　改土归流制度变迁历程与影响

改土归流即中央王朝通过各种方式逐步废除广泛分布于南方民族地区长期存在的土司制度,并由中央直接委派流官对原土司管辖地区进行直接管辖,与中原地区执行的地方行政制度并轨。改土归流持续的时间周期较长,学界一般认为清雍正时期实施的改土归流影响最为深远。

曾长期存在于我国南方民族管辖地区的土司制度是封建王朝在该地区采取的一种政治制度,即通过官方授予地方少数民族首领各种官职来保障其在当地的统治权力,稳定地区局势。这种制度实际上由早期羁縻制度演化而来,在历史发展中曾起到过积极的作用。可到了明末清初,它已成为巩固统一的多民族国家的障碍,于是才有雍正年间的改土归流运动。改土归流作为中央王朝对南方少数民族原土司管辖地区一次"自上而下"的改革,客观上推动了南方少数民族地区的经济社会发展,增进了中原地区与该地区的经济文化交流,加强了中央集权,对南方少数民族地区产生了深远影响。

第一节 武陵山区土司制度的形成与发展

从秦至宋的千余年时间里,各个朝代在武陵山区均推行羁縻制度,生产关系反作用于生产力,羁縻制度在早期影响该地区经济与社会形态,该制度实际上是保持原区域内部经济政治结构不变的前提下,通过对地区首领或统治者的拉拢来进行统治。

与中原王朝直接管辖地区相比,羁縻地区人口无需统计,赋税(土贡与军赋)也不上交中央,而是主要用于羁縻地区边镇地带的行政开支和军事开支。《新唐书·地理志》提到唐朝初期在平定周边之后,为了安置归附的少数民族,将其部落所在地区设置州县,"其大者为都督府",任命部落首领为当地可世袭的都督、刺史,人口税赋无须上交中央;同时强化对这些管理,"然声教所暨,皆边州都督、都护所领,著于令式"。[1]

经济基础决定上层建筑,所以从上述史料中得出,中央集权的封建王朝国家在包括武陵山区在内的南方民族地区实施羁縻制度主要考虑的是经济因素,即直接管辖的成本与收益问题。假定中原王朝在该地区的直接管辖中长期无法实现财政平衡,相应的机构和组织便会无法正常运转,这种管理模式无法长时间维持,如果遇到一些天灾人祸和地区不稳定事件,中原王朝财政的负担更会大幅增加。直接设立官僚机构管理成本过高,相较于平原农耕地区,武陵山区客观的地理自然条件也提升了直接管理的经济成本和制度成本,这也是该时期中原王朝选择在此地区推行羁縻制度的重要原因。

武陵山区的经济社会发展水平长时间处于待开发状态。从秦到宋朝的上千年时间里,武陵山区生产力发展水平有限,未能像中原地区那样出现农耕化的显著发展,采集渔猎仍是该地区的主要生产方式。这种生产方式效率低下,

---

[1] (宋)欧阳修,宋祁. 新唐书(卷四十三)[M]. 北京:中华书局,2000:735.

难以贡献更多的税收,所以羁縻时期的历朝历代对武陵山区长期采用轻徭薄赋的政策,而一旦赋税徭役加重,就会引发区域社会的不稳定,这种情况在史书中频繁出现。

农耕生产方式是中原王朝向外扩张的经济基础,李干等人认为,武陵山区的一些先民从汉代开始就接触了农耕生产方式,同时兼畜牧、狩猎[①],但在秦朝至宋朝时期,武陵山区以粗放式农耕为主。

羁縻时期的武陵山区地广人稀,故渔猎生产方式的经济效率要高于早期粗放式的农耕生产方式(渔猎可以直接获取收益,农耕产生的收益需要投入和时间)。而当人口持续增长,人口密度提升,野外资源逐渐枯竭稀缺,农耕生产技术得到发展,相比渔猎经济能养活更多的人口时,农耕生产方式才能推广并取得优势。

一、土地所有制及农业的发展

土司制度实际上是由羁縻制度发展而来。从元代到清代初期,武陵山区大部分地区实行的是土司制度,土司垄断其管辖区域内的土地、资源和人口的所有权。与土司制度相统一的是经济基础的变化,该时期,随着农耕化的进一步发展,地区人口增长、农产品剩余增加和交易需求的产生推动工商业的兴起,武陵山区与周边的经济文化交往交流均在此背景下展开。

(一)人口与土地所有权的垄断

在传统农业社会中,人口(劳动力)和土地是重要的生产要素,这一要素的所有权影响整个社会的结构,影响社会的经济文化等制度。

土司制度下,对应的人口与土地归土司所有,其治下的农奴及后代被束缚在土地上,他们要自带生产工具劳作,且要为土司首领的"公田"无偿劳动,同时

---

① 李干,周祉征,李倩.土家族经济史[M].西安:陕西人民出版社,1996:4.

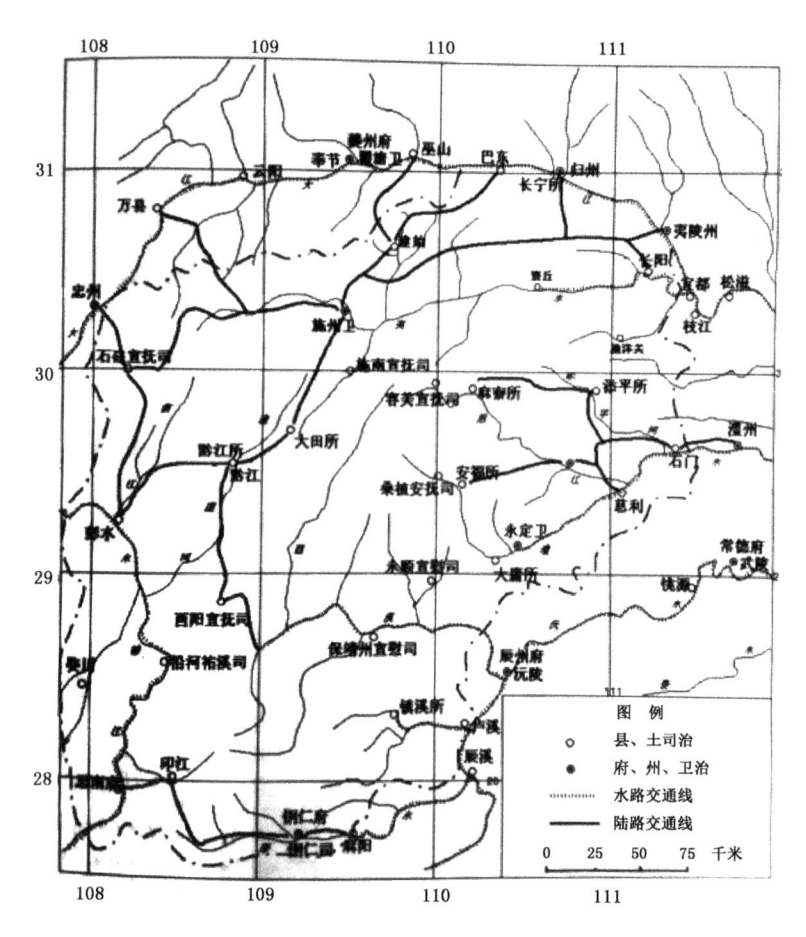

图2-1 武陵山区土司范围①

还要承担各种义务,如徭役、赋税等。此外,土司在其管辖区域内有各种权利(见图2-1),故土司首领和农奴阶层之间存在经济剥削和强人身依附关系。

1.徭役方面

土司管辖区域内的农奴承担了土司首领和中原王朝的双层赋役:土司首领直接向本地农奴征收徭役与赋税;而中原王朝征收的土司首领的徭役则往往被

---

① 朱圣钟.区域经济与空间过程:土家族地区历史经济地理规律探索[M].北京:科学出版社,2015:77.

转嫁给农奴。由于土司对农奴阶级的人身控制程度很高,徭役往往重于租赋,武陵山区农奴阶层背负的徭役主要有劳役、兵役和各种杂役。

(1)劳役。明清时期,土司领主的"公田"被称为"官庄田"("官田")。土司管辖区域内的农奴在土司首领"官庄田"上耕种,农奴在"公田"上的所有产出均全部归土司首领所有。对于官庄田的劳役,乾隆时期《永顺府志》曾提到改土归流前永顺府的官庄田有十多处,这些官庄田的面积和收益体现了农奴沉重的劳役负担,《永顺府志》卷十一记载:"共种三十四石五斗,每年收租四百五十余石,纳贮府仓。"

(2)兵役。土司时期,土司首领出于自身需求实行兵农合一、寓兵于农的制度,农奴既要耕种生产,又要承担很重的兵役,服兵役往往持续时间较长,容易耽误农业生产,"民皆兵也……每季役止一旬,亦自持粮……"相比之下,农奴更倾向于服杂役,"在役者免出战,故人人便之"。①

(3)杂役。杂役主要涉及日常的各种工作,如客人接待、桥梁道路建设、城池建造等。土司有需求时可以免费使用劳动力,"……并无夫价,名曰当差"。有文献记载容美司的杂役种类繁多且苦差(为主人搬运行李)、乐差(为客人服务)待遇低下,"……所使来伏侍余之水火夫,除汲水取薪外,终日无他事……"②

2.赋税方面

武陵山区的农奴主要承担的是杂赋而不是田租,土地自己开垦,官方给牛具等生产资料,但农奴自己耕种的土地一般比较贫瘠,故不征收田税,"司中土地瘠薄,三寸以下皆石……故民无常业,官不税租"。③乾隆《永顺府志》也记载,由于农奴自耕地粮食产量低下,当地土司主要征收杂赋,"……此项银两并不按田征解,俱照火坑分派……"

土司首领对杂赋的收取花样百出,杂赋种类涉及火坑钱(也叫人头税)、蜂

---

① 吴柏森.容美纪游校注[M].武汉:湖北人民出版社,1999:316.
② 吴柏森.容美纪游校注[M].武汉:湖北人民出版社,1999:316.
③ 吴柏森.容美纪游校注[M].武汉:湖北人民出版社,1999:351—352.

蜜和黄蜡税、贺礼费、馈送费、谢恩赎罪费等，这些杂赋的收取进一步加重了农奴的负担。

农户烧火做饭需要用到锅和火坑，故土司常以火坑钱方式征收人头税，如永顺地区的土司规定，烧锅就要征税，凡烧锅一口为火坑一个，每个火坑每年征银三钱，如果有超出的锅或火坑，按照比例增加税收，"倘有别项事故，亦照火坑另派……"人头税之重使当地民众难以忍受。永顺地区的农户有些以养殖蜜蜂为生，故土司首领借故征收蜂蜜和黄蜡税，哪怕有些农户已不养殖蜜蜂，也要按照以前的标准缴纳蜂蜜和黄蜡税，《永顺府志》卷十一记载："……凡畜养蜂蜜之家，每户每年征收蜂蜜、黄蜡若干……每有无蜂之家，因其曾经畜养，俱令买备供给。"贺礼费则是土司委派的舍把（管理村寨的头目）征收，用来感谢土司的任命，"……凡委官舍把到任之始，所属地方头目派送礼物，名曰贺礼"。哪怕最贫穷之家也要尽力。另外，土司辖区内民众每年以鸡鸭肉米等食物作为馈送费，送到各级首领土官、家政、总理、管舍处。而谢恩赎罪费则是有舍把借断案的权力敛财，对于无力承担的民众抄没家产，折卖人口，《永顺府志》卷十一记载："凡舍把准理民间词讼……祗以贿赂为胜负。迨既审后，胜者又索谢恩礼，负者亦有赎罪钱……"

（二）农耕化的雏形

相较于前一个历史时期，实施土司制度时期武陵山区的生产力有所提升，主要体现在农耕生产方式的出现。农业生产力的提升，在保证自身生存的基础上，有了更多的农产品剩余，这是农产品商品化的前提。

随着时间的推移，武陵山区生产方式呈现出一种特别的双重结构，即粗放式农耕生产与采集渔猎并存，这是实施土司制度时期武陵山区农业生产方式的结构性特征。

"空间上并存的东西在历史上的出现存在时间的先后，故静态的结构有助于洞悉历史并揭示未来。"[1]以经济史的视角对比羁縻与土司时期两个历史维度

---

[1] 杨思远. 城郊型村庄经济结构及其发展趋势[J]. 学习论坛，2015(10)：29-33.

的武陵山区生产方式,我们可以发现虽然两个时期采集渔猎与农耕生产方式并存,但不同时期二者在武陵山区所占的比重存在差异。实施土司制度时期的武陵山区生产方式发展趋势表现为粗放式农耕生产的扩展和采集渔猎的收缩,这表明此时武陵山区的农耕化程度不断加深。

对于一个地区农耕化的发展,学界一般从耕作制度、农业种植面积和农作物种植的种类和产量三个层面观察,这三个层面的发展体现了农业生产力水平的提升,其中耕作制度是最具有代表性的,其余两个层面会受政策、气候、贸易、物价水平等经济与社会因素的影响。影响耕作制度的因素除了自然环境外,还有当前的生产力水平、土地肥力、生产工具、水利灌溉和劳动力技能水平等。而耕作制度同样影响了农业种植面积、农作物产量和种类。

一般情况下,中原地区多采用常年耕作制和集约耕作制,这种方式相比早期原始的"刀耕火种"方式产量更高,是农业时代乃至近现代都在使用的耕作方式。而武陵山区农耕方式从粗放式转向精耕细作式的时期多采用这种休闲易田制。[1][2] 这种耕作制度实施的前提是区域内人口与耕地资源相对不紧张,其特征为将拥有的耕地划分,在种植农作物(经济作物)的时节里一部分田耕种,另一部分田则不种植任何作物,短期休耕,恢复土壤肥力。同时,耕种和短期休耕的田按照一定的周期或时间调换,轮流耕种和轮流休耕。

根据一些史料记载,在元至清初实施土司制度时期的武陵山区的农耕生产已出现了休闲易田制,这表明武陵山区农耕生产方式逐步向精耕细作式转变,如容美土司管辖区内,同一块田地连续耕种三年,后即转向其他田地耕作,原田地进入休闲期恢复土壤肥力。[3] 弘治时期的《夷陵州志》记载当地田地耕种与休闲周期一般为八年到九年,"山田硗确,民先期斫木火之名曰畲田……以及八九年复一种"。

---

[1] "田一岁曰菑,二岁曰新田,三岁曰畬",这种"菑新畬"的耕作制度以三年为周期轮荒耕作,记载于《尔雅·释地》。
[2] 韩茂莉.中国历史地理十五讲[M].北京:北京大学出版社,2015:97.
[3] 吴柏森.容美纪游校注[M].武汉:湖北人民出版社,1999:351-352.

耕作制度的进步伴随着地区农作物规模(主要是种类与产量)的显著变化。根据一些文献对武陵山区容美土司的研究记载,当地农作物种类已有水田、旱地的粮食作物和经济作物,如大麦、峒茶、荞(苦荞与甜荞)、金豆、稻、龙爪谷(穄子)等。① 其他一些土司地区(唐崖土司、永顺土司等)农作物的规模大同小异,基于本地实际,仅在农作物种类和产量上有所差别。② 总之与前一个历史时期相比,实施土司制度时期武陵山区农耕化的生产方式已占据主导地位。

二、手工业与商业的发展

(一)手工业的增长

对于手工业的分类学术界论述较多,一般认为,在传统农业社会通过简单的工具进行手工劳动的工业,特征为小规模生产,大多数以家庭为单位且与农业有很大的关联度。在农业社会发展初期,农户一般以家庭为单位,把农业剩余作为原料投入进行初级加工,制造出的初级加工品一方面供自己家庭使用,另一方面则在市场上出售换取货币再购买其他生活生产必需品。生产力的发展催生了第二次社会大分工,手工业与农业的专业分工愈发明显,逐步形成了独立的产业。该时期手工业专业化的特点为碎片化家庭(一家或者一户)依赖自身拥有的生产资料,不雇佣或者少雇佣劳动力(劳动力一般为学徒,做辅助性工作)进行手工劳动和经营,并以此为主要谋生手段。

前文提到,相较于采集渔猎生产方式,粗放型农耕生产方式在区域内的生产效率更高,产出更多,进而推动了区域人口的增长,而人口的增长催生了地区社会分工。土司首领与中央王朝之间存在贡赐关系,刺激了畜牧业(一般以养马业为主)和林业经济的规模扩张,客观上推动了区域社会分工的发展。

手工业方面,实施土司制度时期武陵山区纺织业与采矿业较为突出,纺织

---

① 吴柏森.容美纪游校注[M].武汉:湖北人民出版社,1999:352.
② 邓辉.土家族区域经济发展史[M].北京:中央民族大学出版社,2002:267-271.

业中具有地域和民族特色的纺织服饰有显著发展。武陵山区的纺织业历史悠久,有文献记载:"民家多以纺织为业"①,容美土司平山爵府地区许多民居以纺织业为生,"后街长二里许……俱以作粉为业,有织纴者"。② 一些质量上乘的纺织品还被当作珍贵礼物,"峒被如锦,土丝所织,贵者与缎同价……峒巾白麻为之,轻纫如鲛绡,皆珍币也"。③

武陵山区矿产资源丰富,客观上有助于采矿业的发展。相关研究表明,武陵山区矿产的种类有金、银、铅、硝、水银、雄黄和硫磺等,分布于不同的地方。黔东北地区主要产金、水银、朱砂和雄黄;石砫地区产银;永顺和桑植地区产铜;容美和永顺地区有铁矿;石砫和酉阳地区产铅矿;永顺地区有硝矿;容美地区还是重要的硫磺开采地。④

黔东北地区盛产朱砂矿,由此引发了明代州土司与思南土司的长期争夺,战争频繁,"一在万山司土黄坑等处,大小四十八面……"⑤,"思州宣慰田琛与宗鼎争沙坑地(朱砂矿坑)有怨"。⑥ 该区域土司对矿产资源的持续战争甚至影响到周边地区,也是永乐年间思州、思南土司改土归流以及中央在贵州设立布政司直接管辖的重要因素。

(二)商业的初步兴盛

实施土司制度时期,武陵山区商业也有所表现,特征为土司衙署所在地的商业集镇兴起,商业集镇的出现与发展需要人口规模与人口密度,故土司衙署所在地更容易形成商业集镇。容美土司衙署所在地的商业繁荣时期"百货俱集,䌷肆典铺,无不有之"⑦,而其他的土司城遗址也挖掘出不少当年商业集镇的

---

① 吴柏森.容美纪游校注[M].武汉:湖北人民出版社,1999:299.
② 吴柏森.容美纪游校注[M].武汉:湖北人民出版社,1999:323.
③ 吴柏森.容美纪游校注[M].武汉:湖北人民出版社,1999:352.
④ 朱圣钟.区域经济与空间过程:土家族地区历史经济地理规律探索[M].北京:科学出版社,2015:205-209.
⑤ (明)万士英.万历铜仁府志[M].黄尚文,点校.长沙:岳麓书社,2014:70.
⑥ (清)张廷玉.明史(卷316)[M].北京:中华书局,2000:5476.
⑦ 吴柏森.容美纪游校注[M].武汉:湖北人民出版社,1999:299.

遗迹。

武陵山区的商业集镇相关从业者即集镇商人以外地客商为主,本地人经商从业者数量较少。商业贸易能给土司首领带来利益,故有条件的土司首领会采取相关政策吸引客商前来,如容美土司招揽商贾的政策使其衙署所在地商业兴盛,"客司中者,江、浙、秦、鲁人俱有……"①容美地区盛产峒茶,故许多外地客商来此收购,茶叶贸易之盛,有文献记载,在进出容美地区沿途可遇到大小规模不等的经营茶叶的商队,"诸山产茶……统名峒茶,上品者每斤钱一贯,中品者楚省之所通用,亦曰湘潭茶……"②"采茶归去不自尝,妇姑烘焙终朝忙。须臾盛得青满筐,谁其贩者湖南商。"③

许多外地客商因此在土司区域安家立业,"土司地方……外来之人甚多,有置有产业,葬有坟墓,住居三、五、十年以至二三代者……"另外,在土司辖区内经商要缴纳一定的税费,比如逢年过节"凡商贾客人,俱须馈送土官、家政、舍把、总理等礼物,名曰节礼",如有怠慢则"非强取其货物,即抄掠其资本……"从中我们可以知道,这些土司管理的区域内不当土差的移民大多从事手工业或商业,有一定规模,侧面反映了工商业的发展水平。但同时也看到,土司对这些人的盘剥较重,逢年过节对他们征收税费,这是制约武陵山区商业发展的制度因素。

(三)农耕化与工商业关系

武陵山区工商业在实施土司制度时期有所发展,根源在于武陵山区农耕化水平的提升。农耕化水平的提升改变了传统采集渔猎生产方式的人口的游居状态,推动了人口的定居化,而定居化的人口正是手工业发展的前提。

另外,农耕化水平的提升催生了人口增长和社会分工,农耕化提升地区生产力水平,地区农产品剩余和手工制品技术水平也随之提高,产生了更多的用

---

① 吴柏森.容美纪游校注[M].武汉:湖北人民出版社,1999:307.
② 吴柏森.容美纪游校注[M].武汉:湖北人民出版社,1999:352.
③ 吴柏森.容美纪游校注[M].武汉:湖北人民出版社,1999:310.

于交换的商品,这也是商业兴起的基础(即商业兴起需要人口规模和商品种类数量为支撑)。

故武陵山区手工业与商业的兴起建立在本地区农耕生产方式扩张并占主要地位的基础上。由此可知,实施土司制度时期武陵山区工商业有所增长,是该地区经济农耕化的一个必然结果。

第二节 改土归流的历史变迁

观察武陵山区土司制度的历史演进,清代的改土归流是重要的历史事件。清前期的沿袭明代制度和清中期改土归流制度变迁均影响了武陵山区经济社会的变迁。

一、改土归流的背景

雍正年间大规模的改土归流开始于雍正四年(1726年),目标是彻底根除云贵及广西的土司制度,强化中央集权。而云贵、广西的改土归流浪潮也迅速席卷了四省交界的武陵山地区,当地土司相继被废除,改为流官管理,清政府在改土归流地区清查人口,丈量土地,征收赋税,建设城镇,发展教育,废除原有的土司赋役制度,这片区域真正由中央直接管辖。

(一)土司建制的延续

清前期土司制度的延续是清王朝入主中原,强化政治统治,稳定地区局势的客观选择。在清顺治时期,清朝入主中原,原各地土司首领出于自身需要归附清朝,而清廷为了尽快平定南方和西南地区,也采取根据功劳升迁授予新职和保持原有旧制不变的政策招降土司首领。

《清世祖实录》载,顺治五年(1648年),"各处土司,原应世守地方,不得轻听叛逆招诱……凡未经归顺,今来投诚者……准与照旧袭封。有擒执叛逆来献者,仍厚加升赏……该督抚按官通察具奏,论功升授"。顺治十五年(1658年),

"……所有土司等官及所统军民人等,皆朕远徼臣庶……今大兵所至,有归顺者,俱加意安抚令其得所秋毫无有所犯……"在招抚政策下,各地土司纷纷归附。《永顺府志》载,顺治四年(1647 年),武陵山区湘西地区永顺桑植两个势力较大的宣慰司归附,顺治八年(1654 年)到顺治十三年(1656 年)湖南保靖、永顺(第二次归附)、容美土司归附,顺治十五年和十六年(1658 年、1659 年),酉阳土司、贵州思南府各长官司、石柱土司归附。康熙十八年和十九年(1679 年、1680 年),永顺与容美地区土司再度归顺,酉阳、石柱两地宣慰司投诚。

在平定三潘(1681 年)稳定时局之后,清朝开始处理中央王朝与各土司首领和土司管辖地区的关系,针对土司制度的去留问题存在许多争论。据《清圣祖实录》记载,有人说土司管辖地区应该补充流官,有人说应该保留土司,有人认为给土司授予实权难以制约,有人认为流官管理可以得到税收(钱粮),有人认为直接管辖经济收益不高。

最后经过各方调查和探讨,清代土司制度继承延续明代的土司制度,并以官方文件确定下来。其中,清代武陵山区土司的分布建制如表 2-1 所示。

表 2-1　　　　　　　　　清代武陵山区土司建制和分布

	管辖地域(以现今行政区域为标准)	土司等级和名称			
		从三品(宣慰司 6 个)	从四品(宣抚司 4 个)	从五品(安抚司 16 个)	正六品(长官司 35 个)
容美	五峰与鹤峰县大部分地区,一部分长阳、巴东、建始和恩施县区域	容美		椒山 五峰 石梁 水浕通塔	椒山玛瑙寨龙、五峰石宝深溪、石梁下峒平茶、水尽源通塔坪
施南	恩施州南部区域		施南、散毛、忠建、忠峒	东乡、忠路、忠孝、金峒、龙潭、大旺、高罗、东流、沙溪PH	腊壁、建南、唐崖、西坪、木册、卯洞、漫水、木寨前峒、红窑后峒、戎角左峒蛮夷、勇陛右峒

续表

	管辖地域（以现今行政区域为标准）	土司等级和名称			
永顺	龙山、永顺、古丈县区域	永顺		土州：南渭州、施溶州、上溪州	白岩洞、田家洞口、施溶洞、驴迟洞、腊惹洞、麦着黄洞
保靖	现今保靖、凤凰、花垣和龙山县的一部分区域	保靖			两江口、五寨、筸子坪
桑植	桑植和大庸县区域	桑植			上峒、下峒、茅冈
酉阳	酉阳和秀山县区域	酉阳			邑梅、平茶、石耶、地坝
石柱	石柱县	石柱			
思州	部分德江、思南、沿河和印江县区域				水德江、蛮夷、朗溪、沿河佑溪

资料来源：《钦定大清会典事例》卷五百五十七《兵部·官制》。

明末清初，为了稳定和巩固统治，清朝对武陵山区的管理基本沿袭明朝，直到雍正年间的改土归流。与明代相比，土司的管辖区和土司首领基本不变，极少部分土司细微隶属关系和级别稍做调整，土司数量上的变化主要在武陵山区的鄂西南地区，根据相关研究，清初武陵山区的鄂西南地区土司数量有33家，其中宣慰司1家、宣抚司4家、安抚司13家、长官司1家[①]，清前期武陵山地区土司数量从明代的59个增加到61个。

土司辖区的土地根据所有权分为土司占有的宣慰司、土司府辖地和土地所有权归中央王朝的卫所辖地，卫所可以理解为是一种耕种合一的军事组织，出于巩固政权与稳定边疆的需要，各卫所由中央直接派兵驻扎并在卫所驻地屯田。

---

① 田敏.土家族土司兴亡史[M].北京：民族出版社，2000：175－178.

(二)中央政府与土司的关系

1.明晰权力

清朝入主中原对南方少数民族地区通过招抚土司来稳定地方并强化统治,要求地方官员采取措施引导并安抚当地人民,尊重地方习俗。"……推示诚信,化导安辑,各循土俗,乐业遂生……"①这种尊重地方实际,不插手原土司管辖地区地方管理的招抚政策实现清朝强化对地区统治力的预期效果,《清史稿》载:"可望恃峒蛮为助,宜命在事诸臣加意招徕……则归我者必多……"清朝中央政府授予土司首领职位和头衔,以"印信号纸"官方书面形式确立土司统治的权力,同时表达中央对土司的关系及统摄力,"凡土官之职,皆给以号纸……"印信号纸用满、汉两种文字,对材质和大小有相应规定,"方二寸七分,厚九分",印信号纸从颁发到更换再到报废,各个流程以奖惩形式严格管理,"有功则叙,有罪则处……""……土官凡有钦部案件奏销……均照流官例处分……如有罚俸降职等事,均按其品级俸罚米……"各省所属土司如果能奉法称职裨益地方,该督抚不必拘三年之例可随时荐举。

在土司承袭制度上,清政府在参考明代的土司之乱后极为重视土司的继承,认为这是地方稳定的关键。制定各种详细规定完善土司承袭制度。康熙十一年(1672年)规定土官子弟年至十五才能承袭,未满足条件的督抚上报,让本族土舍护理,等承袭之人年满十五后督抚再申请承袭,"如有子而幼者……由督抚委,至其子年及十五岁再令承袭"。"今后土官应袭,年十三以上者,令入学习礼,由儒学起送承袭……""土司亡故或年老有疾请代,准以嫡子嫡孙承袭……"对于破坏承袭制度的土司进行惩罚,"承袭之人,有宗派不清、顶冒、陵夺各弊,查出革职,具结之邻封土官照例议处"。如"土官受贿、隐匿凶犯逃入者,革职提问,不准亲子承袭,择本支伯叔兄弟之子继之……"

---

① 清实录(贵州资料辑要)[M].贵阳:贵州人民出版社,1964:330.

2. 朝贡体系

参考明朝的贡赋制,清代贡赋制在明朝的基础上有所发展,更加明晰土司贡赋的时间、土司贡赋的物品和相应的管理部门。土司贡赋,每年一次或三年一次,根据土司本地特产以及谷米、牛马、皮、布等折算为银计入户部。或者贡赋可直接折算为银两交给土司辖区附近的州府。总体上土司管辖地区的赋税轻于流官管理的地方,清朝在流官管理的地方丈量土地,按亩缴纳赋税;而土司管辖地区不清丈土地不编丁,只缴纳额定的税赋,如施南府原土司管辖地区"不计田地多寡,每年统计止,纳银七十三两六钱四分",如果参照中原地区的标准按亩征收赋税,即使是最小的额度也是前者的多倍。另外,清朝中央政府对土司考核比较宽松,不做强求,"土司皆系边方世职,与在内有司官不同……"

3. 征调体系

军权是土司首领的重要权力,其中土兵制度贯穿整个实施土司制度时期。在清朝初期,土司带领的土兵是地方重要军事力量,在巩固政权、稳定地方、维护边疆稳定中发挥了重要作用。清代南方少数民族地区土兵一般就近征调,"向推永、保诸宣慰……每遇征伐,荷戈前驱,国家倚之为重""康熙十年,吴三桂叛踞辰龙关,授永顺宣慰使彭廷椿伪印,廷椿缴之……"当清朝中央政府有军事行动时,可通过兵部征调土兵,"凡宣慰、宣抚、安抚、长官等司承袭隶兵部"。

清朝前期,中央政府通过招抚策略巩固统治,稳定地方,在此基础上明晰权力关系,完善土司承袭制度、朝贡体系和征调制度,逐步将原土司纳入国家吏治的管理体系。在诸多政策的影响下,许多土司开始接受和吸纳中原汉文化,与中央政府保持密切往来。

相较于明代,清代对南方少数民族地区的土司管理更集中有效。清朝中央政府可选拔任命土司,这种权力强化了中央对地方尤其是对原土司管辖地区的统治合法性和威信。名义上,土司首领仍然按照之前的方式管理所在辖区,实际上各级土司已成为朝廷正式任命的官吏,有明确的职责和需要承担的义务,土司首领的合法性需要依赖中央政府的认同。故相较于明代,清初土司有更大的自治权,土司可在地方设立自治机构,可拥有军队,土司自治自由度较高,甚至某些时候其司法行为超过了政府认可的政治边界;但作为朝廷任命的官员,中央王朝明确了土司的各项义务,并通过考核、监察、批准、授封等方式奖惩,这也是清朝中央政府强化控制各级土司的最有效手段。

二、改土归流的历史必然

雍正四年(1726年),清王朝在全国范围内通过一场大规模的自上而下的制度变革,对南方少数民族地区的土司进行全面制度变迁——改土归流。其发生的背景主要有政治、经济和社会三个层面的要求,反映了清朝实施改土归流的历史必然。

(一)政治层面

1.民族融合

民族融合是统一的多民族国家发展的客观趋势。自秦建立统一的多民族国家之后,经过几次民族大融合,到清初,已经形成了统一的多民族国家,这种融合以经济为基础,以文化为纽带,反映出历史进程中各地区各民族间的自然融合趋势。

根据相关文献记载,早在明朝永乐二年,武陵山区施南、金峒等地就有当地土民迁入施州城。明朝弘治年间,土司管辖地区的土民,部分除迁移施州都亭地区外,部分迁移到黔江夹口等地。容美土司辖区地处交通要道,境内有来自各地的客商,"江、浙、秦、鲁人俱有……或以贸易至,或以技艺来……"一些客商留在本地定居生活。[①]

历史发展需要区域与民族融合,冲击着限制各民族间交往的落后政策,"土

---

① 高润身.容美纪游注释[M].天津:天津古籍出版社,1991:53—55.

蛮不许出境,汉人不许入峒"的禁令,拆毁民族间的疆界和关隘,打破土司各自割据的状态,推动区域和国家间统一大市场的构建,减少交易成本。

2.强化中央集权

在农耕社会,土地面积和人口数量是一个国家经济社会发展的重要指标,也是农业生产力的发展水平的体现。土司制度的割据性使得土司首领垄断其管辖区域内的土地、资源和人口的所有权,在早期农业生产力不发达的时候,土司管辖地区开垦的难度较高,赋税和徭役成本较高,故中央王朝出于"成本—收益"的考虑在一些地区设置土司管理,随着农业生产力的提升和中央王朝版图的不断扩大,农耕区域逐步扩展到原土司管辖地区,中央王朝需要更多的人口和财政收入,在原有中原发达地区农业发展较为完善的情况下,开始关注"内地的边缘"如武陵山地区的农业开发和经济发展。

(二)经济层面

1.赋税与徭役制度的发展

明朝嘉靖时期的"一条鞭法"打破了实物地租,将赋税和徭役折算成银两,实际上是顺应白银货币化的发展,减少赋税和徭役的征收成本,而清朝康熙至雍正时期的"摊丁入亩"的"地丁银"制度取消了人头税,封建依附关系减轻,大量被束缚在土地上的农民成为可流动的剩余劳动力,这些人从事租佃、佣工、经商、手工业等行业,推动了商品经济的发展,生产力得到解放。

在17世纪的明清之际,大量外来人口的迁入给武陵山区带来了中原地区先进的农业生产技术与生产工具,催生武陵山区的社会分工,推动商业贸易活动的增长,出于自身经济利益的需求,一些土司首领寻求更多的增收方式与途径。

实施土司制度时期土地不允许买卖,但到清代,一些土司首领打破旧规,将自己辖区土地卖给他人耕种,康熙五十四年(1715年),散毛土司把客寨一带卖给铜仁、辰州的冉、熊二人,价格为六百两白银,此二人将所购土地分配给上百户佃农耕种。容美土司则在雍正初年(1723年)购买另一位土司的土地,费用为一千两白银。容美土司热衷于购买土地房产,在文献中其在石门、枝江、宜都等地均有购买土地的记录。

土地交易使传统的土司制度经济基础开始瓦解,客观上部分农奴的人身依附关系开始减弱,释放了劳动力,这些人有更多的可支配时间经营耕种自己的土地。土司制度中强大的土地和人身依附关系开始松动,经济基础决定上层建筑,土司经济的瓦解,逐步动摇其上层建筑土司制度的统治。

赋税与徭役制度的变化从中原地区开始逐级扩散,影响到"内地的边缘"武陵山地区,冲击着依靠强制人身依附关系和经济剥削关系的基础上而建立的土司制度,当地居民希望脱离土司统治的愿望愈发强烈。

2.农耕化生产方式的发展

生产方式是在所有制基础上的空间拓展方式,是所有权的存在方式,即权力对空间的控制方式,生产方式的变化也逐步带来所有制和所有权的变化。

在实施土司制度时期,随着农业生产力的提升,在保证自身生存的基础上,有了更多的农产品剩余,这是农产品商品化的前提,而耕作制度的进步直接体现了农业生产力水平。前文也提到,休闲易田制的农耕方式在一些土司管辖地区出现,土司自身占有的土地肥力较好,通过较为精细的休闲易田制提升收益。

耕作制度变化也带来了一些土司管辖地区农作物种类和产量的变化。以容美土司管辖地区为例,文献中记载的当地农作物品种主要有大麦、苦荞、甜荞、稻、峒茶、龙爪谷(穇子)、金豆(四季豆)。[1] 涉及水田、旱地粮食作物和经济作物,其他一些土司管辖地区情况大同小异,只是规模和种类存在差别。[2] 总之在实施土司制度时期,武陵山区农耕化的生产方式已占据重要地位。

---

[1] (清)顾彩.容美纪游[M].吴柏森,校注.武汉:湖北人民出版社,1999:352.
[2] 邓辉.土家族区域经济发展史[M].北京:中央民族大学出版社,2002:267-271.

(三)社会层面

土司制度到后期已严重阻碍了经济社会的发展,其中土司各自为政的割据性、土司之间的战争、对其管辖地区沉重的经济剥削和较强的人身依附关系,阻碍了生产力的发展和地区的稳定。各土司首领"各长其长,各世其世""彼之官,世官也,彼之民,世民也"。

土司之间为了利益经常发生战争,破坏了生产的发展和人民生活的安定。雍正四年(1726年),桑植土司与容美、永顺、茅冈各土司发生战争,明末清初,百户与卯洞两地土司为争夺土地人口资源的战争持续数十年,"民皆闭户,鸡犬无声"。[①] 当地土民十分害怕土司首领,这些土司"僻在边隅,肆为不法,扰害地方,剽掠行旅"。

另外,土司首领对当地无限制地滥用权力,对管辖地区进行残酷的掠夺。土司的意志就是法律,"田产子女,唯其所欲,……草菅人命,若儿戏然,莫敢有咨嗟叹息于其侧者"。各种摊派费用层出不穷,"取于下者百倍,一年四小派,三年一大派……"[②]

这些战争和权力无限制的滥用严重阻碍了各族经济文化的交流和发展,破坏了生产的发展和人民生活的安定,不利于国家的统一和稳定,故当时有大臣认为,只有改土归流,国家才能长治久安。

为了摆脱土司的摊派、徭役和兵役,土司管辖地当地的土民无法忍受这些残酷的剥削和战争,多次起来反抗。明代中期施州卫地区就爆发了延续时间长达几十年的反抗土司统治的起义。雍正时期,清朝中央政府在南方少数民族地区推进改土归流较为顺利,得益于当地人心的归附,"被害男女纷纷来归,情愿编入版籍,以免残虐""为楚北众土司公吁归流,情词恳切……据忠峒宣抚司田光祖等十五土司赴臣衙门连各具呈词称……请急早改土归流等"[③],"归流

---

① 中共鹤峰县委统战部.容美土司史料汇编[M].北京:中国文史出版社,2019:372.
② 魏源.圣武记(卷7)[M].北京:中华书局,1984:284.
③ 中共鹤峰县委统战部.容美土司史料汇编[M].北京:中国文史出版社,2019:47.

念切,土众若得改土之恩旨,皆欣欣向化……土民云称土主不仁,愿为天朝皇民"。① 改土归流顺应了当地土民的心声,这是武陵山地区改土归流的社会基础。

三、改土归流制度变迁

包括武陵山区在内的原土司管辖地区改土归流的时间进程不一,地处黔东北区域的思南、思州两地早在明朝永乐十一年(1413年)就开始改土归流,但改土归流并不彻底,整个土司行政体系和基层组织没有明显的变化(长官司依然存在)。区域内部分长官司如水德江、蛮夷在乾隆四十年(1775年)后结束世袭,朗溪长官司则沿袭到清嘉庆年间废止。除黔东北外,湘西、鄂西南和渝东南基本在清代中期完成改土归流,湘西地区起止时间为清雍正五年(1727年)至雍正十三年(1735年),涉及的土司数量有18个;鄂西南地区起止时间为雍正十年(1732年)至十三年(1735年),涉及的土司数量25个;渝东南地区起止时间为雍正十二年(1734年)至乾隆二十五年(1760年)。

清朝中央政府在南方少数民族地区推进改土归流比较顺利,制度变迁较为彻底,累计各类土司49个均进行改流,历时多年的改土归流涵盖了各级大、中、小土司。级别高的宣慰司、宣抚司全部废除,级别低的基层长官司除极个别偏远地区外均废除。根据相关材料记载,改土归流后近四成土司迁徙至其他地区,远离其原管辖地,而就地改流的土司数量为24个。武陵山区土司改土归流的总体情况如表2-2所示。《清史稿》卷五百十二《湖广土司传》列传二百九十九载:"永顺府、施南府既设,合境无土司名目。"以这次改土归流为契机,清政府将武陵山区原土司管辖区改为流官管理,强化了中央集权和对武陵山区的有效控制,经历元明清三代、持续数百年时间的土司制度在包括武陵山区在内的南方少数民族地区退出了历史舞台。

---

① 中共鹤峰县委统战部.容美土司史料汇编[M].北京:中国文史出版社,2019:492.

表 2—2　　　　　　　改土归流后武陵山区原土司安置状况①

区域	土司名称	改流时间	司地归属	安置和去向
鄂西南	容美宣慰司、椒山土司	雍正十三年(1735年)	宜昌府鹤峰州	容美土司安置到陕西地区
	五峰、石梁、水浕	雍正十三年(1735年)	宜昌府长乐县	五峰、椒山、水浕、石梁留原地,五峰司为千总
	施南宣抚司	雍正十三年(1735年)	施南府宣恩县	废除
	高罗、忠峒、木册	雍正十三年(1735年)	施南府宣恩县	设立把总、千总,赐予房产和田产,部分土司安插至汉阳、黄陂、孝感县
	漫水、散毛、大旺、东流、蜡壁	雍正十三年(1735年)	施南府来凤县	
	唐崖、金峒、龙潭、西坪	雍正十三年(1735年)	施南府咸丰县	
	忠路、沙溪、忠孝、建南	雍正十三年(1735年)	施南府利川县	
	东乡、忠建	雍正十年至十一年(1732—1733年)	施南府宣恩县	废除
湘西	永顺宣慰司	雍正六年(1728年)	永顺府永顺县	异地安置并授予世代世袭职位,永顺司—江西,保靖司—辽阳,桑植司—河南
	保靖宣慰司	雍正五年(1727年)	永顺府保靖县	
	桑植宣慰司	雍正五年(1727年)	永顺府桑植县	
	上峒、下峒长官司	雍正五年(1727年)	永顺府桑植县	原地留任
	两江口长官司	雍正十三年(1735年)	永顺府龙山县	原地留任
	上溪州、白岩洞	雍正六年(1728年)	永顺府龙山县	原地留任
	南渭州、施溶州、腊惹洞、麦著黄洞、施溶洞、田家洞	雍正六年(1728年)	永顺府永顺县	原地留任
	五寨长官司、篁子坪长官司	康熙四十三年(1704年)至四十六年(1707年)	凤凰厅凤凰县	原地留任
	茅岗长官司	雍正十二年(1734年)	永定县	原地留任授予世袭职位

① 田敏.土家族土司兴亡史[M].北京:民族出版社,2000:24.

续表

区域	土司名称	改流时间	司地归属	安置和去向
渝东南	酉阳宣慰司	乾隆元年（1736年）	酉阳直隶州酉阳州	安置于浙江仁和县
	邑梅、平茶、石耶、地坝	乾隆元年（1736年）	酉阳直隶州秀山县	留原地，授予把总或千总
	石柱宣慰司	乾隆二十五年（1760年）	石柱直隶厅石柱厅	留原地
黔东北	水德江、沿河祐溪长官司		思南府	分别于乾隆四十年（1775年）、乾隆三十年（1765年）结束世袭
	郎溪长官司		乌罗府	嘉庆十六年（1811年）废止

（一）政治层面

前文提到，改土归流要建立起中央对地方的直接管辖，通过州县制度使原土司管辖地区转变为流官管理，与中原地区建制趋同化，即中央政府直接统治管理替代原实施土司制度时期土司首领的间接管理。改土归流后，清朝中央政府在武陵山区构建起统一的政治机构直接管理该地区，推动行政管理体制的一体化进程，设流官、改兵制、编户籍、立保甲，原土司管辖地区设立府、厅、州、县等地方行政机构并以保甲制度强化基层社会组织管理。雍正七年（1729年），湘西地区设立永顺府，下辖永顺、桑植、保靖、龙山四县。雍正十三年（1735年），鄂西南地区设立施南府，乾隆元年（1736年）在施南府划定各区域范围和文武官制，各种行政开支标准和中原地区无异，施南府下辖恩施、咸丰、来凤、宣恩、建始、利川六县；此外在宜昌府下新设鹤峰州，下辖长阳、长乐两县。在渝东南地区设酉阳直隶州，下辖酉阳、秀山两县；乾隆二十二年（1757年）在夔州府下新设石柱厅。

具体措施上，改土归流后，行政层面在原土司管辖区建立衙署（文和武两个方向）。中央朝廷直接委派各级流官前去原土司管辖区理政，构建行政体系，设立知府、同知、知县、教谕、巡检、典史、县丞等职位覆盖地区所有行政管理类别。军事层面解除了土司各级首领的军队武装力量,以营汛制替代原土司兵制。新设立的施南府军队建制机构为施南协署,有左营和右营,其中副将、中营都司金书和左右营守备均为一员,咸丰地区一般驻扎左营,右营则驻扎忠路;还有千总、把总、外委千总、额外外委等各级军官,总共有兵近1 500人。另外,施南协设汛塘,数量为汛有18处,塘有130处,累计士兵超过900人,分别驻扎府城和各县要道地带。而永顺府则建立永顺协与保靖、九溪两个营,并累计设立塘汛136处,驻守士兵近980人。永顺县塘汛45处,驻兵278人,保靖县塘汛有42个,驻兵355人,桑植县塘汛25处,驻兵175人,龙山县有塘汛24处,驻兵170名。

(二)经济层面

1. 清查人口

清查人口的前提是废除农奴对原土司的人身依附关系,将原土司管辖地区的农奴全部释放,解除人身依附契约,让他们回原籍开始新的生活。鄂西南地区容美土司改土归流后,曾被土司劫掠为奴的遣返,已在当地成家安居的编入户籍以实地方。[①]《永顺府志》卷十二《杂记》载:"楚蜀督抚追回被陷难民,还家复业者,五百四十六名口。"

重新构建行政体系后,中央政府对府、州、县随之出台具体的治理义务,乾隆时期的《鹤峰州志》有较为详细的记载:"应建城池、衙署、祭祀、坛庙、祠宇、仓库、监狱、营房、塘房、墩堡、瞭楼及铺兵栖址,孤贫养济、官渡船只,并山路陡险急需开修通利等项……按照湖南永顺、永绥的例子,确勘、估建、动项、兴修等语……"各级流官在当地设立保甲制巩固改土归流成果,有助于后续丈量土地、清查人口和统一赋税的措施推行与地区建设。清朝同治年间的《桑植县志》记载,改土归流后桑植县的保甲制度有三个层级,十户为一牌,十牌为一甲,十甲为一保,每个级别设立一位长官负责。在雍正七年(1729年),永顺、保靖、龙山和桑植县保甲编户覆盖所有其辖区,保甲制度基本确立。

---

① 王承尧,罗午,彭荣德. 土家族土司史录[M]. 长沙:岳麓书社,1991:332.

2. 铺递(驿站)建设

交通建设也是改土归流的重要内容,各地建设铺递(驿站)促进地区交流。雍正八年(1730年)至乾隆二十一年(1755年),永顺府建设铺递73处。施南府相关文献记载,恩施县编户范围内有集场(或称集市)50个,铺递23铺;宣恩县有保正(十甲为一保,设保正)56名,甲长339名,集场3个,铺递16铺;来凤县有保正48名,集场10个,铺递11铺;咸丰县有保正64名,集场27个,铺递15铺;利川县有保正89名,集场42个,铺递18铺;建始县有集场15个,保正350名,铺递12铺。施南府所辖六县累计建设集场147个,有保正707名,建设铺递95处,铺司共200人。此外,施南府还建设了各种仓库(如府仓、府库),所辖各县均有常品仓和社仓。

3. 赋税变化

改土归流之后中央政府和地方也制订了赋税制度,如容美土司管辖地区"原纳秋折粮银九十六两,向非按亩完粮",改土归流后"既改设州县,其田地之成熟者,应照亩征输","容美田地既无顷亩区册可考,实征粮银未能悬拟……逐一查明,成熟田地数目,照内地则例,按亩升科纳粮充饷……其一切人丁,照编审之例,五年一次清查编审"。

乾隆三年(1738年),中央政府细化了对原土司管辖地区的赋税体系的建设,并提出条件成熟后再推行统一的赋税政策。清道光年间《施南府志》载:"咸利二县之田地,人丁向有定额……但该土司向未输纳秋粮,不计田地多寡,每年统计止纳银七十三两六钱四分,今若照内地科,则征收必至加于前数……将田分派作为定额,毋庸另拟科则……至乾隆二年未完秋粮,一并豁免。"

4. 土地再分配

原土司辖区的所有土地均收归清朝中央政府。改土归流后,原土司占有的土地的所有权全收归国家,其方式又分为赎买和没收。雍正十三年在陕西安置长乐县的土司,赎买其田产,数额巨大,长乐、鹤峰二州县预估田产价值超过1 950两白银,石门县的田园估值银超过350两,宜都县的田产估值银超过610

两……户部在乾隆二年批准通过这些赎买费用。

在收回土地所有权后,国家对土地进行再分配,也就是土地占有权的分配。考虑到行政管理的开支,中央政府需要留下一部分田地,用来支付当地各级官员的俸禄,这部分田地土壤肥沃,质量上乘,一般称作"官庄田"。除去官庄田的田地,剩下可耕种的田地进行土地再分配和确权,有田者自行申报,申报田产的有田者须承担向政府缴纳田赋的义务,此外,出台政策鼓励开垦增加耕种的土地。该土地分配方式可理解为中央政府将除"官庄田"外的几乎所有土地占有权再分配,改土归流后原土司首领占有的田地以及山川树林等资源均分给当地人使用,《永顺县志》载:"……其鱼塘、茶园、竹木、树林、崖蜡等项,今民采用一无厉禁,并不存为公家之物……"

5. 规范土地交易

考虑到土地交易在实施土司制度时期就已广泛存在,为了规范土地占有权的交易制定法律,保障土地交易双方的利益。改土归流后武陵山区对外交流增多,人口的增长使大量移民流入,轻徭薄赋以及土地的开垦使土地交易变得频繁,庞大的土地交易量使得交易过程中经常发生摩擦和矛盾。为了缓解纠纷,当地官员制订多项法规规范土地交易,明确土地交易前后的产权变化。如永顺县的知县在乾隆七年(公元 1742 年)颁布了法令"禁违例争赎远年田产",该法令提到改土归流前有些人为了逃避土司差役低价抛售田地,改土归流后土地涨价,之前有些贱卖土地的人反悔。这种情况明令禁止,"……已卖之产,契无回赎字样者,不准找赎……其已经售卖,契无回赎字样,及失业多年毫无凭据者,一概不许勒赎索找……"如有违反的从严惩处。规范土地交易秩序,解决改土归流的历史遗留问题,打击私下未经官方认可的土地占有权交易,有助于巩固改土归流的经济成果。

(三)社会层面

改土归流后,随着土司制度被废除,各级官员在当地大力推广儒家文化,修建学宫、开设书院,府州县官学、书院等地方儒学教育体系逐步建立并完善,同时移风易俗,武陵山地区的饮食、节日、宗教、信仰、风俗等发生了变迁,诚如《永顺县志》云,"则彬彬焉,与中土无异",这些文化转型强化对主流文化的认同,巩固统一的多民族国家。

1. 教育层面

在实施土司制度时期,土司管辖区或卫所拥有学校的数量屈指可数,而且一般土民不能入学。如容美地区大部分土民未受文化教育,缺乏对道德伦理和礼节的认识,自身无法得到发展,"若不读书法古,举动何所适从"。改土归流后,武陵山区各地开始兴办学校,宣传教育,并劝说当地土民来学习,并规定子女7岁以上都要学习,通过兴办学校强化教育来改变社会风气和社会风俗。

官学建设上,清代的官学规制继承明代,中央政府在武陵山区按照中原官学规制在各地建立各级官学(府学、州学、县学),"……明制具备,清因之"。施南府在乾隆元年(1736年)建成府学,嘉庆年间再度修缮,恩施县的县学在雍正六年(1728年)建成,其在原施州卫的卫学基础上改建,嘉庆年间重修。随着时间的推移,在乾隆中后期,县学已遍布武陵山区各县,不同县在县学建立时间上有所差异,宣恩县、来凤县、咸丰县、利川县四个县约在乾隆五年(1740年)建设学官,学习人数逐渐增多。到乾隆中期,中央政府决定增加每次科举考试录取的府县学生的名额,"现今人文充盛,应照鹤峰州长乐县及湖南永顺府保靖诸县之例,分设学额"。名额具体分配上,乾隆三十六年(1771年)宣恩、来凤、咸丰三个县各取三人,利川县取四人。参考鹤峰长乐二县的例子,"各县廪、增额数并校试武童……俟将来人文加盛,另请增设"。

兴办学校需要经费的支撑,其来源为中央政府、地方官吏以及部分有钱乡绅。经费具体的筹措方式有三种:一是中央政府的直接拨款,有专门的"藩库"来管理一省的钱粮,如永顺府的《官山拨充书院膏火禀详》请示拨款,"请照桑邑成案,纳课留充书院裔火"。乾隆五年(1740年),永顺府下辖永顺县、保靖县、龙山县、桑植县分别设义学三处、四处、二处、三处,每年朝廷拨款每位馆师各16两白银。二是学田和官田租赁收。各级学校(府、县学、书院和义学)均有一定的田地作为学校和师生的日常开销,这部分分配给学校的田地称为"学田"。另外,部分地区会从官庄田收入中拨取一部分给当地学校。三是来自民间社会的各种捐赠。改土归流后,办学之风逐渐兴盛,为了推动家乡的教育建设,官员、富商、乡绅甚至普通人均积极捐资助学,极大地促进了地方学校的发展。另外,前文中提到的"义学",其受助者大多为贫寒子弟,义学的经费也来自上述三种方式。

此外,对于参加科举考试的学生也有经费的补助,并在考生较多的恩施、永顺建立考棚(乾隆年间)。另外,在嘉庆十四年(1809年)给予一部分优秀考生奖励,"……县生员内科考取正案者和每年科试考取前十名者,赴乡试各给盘费银10两。苗童,凡赴县厅府院试者,各给盘费银10两……"①

2. 移风易俗层面

提倡汉族婚姻习俗,如各地政府以行政手段改变实施土司制度以来地方上长时间存在的婚姻习俗,将其转变为中原地区汉族的婚姻习俗,规范相关的礼仪,强调子女的婚姻须由父母作主经媒人介绍。子女关系上提倡无论贫富,都应该赡养父母和祖父母,对于此前存在的一些旧有习俗令行禁止,规范家族伦理。

宗教层面,严禁各种邪术,摒除陋习,销毁相关的物件,对屡教不改的人员严惩,同时推行道教。据记载,鹤峰县有名的知州毛峻德发布的《告城隍文》里有对信仰的相关规定,"伏惟尊神,作一州之保障,操生死之权衡,辅国佑民,御灾捍患,是其职也……尊神怜我民命,于此辈或施法力,俾得超生,固仁之至也……毋为民害,亦义之尽矣……尊神独不为圣朝,抚此土而保此民乎……"②

此外,还有一些日常生活习俗的变化,主要表现在服饰层面,如保靖地区的服饰应容易区分男女,一年四季季节更换、婚丧时应该按照中原地区参加相应的活动,"……照汉人服色,男子戴红帽,穿袍褂,着鞋袜。妇人穿长衣、长裙,不许赤足",除孝服之家用白布之外,其余人禁止白布包头。田桑之际或冬季御寒则或用黑蓝这类颜色,弛禁"不许盖瓦,只许买为"的习俗,应"听民自便"。

---

① 冯象钦,刘欣森. 湖南教育史(第1卷)[M]. 长沙:岳麓书社,2002:424.
② 中共鹤峰县委统战部. 容美土司史料汇编[M]. 北京:中国文史出版社,2019:74.

改土归流对武陵山区社会层面的变革产生了重大影响,使区域文化发生变迁,在内容和方式上都发生了结构性的改变,教育上,改土归流推动了武陵山区文化教育事业的进步,助力区域交流与融合,取得一定成效。如清朝同治年间《利川县志》中记载利川"自改土归流……民勤耕稼,士习诗书,旧俗渐易,与郡城大率相同"。来凤"士皆秉礼,民亦崇实"。上述资料表明改土归流对当地社会生活方式产生了巨大影响。

第三节 改土归流制度变迁的绩效

生产关系是指劳动者在生产过程中所结成的相互关系,改土归流制度变迁调整了地区生产关系,让生产资料所有制从土司领主制转变为官僚地主制,使其与当时的生产力相适应,并由此推动地区经济社会发展与融合。

此外,诺斯认为:"一个国家经济与社会发展的影响因素上,制度有决定性的作用,其原因在于交易成本、个人收益与社会收益之间关系以及激励的作用。有效的制度能减少交易成本、个人收益与社会收益间的差异,能有效激励个人和组织的生产性活动,最终刺激经济增长。"[①]故制度变迁其中一个原因就是可节约交易费用以提高效益。改土归流是清朝中央政府出于自身强化中央集权统治以及当时历史条件下土司制度弊端日益显现的结果,作为一种制度变迁,改土归流减少了中央王朝对原土司管辖地区统治的制度成本,获取了政治、经济等层面的制度效益,客观上推动了武陵山地区的全面发展,加速了地区融合进程。

一、人口的增长

提到清代人口的增长,就不得不涉及一项重大的赋税制度——"摊丁入亩",即废除新生人口的人头税,在田赋中加入原来的固定丁税,并按照一定比

---

① 诺斯.经济史上的结构和变革[M].北京:商务印书馆,1992:113.

例均摊,征收统一的地丁银,也就是用地丁银来替代原来的人头税。这项政策从康熙五十一年(1712年)开始,雍正时期(1723年起)大规模推行。根据记载,该政策的推动极大地刺激了人口数量的飞速增长(康熙末年起),大幅度缓解了地方隐瞒人口的情况,使得清代成为我国农耕社会人口增长最快的时期。

短时期内人口数量的急剧增长,会加重人地矛盾和资源矛盾,引发生存危机,许多区域已出现耕地短缺的情况,社会问题也开始凸显,尤其是经济较为发达的中原地区。在农耕社会短期生产力水平无法大幅提升的情况下,要缓解矛盾,消除生存危机,最有效的方式是扩大人均的耕种面积,也就是移民开垦,将劳动力从人口密集的中原地区转移到南方或西南山区。于是,随着南方少数民族地区改土归流的推进,向这些地区移民也成了发展趋势,这是第三次移民浪潮(前两次为江西填湖广、湖广填四川),武陵山区也成为众多移民开垦、缓解人地矛盾的缓冲地区之一。如雍正七年(1729年),中央政府规定每个省有适宜开垦的地方应鼓励其开垦上报,不得勒索阻扰。武陵山区改土归流后土司首领的土地要么改为官田,要么分配给农户,再加上废除了"蛮不出境,汉不入峒"的封闭政策,结合较低的赋税,"地广赋轻,开垦易以成业""良田亦无大差役""地无重赋政无苛",这些积极因素对其他地区的移民具有极大的吸引力。

(一)武陵山地区人口数量的增长

改土归流后的土地制度和土地政策推动了人口数量的增加,如前文提到的鹤峰州的首任知州(毛峻德)《劝民告条》中关于劝课农桑和鼓励开荒的内容,规定了对开垦的农户(无论是本地还是外来移民)颁发凭证。另外,永顺县改土归流后,原土司首领占有的山、鱼塘、茶园、树林等资源均解禁对民众开放,鼓励开荒,"今民采用一无厉禁,并不存为公家之物……"

此外,武陵山区其他原土司改流区域如咸丰、利川、鹤峰、恩施、宜昌府等地也有移民大规模涌入的记载。利川县和咸丰县改土归流以后,"……流人麇至""……外来寄籍者不少";乾隆六年(1741年)《鹤峰县志》记载鹤峰州雍正十三年(1735年)推行的改土归流对人口数量的影响:"改州以来,招徕安集,远乡乐归,人户渐众,盖月异而岁不同矣";恩施县则"各处流民进山伐木支椽,上盖茅草,……借粮作种,谓之棚民……户口较前奚啻十倍";宜昌府地区受到改土归流的影响"……常德、澧州及外府之人入山承垦者甚众"。

改土归流后武陵山区人口的迅猛增长除了上述宏观描述外,也有具体的数据,这些数据包括本地人口自然增长、流亡外地的人口回迁以及外来移民,这些内容在下文有所阐述。

施南府区域改土归流后人口的变化在文献中得到佐证,其户数和人口数从乾隆元年(1736年)的27 718户、117 430人增长到道光十二年(1832年)的170 768户、902 123人。根据初步计算,在近一百年的时间里,户数和人口数分别增长了近6.2倍和近7.8倍,二者年均增长率都接近2%。永顺府据记载其人口从乾隆七年(1742年)到乾隆五十八年(1793年)半个世纪的时间里户数和人口数从19 693户、103 683人增长到50 043户、306 401人,户数和人口数分别增长了2.5倍和3倍,年均增长率分别为1.85%和2.1%。酉阳州户数较少,但也有明显增长,乾隆三年(1738年)为3 729户,到乾隆二十三年(1758年)则有7 905户,20年增长了2.1倍,年均增长率3.83%。根据相关研究,乾隆时期60年平均增长率为1.45%(中期1.45%),武陵山区人口年均增长均远高于全国人口同期水平,此外,从世界历史上人口自然增长的情况看,千万以上人口的国家和地区,年均增长率没有超过4%,且十年为一周期的年均增长率没有超过3%。[①] 这些具体数据的对比表明武陵山区改土归流制度变迁后的移民规模庞大,历经了第三次移民高潮的历史时期。

(二)人口结构的变化

外来移民是武陵山区人口增长的重要因素。除了前文提到区域人口数量增长和人口自然增长率的对比外,结合相关数据也可从人口结构比例进一步得到论证。

---

① 葛剑雄,曹树基.中国人口史:第5卷[M].上海:复旦大学出版社,2001:203.

表 2-3　　　　　　乾隆二十五年(1760年)永顺府人口结构状况①

	土户		苗户		客户		客户占比(%)	
	丁口	人口	丁口	人口	丁口	人口	丁口	人口
永顺县	20 345	113 765	4 686	25 133	9 155	46 323	26.79	25.04
保靖县	7 952	34 497	3 227	12 386	1 418	5 552	11.26	10.59
龙山县	9 982	50 556	1 364	7 155	7 071	37 407	38.39	39.33
桑植县	8 032	20 216	163	536	12 547	30 837	60.49	58.63
合计	46 311	220 034	9 440	45 210	30 191	119 920	35.13	31.13

资料来源：同治《永顺府志》卷四《户口》。

如表 2-3 所示，永顺府下辖永顺、保靖、龙山和桑植县在乾隆二十五年(1760年)人口结构中，客户(非本地人口)总人数约占人口总数的三分之一。

另外，鄂西南地区的施南府人口结构中外来人口同样占据大多数。以来凤、恩施和建始县三县为例，来凤县在乾隆元年(1735年)有客户 8 446 人，约占总人口 47 445 人的 11.4%，到乾隆二十年(1755年)来凤县户数增长到 10 758 户，客民 8 446 户(土民 2 312 户)，其数量约占总户数的 78.5%，20 年时间客民户数增长到土民户数的 3.65 倍。恩施县乾隆二十五年(1760年)总人口为 249 750 人，其中流民占比约总人口的三分之一，数量有 82 602 人，而建始县道光三年(1823年)人口总数 194 300 人，流民占比约总人口的四成，数量有 75 400 人。

此外，根据相关研究，农耕社会盐的消耗量固定而不可替代，故会借助盐来统计人口的流动性。按照食盐消耗、食盐运销许可凭证与人口数量的对应关系推算，乾隆三年(1738年)武陵山区鄂西南的宣恩、来凤、咸丰、利川、鹤峰、五峰六县总人口约为 27.7 万人，按照清中期年均 0.5% 人口自然增长率估算，道光十二年(1832年)人口数量应增长到约 45 万人，但根据记载实际超过 63 万人，多出来的这部分人数可归结为移民的迁入，可得鄂西南六县移民人口数量约为

---

① 丁口：清制，指十六至六十岁的男女。人口：所有年龄段人口总数。客户(非本地土著的住户)：古代中国户籍制度中的一类。其中包括有地主、自耕农、城市小商贩、无业游民。

18.8万人,这六个县移民人口约占六县总人口的30%。[①] 故以上数据表明武陵山区改土归流后人口增长主要因素是外来移民人口的激增。

(三)人口增长的影响

"出山人少进山多。"人口大爆炸使得武陵山区地广人稀的情况不复存在,地区间人口分布形成的"杂居"格局,有利于民族间的进一步交往,形成一定程度的文化交融。区域内各民族间日常生活交流更加频繁与密切,相互之间的关系出现新的变化,客观居住条件和主观心理的边界开始模糊,呈现互相交错杂居的态势。《宜昌府志》《咸丰县志》与《永顺县志》对鹤峰州、咸丰县、永顺县等地区均有相关描述,"自改土后,客土杂居""自改归以来……宜乎风俗与化移易矣……山深林密,土流杂处""……盖其地土民居多……改土后客民四至,在他省江西为多,而湖北次之,福建、浙江又次之……"这说明改土归流对移民的刺激,推动武陵山地区人口的增加,加速了地区经济社会融合与发展。

二、土地可开垦面积增多

改土归流制度变迁中直接的影响就是开荒垦殖,即广泛开荒垦殖,扩大耕地面积。农业的发展依赖于土地,土地也是农业的基本生产资料,改土归流后,武陵山地区把大量所有权及其他派生权利归属于土司的土地一并收回并逐步有条件地下放,开荒垦殖扩大耕地面积,鼓励经济发展。农耕社会的基础是农业耕作,故开荒土地,提高农作物产量和质量是改土归流后武陵山区开发的主要内容。为了刺激农业发展,清朝中央政府将开垦土地纳入官员的绩效考核,各级官员则制订各种措施激励民众开荒种植。如鹤峰州历史上有名的知州毛峻德所发布的文告上劝课农桑,一般而言,新开垦的田地给予五年左右时间免税,五年后缴税。"……农桑为国之本……踊跃开垦荒土,随地播种籽粒……本

[①] 杨洪林.鄂西南明清移民与乡村社会变迁[D].武汉:华中师范大学,2013:90.

州买有种子,听民栽插领给",对于开荒懒惰的进行惩罚,开荒勤奋的则给予奖励。① 在各种政策的激励下,武陵山区大量涌入的移民和本地人一起踊跃开荒种植,大片荒地得到开发,耕地面积明显增长,推动了地区农业发展。在各地方志中均有各种描述记载,如《恩施县志》载:恩施县"……从前弃为区脱者,今皆尽地星种之,幽岩邃谷亦筑茅其下,绝壑穷巅亦播种其上……",自然资源与人口资源得到充分利用。"至乾隆年间,始种苞谷……外来各处人民,挈妻负子,佃地种田,植苞谷者,接踵而来。山之巅,水之涯,昔日禽兽窠巢,今皆为膏腴之所。"②

具体耕地增加数量上,可以武陵山区鄂西南地区的宣恩、来凤两县的耕地面积变化为例予以说明(见表2—4)。

表2—4　　　　　　　　　　宣恩、来凤两县耕地面积增长情况

时间	来凤县(亩)	宣恩县(亩)
乾隆八年(1743年)	485	无记录
乾隆十六年(1751年)	2 679	8 135
乾隆四十三年(1778年)	8 896	24 059
累计增加面积	12 060	32 194
改土归流时勘出的面积	57 163	41 204

数据来源:同治二年《宣恩县志》、同治五年《来凤县志》。

乾隆三年(1738年)到乾隆四十三年(1778年)的40年时间,宣恩县与来凤县分别开垦土地约322顷和120.6顷,耕地数量均有明显增长,其中来凤县年均新开垦超过300亩。

除表2—4外,武陵山区其他各地也有土地开垦的数量记录。道光《施南府志》记载,从乾隆十九年(1754年)到乾隆三十九年(1774年)这20年时间里施南府六县累计开垦耕地约554顷,年均新开垦土地超过2 630亩。道光《鹤峰州志》则记载,鹤峰州从乾隆四年(1739年)到乾隆三十年(1765年)的26年时间

---

① 中共鹤峰县委统战部等.容美土司史料汇编[M].北京:中国文史出版社,2019:80.
② (清)吴柏森.容美纪游校注[M].武汉:湖北人民出版社,1998:32.

里新开垦土地 13 014 亩,平均每年新开垦 482 亩。光绪《长乐县志》的赋役部分记载,乾隆八年(1743 年)到乾隆四十一年(1776 年)的 33 年时间长乐县新开垦土地 94.52 顷,平均每年开垦 278 亩。同治《酉阳州志》则记录乾隆九年(1744 年)到乾隆五十年(1785 年)酉阳州共新开垦土地 2 100 亩,秀山县则在半个世纪(乾隆初年到乾隆五十年)的时间里增加了耕地 7 300 余亩。据乾隆年间《湖南通志》记载,凤凰厅在康熙四十三年(1703 年)统计时,可耕种的成熟田有 183.07 顷,至乾隆年间开垦和勘出耕地总面积 219.16 顷。从数据上看,武陵山区耕地面积增幅较大。施南府至嘉庆二十五年(1820 年)耕地面积超过 4 900 顷,永顺府耕地面积约 1 078 顷,三个直隶厅石柱、酉阳、凤凰分别有耕地 18.8 顷、4 962 顷和 611.31 顷。

三、生产方式的变化

土地的开垦扩大了农作物种植面积,促进了农耕生产的大发展,武陵山地区生产方式中农耕生产方式进一步得到推广。改土归流后,交流的增多和移民的涌入使武陵山区积极学习和吸收中原地区先进的农耕生产技术,通过农耕生产方式的转型来养活更多的人口,《永顺县志》载:"永邑山多田少,刀耕火种……各处所种,以小米、糁子为主……即种亦不知耕耨,今教之耕耘,辄欣然听信。"男耕女织的小农经济社会确立,各地府县志的风俗部分均有记录,"重农耕,男女合作",道光《施南府志》风俗部分提到,"流人麋至,民勤耕稼"。《铜仁府志》风俗部分记载改土归流以来的变化,"……然农知务本力田,士尚右文好学"。黔江、秀山、酉阳地区风俗"百姓终岁经营,无旷土""自贵图以迄县治,原奥衍,多稻田,产嘉谷""细民勤朴习农……重缙绅,最富之家,田无过万亩""稻田麦陇触目青葱,种豆、芸苗四时不绝……平畴沃壤亦所在有之"。

(一)新作物的推广运用

改土归流后,由于大量涌入的人口带来了玉米、洋芋等外来农作物,为了满足粮食供给,各地结合客观环境实际推广种植。如鄂西南地区在改土归流后种植玉米(当地称为苞谷),由于玉米对土壤条件和水分要求不高,投入较少产出较高,故玉米也成为当时种植产量最高、种植面积最广的粮食作物。《建始县志》记载:"深林剪伐殆尽,巨阜危峰,一望皆包谷也。"[1]长阳县方山在乾隆年间方圆几十里土地上多家佃户均以苞谷为生。[2]

对于海拔较高的高山地区,洋芋适合种植,成为高寒山地居民的主食,在一些地区,洋芋除了代替主粮,还用来喂猪:"郡中最高之山,地气苦寒,居民多种洋芋。"[3][4]除此之外,洋芋农业种植如果有剩余,居民有时会制作芋粉进行贸易,换回本地缺乏的棉布和衣物等生活日用品。

玉米、洋芋等外来作物的推广使武陵山地区基本实现了粮食自给,有农产品剩余,促进了地区农产品商品化和商品贸易的发展。

(二)引入施肥技术

改土归流后,养活更多的人口需要更多的土地产出,其途径主要有两种:增加耕地面积和提升单位面积产量。生产方式的中原化使本地居民接受农作物施肥的技术,主动认识到肥料对农业生产的作用,并激励他们掌握先进的施肥耕种技术,如一些文献记载:"旱田依时锄耨,苗稼壮茂可必。更宜积粪和灰,著土免致瘦瘠。"故民间有谚语流传:"积粪如积金,积金不如积粪。"肥料除了牲畜粪以及人粪外,还可根据本地自然条件使用树叶、青草来沤肥,如《来凤县志》曾记载,农户在冬天时节农历十一月"满田浸树叶,谓之压青",等到春暖花开时节"叶烂泥融,可以代粪"。

保靖县引入施肥技术的时间较晚,其境内山多地少,故在乾隆时期仍存在传统的刀耕火种粗放型生产模式,到嘉庆年间,农耕技术已发生明显改变,田间施肥已经广泛使用,提升土壤肥力和土地产出,"……近日开辟广而地瘠薄,田土种植,俱不可少灰粪",此外,施肥技术的推广客观上带来了人们关注农作物

---

[1] (清)袁景晖.建始县志[M].台北:成文出版社,1975:256.
[2] (清)李拔.长阳县志[M].海口:海南出版社,2001:231.
[3] (清)松林.施南府志[M].南京:江苏古籍出版社,2001:508.
[4] (清)毛峻德.鹤峰州志[M].南京:江苏古籍出版社,2001:354.

种植及收获的时令季节的意识,如"社前种荞,谷雨下秧""处暑荞,白露菜,八月蒜,九月麦"。

(三)牛耕技术的进步

武陵山区运用牛耕技术的时间最早可以追溯到宋代,但当时运用的规模和范围有限,直到改土归流后的清中期,牛耕技术才大规模推广。清中期,耕地面积的扩大催生了对先进生产技术的需求,牛耕技术得到快速发展,逐步形成了高原黄牛耕地、平地水牛耕地和险峻的山地用人力耕地三种地形耕作模式。如施南府地区"州界群僚不习服牛之利,为辟田数千亩,选谪戍知田者,示牛使耕……","施州山冈砂石,不通牛犁,唯伐木烧畲,以种五谷"。来凤县高低田地均使用牛来耕地,一些绝壑危坳地区无法使用牛耕,则使用人力刀耕火种。恩施县也是如此,"高低田地皆用牛犁,间有绝壑危坳,牛犁所不至者,则以人力为刀耕"。人力、畜力、铁制农具的使用均融合于牛耕技术,门槛和成本较低,是精细化农耕生产的重要表现,有助于节省劳动力,提升生产效率,增加农产品剩余,牛耕技术从出现起一直延续了数百年。目前,在武陵山区部分偏远地区仍然保留着牛耕生产技术。

(四)区种法的推广

精细化农耕生产方式的运用需要较高的耕种技术,而区种法包含了耕种(深耕细作)、灌溉施肥、密植(密植全苗与等距全苗)、精细化管理等耕作技术,其引入与推广有助于提升区域整体耕作技术水平,增加农作物(粮食作物、经济作物)产量,一亩经过区种法种植的土地产量是未使用该方法田地产量的六倍或者数十倍以上。如永顺府使用一段时间区种法之后,在乾隆二十八年(1763年)储备粮食共48 600石,其中常平仓42 500多石、社仓6 100石(约1 458万斤);施南府在道光十七年(1837年)粮食储量46 315石,常平仓约36 500石、社仓储量约9 815石(约合1 390万斤),与改土归流前粮食产量相比均有显著增加。

同治年间《来凤县志》所载的区种法的具体耕种方法如下:

> 每田一亩,广一十五步,每步五尺,计七十五尺。每行占地一尺五寸,计分五十行。其长一十六步,每步五尺,计八十尺。每行

占地一尺五寸,计分五十三行。长广相乘得二千六百五十区,空一行,种一行,隔一区,种一区。除隔空可种六百六十二区,区深一尺,用熟粪二升,与区土相和,布种匀覆,以手按实,令土与种相着。苗出时,每一寸留一株,每行十株,每区十行,留百株。别制广一寸长柄小锄,锄多则糠薄。若锄至八遍,每谷一斗得米八升。如雨泽时降,则可坐享其成。旱则浇灌,不过五六次即可收成。结实时,锄四旁土,深壅其根。其为区,当于闲时旋旋掘下。春种大麦、豌豆,夏种粟米、黑豆、高粱、糜黍,秋种小麦,随天时早晚,地气寒暖,物土之宜,节次为之,不必贪多。毋论平地山庄,岁可常熟。近家濒水为上,其种不必牛犁,惟用锹铁垦剿,更便贫家。大率区田一亩足食五口。丁男兼作,妇人童子量力分工,定为课业。若粪治得法,灌溉以时,虽遇灾旱,不能损耗。

此外,一些改土归流较早的地区(如黔东南)随着农耕经济的发展出现了雇佣经济。如道光《思南府续志》(地理门·风俗)提到:"间民出力,为人代耕,收其雇值……",有按年、按月等不同时间段的雇佣。随着人口的增长与农业生产力的提升,土地生产资料重要性日益提升,故产生了土地交易。土地价格随着经济发展而上涨,如乾隆年间永顺县土地价值一天一个变化,越来越贵,遇到好的土地甚至竞价购买,《永顺县志》云:"……偶遇出售民间,即争先议价,甚至已有田主,犹欲添钱买夺,期予必得。"改土归流后,土地的重要性表明农耕经济已成为武陵山区的主导,深刻融入当地人们的社会生活,推动了区域经济产业结构、社会思想文化习俗的改变。

四、市场的活跃

实施土司制度时期,整个武陵山地区相对封闭,商业发展处于初级阶段,商品交易较为单一,民间贸易不成规模,区域市场体系还未形成。当时武陵山地区生产力不发达,农业剩余不够,整个地区更加重视粮食种植来保证基本的生存,再加上山区交通不便和区域隔绝的政策,使商业发展受到极大限制。"邑民鲜逐末,除力田垦山外别无奇赢可挟,故耕作勤而盖藏亦寡。""地近蛮獠,壤狭而偏……务耕种薄商贾。""……崎岖万状,商贾不通。"

改土归流后,地区的封闭性被打破,清政府积极经营地方,建设道路桥梁、疏通水路运输、设市贸易。大量外来商人进入武陵山地区,带来了大量的商品,时有永顺府"客户多辰沅民,江右闽广人,亦贸易于此"。再加上农业生产力的发展,农业生产技术的进步与农作物种植数量与种类的增加,产生了农业剩余,即大量的农副产品,这是商品化农业的基础与前提。此外,改土归流使武陵山区逐步融入全国范围内的区域性社会分工,催生了商品交换的需求和商品经济的发展。市场的活跃激发了社会各群体的互动与交融,社会各阶层在商品贸易中分工与合作加强,促进了武陵山地区商品经济的发展,加强了武陵山地区与周边湖南、湖北、四川、贵州毗邻地区的交流,也推动武陵山地区经济与全国其他市场的联系。

(一)商品贸易的增多

改土归流后,大量外来移民进入当地开发农业,从事农业生产活动,带来了先进的生产技术以及新的种植作物和农副产品。武陵山地区人口激增,人口的增长除了带来粮食压力外还要考虑生活必需品,而当地的生活必需品生产不足,需要与外界贸易来换回生活必需品,武陵山地区的商品经济逐步依赖于外部市场,粮食如果有富余,一些人会养猪,然后拉到荆州宜昌等地,获利五倍左右。"外来之民,典佃耕垦……用以饲豕百十为群,驱贩荆宜等处,获利倍蓰。"

以鄂西南地区为例,在商品贸易中输出的主要是本地的特产或农林牧初级产品,如茶叶、桐油、生猪、烟草、药材等,输入的则是本地缺乏的生活必需品,如盐、布匹、粮食等。施南府在光绪二十三年(1897年)记载,当年知府统计出本地输入和输出的大宗商品,输入为布、纱,输出为油、棓、靛、烟、苎麻等。[①] 此外,鄂西南地区的恩施、宣恩和来凤等地都不产棉花,当地通过外地商人收购特产如

---

① (清)张之洞.张之洞全集(卷219)[M].苑书义,编.石家庄:河北人民出版社,1998:7374.

苎麻,然后交易换回一些棉布作日用消费品①,如恩施县在嘉庆年间"山中产麻最佳,多粤岭人来贩去"。②

改土归流之后,农业生产力的发展推动农产品产量的提升,武陵山区粮食生产有了更多的剩余,即有更多的粮食可以进行饲养业,推动了饲养业的发展,其中生猪饲养尤为活跃。到秋收成熟的季节,一些地方通过贩卖生猪进行贸易,"百十为群,驱贩荆宜等处"。茶叶作为武陵山区的特产是对外贸易重要的商品,其中,鄂西南地区茶叶主要产自鹤峰州与长乐县,这二县在实施土司制度时期也是重要的茶叶产地。鹤峰州与长乐县的茶叶本地消费能力有限,相当一部分销往邻近省市地区,据记载,嘉庆年间鹤峰州的峒茶大量销往石门县,其消费量占石门县茶叶总消费量的50%。③ 在清末的光绪二年(1876年),广东商人林紫宸在鹤峰开设了两个商号(泰和合与谦慎安)和茶庄(鹤峰五里坪)进行红茶贸易,其路线一般是鹤峰五里坪至汉口,外商认为其茶叶质量很高。④ 当时地处汉口的红砖茶工场投入原料一般首选湖北鹤峰县地区的茶叶品种,其次再考虑其他地区的茶叶,"以湖北鹤峰县之花香为第一,安徽祁门及江西宁州县产次之"。⑤

(二)市镇的发展

实施土司制度时期的商业贸易需求催生了集市的发展,所以在卫所、驿站、城镇附近和交通要道上逐渐兴起了一些集市供往来客商和居民进行市场交易。随着时间的推移,部分城镇逐渐成为地方的商业活动中心。

由于区域内各县经济社会发展水平的差异,不同地方集市数量存在显著差异。一般情况下,市镇网络由各个市镇网点构成,根据发展程度分为集市、集镇、城镇和中心城市。根据施坚雅相关研究,其六边形市场区域理论将我国市

---

① 吕调元,张仲炘.湖北通志(卷21)[M].上海:商务印书馆,1921:761.
② (清)詹应甲.赐绮堂集(卷12)[M].上海:上海古籍出版社,2002:398.
③ (清)苏益馨,梅峄.嘉庆石门县志(卷29)[M].南京:江苏古籍出版社,2002:354.
④ (清)陈鸿渐.续修鹤峰州志[M].南京:江苏古籍出版社,2001:528.
⑤ 湖北省志贸易志编辑室.湖北近代经济贸易史料选辑(1840—1949)(第1辑)[M].武汉:湖北省志贸易志编辑室,1985:22.

场体系细分为八个层级,全国性与区域性的大城市;区域性的一般城市;中等与地方级城市;中心、中等与一般性集镇。根据规模大致可分为四个层级:城市(流通枢纽中心)、中间商业城镇、城乡三级市场和农村集市。[①] 对于商品经济相对欠发达的武陵山地区,其城乡商业市场体系重点关注商业城镇和农村集市这两个方面。

总体来看,基于武陵山地区的特殊环境,山区人口聚集的地方大多靠近水陆交通路线,武陵山地区市场的设立以交通为关键考量因素,内部市场的分布格局呈现明显的山区型特点,所以在清代整个地区各府州县的城镇和集场分布并不均衡,受到客观自然环境和交通制约。如《长阳县志》载,长阳县"长邑多山少平地,村镇畸零,烟户星散"。而恩施作为施南府的首县,商品贸易较为频繁,全县集场54个,多集中在交通便利的恩施盆地。一般情况下,武陵山地区的市场分为以下三个层面:

1. 原土司治地设市贸易

商品经济发展推动武陵山区贸易网络的需求,清政府陆续在司地设市贸易,如改土归流之初迅速建成许多湘西府县城,嘉庆时期在鄂西修筑的府州县城,在原土司治地设市贸易有助于推动原来区域政治军事中心地区转为商品交换的中心。[②] 一般这些城镇地处交通要道,军事价值极高,如原容美土司治所和施州卫所转化为容美镇与施南府城、其他土司治所转换为县城(桑植、咸丰等)。改土归流后,武陵山区的鄂西南区域城镇初见规模,施南、珠山、翔凤、容美、邺州、信陵、龙舟坪、五峰等城镇构成鄂西南地区的市镇网络。一些城镇因贸易而繁荣,如施南镇在设府后城垣逐渐完善,分东西南北四门,贸易兴盛后对原有的老城区进行修缮,居民增多,形成大十街和小十街两条集贸街,商品经济与周边地区相比更为繁荣。

---

① 许檀. 明清时期农村集市的发展及其意义[J]. 中国经济史研究,1996(2):10—12.
② 刘孝瑜,柏贵喜. 鄂西土家族地区城镇的兴起和发展趋势[J]. 中南民族学院学报:哲学社会科学版,1991(3):42.

2. 航运兴起的码头市镇

武陵山区航运交通的发展,催生一批码头逐渐兴起成为市镇。澧水与酉水流域水路交通的发展兴起了一些集镇码头,如湘西地区龙山、永顺、保靖、古丈等县均分布不同数量的码头,其中龙山县的里耶和永顺县的王村(芙蓉镇)两个码头贸易兴盛,发展成为湘西四大名镇。《永顺县志》载:"王村市……上通川黔下达辰常诸处,为永郡通衢水路码头,凡进城货物必于此处雇夫背运。"水路运输的兴旺带动了码头市镇的商业发展,从店铺、客栈数量以及客商人数可知在乾隆、嘉庆和道光年间,持续百年航运使王村商业繁荣,五里的长街有各种大小铺面超过300家,客栈100多户,每天平均往来的客商超过2000人,桐油与茶油是重要的对外输出的大宗商品,每年输出桐油近5万桶,茶油万余桶,码头停泊的货船超过一百艘。[①]

3. 依托农村集场的小集镇

集场是农村交易产品的主要场所,为周围乡村提供一个商品交换的场所,单个"场"参与商品贸易进行商品交换的规模有限,但其数量庞大,是大集镇发展的基础,农村集场的特征规模小且分散,考虑人流、市场规模和管理因素,一般设置在各种交通要道、军事据点或人口较为集中的地方。如恩施府城七里坪、莲花池,建始的龙潭坪、咸丰的张家坪、宣恩的大溪村、来凤的老司城等,这些农村集场兴盛受到区域经济社会发展的影响。商业经济的发展和各地人口的增长催生了小集市的需求,乾隆年间之后,"场"这种形式的小集市显著增多,主要得益于地区交通基础设施水平的提升,同时也影响着本地的经济社会发展,小集市为区域各民族间提供了交流的平台,同时也构建了基层的市场网点,与各府、州、县市镇一同组成武陵山区完整的市镇网络。

改土归流后武陵山地区市镇发展与商品经济发展相辅相成,二者相互促进,商贸活动的日益频繁促使区域地方社会转型和市场意识的扩散,在推动区

---

① 胡炳章.尘封的曲线——溪州地区社会经济研究[M].北京:民族出版社,2014:48.

域商品经济发展的同时,市场活动中各社会参与主体通过互动交融,逐渐开启了武陵山区域社会发展新时代。

第四节 改土归流对社会发展的影响

马克思曾指出:"各民族关系受到各自民族的生产力、分工和内部交往的发展程度的影响。"① 故制度变迁引起的经济绩效会推动地区生产力发展与社会分工,使得各民族联系更加紧密,对社会发展产生深远影响。

一、推动统一多民族国家建设

(一)提升国家认同

国家认同指一个国家公民对自己生活的祖国历史文化传统、理想信念、道德价值观、国家主权等的认同。国家认同是一种重要的国民意识,实质上是一个民族确认自己的国族身份,将自己的民族自觉归属于国家,这也是维系一国存在和发展的重要纽带。② 区域经济发展是构建国家认同的物质基础,通过制度变迁协调好区域不同人群之间的矛盾,可以提升整体经济利益,在做大经济蛋糕的基础上推动地区发展进程中的国家认同意识。

改土归流改变了土司制度赖以存在的经济基础,土司与原土民之间形成的自然的统治关系也随之瓦解,逐步形成了中原王朝、流官与土民之间的契约关系,使国家相关制度成为基础的统治权威。改土归流是中央王朝主导的,自上而下推动的制度变革,破除了各民族交往交流交融的制度性障碍,有助于推动各民族和各地区的交流与沟通,强化、巩固和促进多民族国家内部的统一和经济、文化交流。③ 这场变革促进了民族间的交往、交流、交融,这种民族融合与区

---

① (德)马克思,(德)恩格斯. 马克思恩格斯全集(第3卷)[M]. 北京:人民出版社,1960:25.
② 贺金瑞. 论从民族认同到国家认同[J]. 中央民族大学学报:哲学社会科学版,2008(3):5—12.
③ 张捷夫. 论改土归流的进步作用[M]//中国社会科学院历史研究所清史研究室. 清史论丛:第二辑. 北京:中华书局,1980:206.

域融合是相互的是双向的。"移民开发和文化传播历史是文明扩张的历史,也是基于本地社会动力去建立国家秩序的表述语言。"[①]

中央王朝在武陵山区实行改土归流,客观上推动国家观念认同,可理解为强化中央集权,让国家权威逐步替代地方权威。实施土司制度时期,土司首领长期根深蒂固的统治让地方权威以土司首领管理的形式深入本地居民日常社会生活,并形成代际依赖意识。故原土司管辖区域,国家权威在社会生活中难以抗衡地方权威,再加上土司制度长期形成的宗族性、族群性和历史性的多维融合,其顽固性十分突出。故中央王朝想彻底限制和替代土司对土民的权威,需要通过制度变迁的基础性影响扩散到其他层面,逐步使土民原先基于宗族世袭形成的权力认同倾向国家认同,推动中原王朝的中央集权与大一统思想的发展。

(二)强化统一管理

通过改土归流制度变迁,清政府废除土司制度,改设府州县,通过流官来管理,调整行政区划,自此武陵山地区摆脱了原土司地区分割管理的状态,在踏上政治一体化的同时也加强了地区统一管理进程,并以此为载体,促进区域经济、社会和文化的发展。如宣恩县东六十里有东门关,相传土司割据时期此处为土司管辖边界,改土归流后在此立碑废除通行限制,"改土归流后一视同仁,由施郡以达楚南为往来通衢,而此关不烦锁钥者,历有年所矣"。[②]

早在改土归流初,清政府便已开始分化抑制土司,一些势力范围较广的土司被分割,如原容美土司的领地分为长乐县和鹤峰州,归属于宜昌府,考虑到建始县的位置,原川东地区的夔州府从建始县转为施南府管辖,"建始为一府往省必由之路"[③],"四川夔州府属之建始县,去恩施不过百里,请改归楚省恩施新设府管辖……寻又议定府名曰施南,府郭县为恩施,属县曰宣恩、来凤、咸丰、利

---

① 刘志伟.地域社会与文化的结构过程:珠江三角洲研究的历史学与人类学的对话[J].历史研究,2003(1):54-64.
② (清)张金澜,蔡景星.宣恩县志:卷20[M].南京:江苏古籍出版社,2001:262.
③ (清)张家鼎,朱寅赞.恩施县志:卷1[M].南京:江苏古籍出版社,2001:124.

川,移建始来属……"①

改土归流后,考虑到移民限制被打破,为了平衡地区势力,发展经济,增加税收,清政府在各地调整行政区划,如从慈利县划出五十里地给鹤峰州,增设长乐县,其管辖涉及周边原长阳、石门、枝江、宜都部分土地和居民。② 此外,针对武陵地区多山的情况,清政府分防、分守、分巡境内重要地方,加强对山区的管理。原四川、湖广等地区的外来移民大量迁入武陵山区促进各地区各民族文化的交流的同时又带来了适宜武陵山区本地生产的新的粮食作物、经济作物和农业生产技术,地区经济与国家经济渐为一体,又为区域民族融合与国家认同提供了物质基础。

二、促进经济融合发展

清代在武陵山区进行改土归流,改革武陵山区土司辖区原来的制度,将原属于土司首领的资产、人口与其他权力等收归国家所有,强化统一管理,政令条例得以贯彻实施。农业、手工业与商业等稳步增长,各地会馆在武陵山区的兴建,加强了区域与外界的物资、商贸往来,区域各民族间的经济关系日益紧密,客观上推动区域经济融入国家整体社会分工与经济结构,武陵山区区域生产生活方式与中原地区逐步融合趋同,成为国家经济发展的重要组成部分,奠定了民族共同经济体的形成。

(一)农业融合

农业的融合主要体现在生产方式的趋同化,生计方式由过去以采集、渔猎为主逐步转变为以农耕为主,另外流官在当地劝课农桑,并将其付诸实践,如鹤峰州的首任知州毛峻德《劝民告条》中关于劝课农桑和鼓励开荒的内容。随着时间的推移,由于人口大量涌入和荒地开垦存量的下降,为了养活更多的人口,一方面引入外来作物,另一方面则推行精细化的农耕生产方式,土地生产效率

---

① 清高宗实录[M].北京:中华书局,1985:264.
② (清)徐树楷,等.续修鹤峰州志:卷1[M].南京:江苏古籍出版社,2001:481.

得到提升,一些外来作物(如红薯、玉米、洋芋)等也得到快速推广,农业生产力得到明显发展。

由于农业的发展,当地有条件引进新的农作物品种,发展多种经营。改土归流后,当地农户以粮食作物为主兼顾其他经济作物,根据本地环境在不同时季按实际需要安排农业生产,清同治年间《保靖县志·舆地志》载:"至于社前种荞,谷雨下秧,以及处暑荞、白露菜、八月蒜、九月麦,随时俱宜留心。"可见改土归流后,在粮食作物种植外,武陵山区开始广泛种植适宜本地环境的蔬菜水果作物和经济作物,有效地增加了农业生产经营的选择,经济作物主要有棉花、茶树、烟草、苎麻、桐树等。

(二)手工业融合

改土归流打破了区域割据封闭的状态,武陵山区大量外来移民的涌入带来了中原地区较为先进的手工业技术与经验。此外,武陵山区农业生产力的发展提供了农业剩余,精耕细作农耕生产方式有效提升耕种效率,大幅度增加农作物产量,支撑起地区日益增多的人口的同时,产生的农业剩余也为手工业与商业的发展提供了物质基础,推动社会分工的细化和商业的繁荣。

改土归流后随着经济增长与人口的增多,武陵山区纺织业也迎来了发展契机,从业人数增加、产业分布变广、技术水平提升,棉纺织业、丝纺织业、麻纺织业这些产业在绝大部分区域的府、厅、州、县都有一定的发展。[1] 改土归流后引入了中原地区纺用脚车,进一步提升了纺织业的生产效率与工艺水平,当地独特的纺织产品如土锦、土绢等,日夜可纺纱八两,布面宽度近一尺四到一尺五寸,其制作质量和图案工艺水平相较于实施土司制度时期有显著提升,如永顺府出品的土家织锦,颜色鲜艳好看,图案清晰可见,质量好且耐用。[2]

采矿业方面,改流之后,中央政府在全国范围内逐步放开私人采矿,在此背

---

[1] 朱圣钟.区域经济与空间过程:土家族地区历史经济地理规律探索[M].北京:科学出版社,2015:213—216.

[2] 李干,周祉征,李倩.土家族经济史[M].西安:陕西人民出版社,1996:75—76.

景下刺激了武陵山区采矿业的增长。改土归流后先进手工技术的引入催生当地新矿种锑矿和煤矿的开发,同时提升了实施土司制度时期存在的矿产(水银、金、银、铜、铁、铅、雄黄、朱砂、硝和硫磺矿)开采的质量与产量。[①] 相关行业的从业人员增多,有一定规模的矿场开采人数可达数百人。在改土归流后的一段时期里采矿业里的铅、铁和硝矿的需求旺盛,产量高纳税多,据道光年间《补辑石砫厅新志》卷二《田赋志》载:石砫厅在乾隆三十五年(公元 1770 年)内的白铅矿场可上交的矿税达 30 余万斤。

另外,改土归流后,武陵山地区手工业行业种类增加到 17 种,相比较实施土司制度时期几乎翻倍,新增的手工业行业基本由移民带来的技术产生,包括酿酒、烧炭、造纸、制糖、制碱、制蓝靛、制陶瓷、制粉和烧石灰九种行业。[②]

(三)商业融合

商业融合繁荣除了商品贸易的增加外,还表现为进入武陵山区的非本地客商明显增多,如同治时期的恩施县志记载,本地许多来自荆楚吴越的商人结伴而来经商发家,《恩施县志》载:"……始而贸迁,继而置产,迄今皆成巨室。"这些外来客商主要通过水陆两路运输来往武陵山各区域。水路运输沿乌江逆流而上可到达酉阳、黔江、秀山一带;走沅水和酉水,可抵达永顺府;走长江、洞庭湖可到达鄂西南地区的施南府、鹤峰州和渝东南的石柱厅地区。陆路交通主要依靠一些官方的新建和修缮,如从桃源、澧县可到达保靖、龙山地区,湖北来凤县则是四川、贵州两地进入武陵山区的重要交通城镇,从四川、贵州两地而来的客商可经由来凤县前往鄂西南地区其他各县。[③] 为了抵御风险和获得更大的收益,以会馆为联络机构,这些外地客商抱团成立商帮,这种商帮看似松散,但由于有籍贯、家族及经济利益作为纽带,有很强的团结性和凝聚力,根据相关研

---

① 朱圣钟.区域经济与空间过程:土家族地区历史经济地理规律探索[M].北京:科学出版社,2015:213—216.
② 朱圣钟.区域经济与空间过程:土家族地区历史经济地理规律探索[M].北京:科学出版社,2015:232—236.
③ 《土家族简史》修订本编写组.土家族简史(修订本)[M].北京:民族出版社,2009:111—112.

究,改土归流后武陵山区在鄂西南地区商帮遍布,以客商归属地可分为四川、江西、安徽、汉阳和湖广帮等①,外地商帮的存在活跃了武陵山区商业经济的同时也给地区带来了大量的信息,促进武陵山区内外信息沟通与传播速度,使得武陵山区与其他地区联系日益紧密,逐渐融入全国大市场。

三、促进社会融合发展

另外,改土归流后,武陵山区经济的显著增长促进了区域内外各民族的交流与联系,为各民族文化交融打下物质基础。"人类一切实践活动开展需要以物质财富积累和社会经济发展为基础,这也是规避人与人之间恶性生存竞争、增进情感交流和建立精神共鸣的必要前提。"②通过制度变迁,武陵山区经济社会得到发展,进而推动各民族间和睦相处,并逐渐形成一个民族共同体。改土归流后,随着教育的发展与文化的传播,国家认同意识逐步融入区域社会生活,为民族共同体建设提供了精神支撑。

(一)教育融合

改土归流后,书院成为儒学教育重要载体和平台,也是中央王朝各种思想宣传与传播的重要阵地,一些地方官员重视教育的作用,如嘉庆年间某施南府知府认为当地社会问题的根本在于民心向利而失义,书院可教育民众向义,所以要重视书院的建设。同时清政府以宜昌府学训导为施南府学训导,巴东县学训导为咸丰县学训导等,加强偏远地区新设学官的师资力量,此外,教育发展也需要体系的构建,改土归流后,科举制度也在武陵山区实行,在各地设置建立考棚,进行科举考试,如《永顺府志》载,"永顺府城建考棚一所,照例岁科两试。府学各取十二名,县学各取八名"。

经济发展增加了地方财政收入(赋税),商业得到繁荣,进而为地区积累了

---

① 杨洪林.明清移民与鄂西南少数民族地区乡村社会变迁研究[M].北京:中国社会科学出版社,2013:185—187.
② 吴鹏.多层共进:中华民族共同体建设的实践模式研究——基于层次分析的视角[J].黑龙江民族丛刊,2020(6):23—26.

一定的社会财富。一切的社会问题本质上表现为经济问题,地区社会财富有助于为教育发展提供经济支撑,如书院的建设与维护等支出。另外,随着经济的发展与人们生活水平的提升,百姓有能力供自家子弟入学读书,"殷实之家且有读书、习武、入文武庠者"。[1] 随着经济的发展和人口的增长,绅士阶层逐步成为当地教育事业的支撑力量,他们会响应地方官号召,捐款来解决教育的经费问题。外来移民也重视教育,兴建义学,让移民后代得到良好教育,这些移民组建同乡会,募集资金建立义塾,以义田租客当作私塾老师的薪金。[2]

(二)文化的双向融合

影响地区之间文化传播主要有距离和地形地貌等自然环境因素,武陵山区与中原核心空间距离过远,交流成本较高,使得武陵山区与外界交流有限。改土归流后,清政府解除移民限制,并兴修水利、修建道路桥梁,降低了交流成本,客观上促进了地区文化交流、传播与融合。

习惯与习俗是文化系统的基本层,是特定文化区域内群体共同遵守的行为模式或规范,改土归流后,大量移民进入武陵山区,本地文化和外来文化接触日益频繁,双方在交流过程中产生适应性调整和变迁,逐步形成风俗融合并存的情况。如《施南府志》载:"各邑风俗皆土司旧地……自改土归流以来,流人麇至,民勤耕稼,士习诗书,旧俗渐易。"婚嫁丧葬等方面存在按公文家礼仪式,也存在当地传统的陪嫁婚俗和跳丧旧俗。[3] 节日习俗上中原地区龙灯传入武陵山地区后被当地改造,如来凤县大岩板村保留"地龙灯"习俗,其来源于中原地区龙灯习俗。[4] 由于当地山地面积较大,地龙灯适合山地环境,龙灯材质、构造和表演方式呈现地方色彩。上述习俗的变化均体现了武陵山区各民族在相互认同学习和接纳,逐渐形成共同的民族认同与文化认同,在此过程中增进文化交融,经济关系与社会关系日益紧密。

---

[1] 袁娅琴.贵州农业经济发展与民族共同体建设[J].贵州民族研究,2023(3):175-181.
[2] 王晓宁.恩施自治州碑刻大观:第7编[M].北京:新华出版社,2004:252.
[3] (清)李奂春,等.长乐县志:卷12:风俗志[M].南京:江苏古籍出版社,2001:260.
[4] 冉红芳.当代鄂西南乡村社会地龙灯的文化变迁[J].民族大家庭,2007(5):40-42.

第三章　新中国成立时期的制度变迁

新中国的成立体现了生产力和生产关系这对矛盾的相互作用,这种不以人的意志为转移的社会历史发展客观规律,通过一系列的事件量变引起质变,导致生产关系根本变革。诺思认为制度变迁是经济发展的动态原因,西方经济增长的缘由主要在于当人口增长对稀缺资源赋予的压力增加时这些压力最终促使那些支配产权与规则的制度发生了变迁。[①] 制度变迁的过程中存在制度变迁成本,当制度变迁预期收益大于预期成本时,人们才有动力和激励推动制度变迁。[②] 理想情况下,制度是均衡的,用古典经济学可解释为一种静止状态,在该状态下人们对现有制度安排和实施机制表示满意,没有意愿且无动力改变现行制度。但一般情况下制度总是处于一种非均衡状态,因此就产生了制度变迁。

新中国的成立实际上是制度非均衡情况下整个社会对制度需求的结果。制度变迁的预期收益大于预期成本,人们才更有动力进行制度变迁。改土归流建立起的制度在当时历史条件下有助于生产力的发展,但随着时间的推移,该

[①] (美)道格拉斯·C.诺思.制度、制度变迁与经济绩效[M].杭行,译.上海:上海人民出版社,2014:74.
[②] (美)科斯,(美)诺斯,等.财产权利与制度变迁[M].上海:上海人民出版社,1994:52.

制度出现弊端,地主阶级的剥削日益严重,再加上帝国主义的入侵和战乱的影响,社会生产力水平停滞甚至倒退。绝大部分人们在当时的制度结构和安排中无法得到净收益,产生了潜在制度需求,进而产生了潜在制度供给,随后经过各种道路的探索与尝试,最终历史选择了中国共产党。新中国的成立彻底打破了旧有的封建制生产关系,确立了社会主义生产关系,通过制度变迁对经济绩效的影响推动生产力的发展和社会进步。相较于改土归流的制度变迁,新中国成立所带来的制度变迁在经济、社会和文化等层面影响更为深远。

第一节　近代武陵山区经济社会发展概况

从1840年鸦片战争到1949年新中国成立的一个多世纪一般被称为近代。在该时期,整个国家经历了"三千年未有之大变局",包括帝国主义的入侵、持续的战乱影响等,催生了人们对制度变迁的需求。从宏观角度而言,武陵山区历史进程和发展状况,必定会受到宏观的整体的发展变化过程的制约,受到中国整体历史的影响。从局部看,武陵山区因其地理位置、政治经济文化与全局的互动影响呈现差序梯次,从鸦片战争开始,西方列强不断以其武力、商品和文化对中国发起殖民攻势,由于武陵山区深处内陆腹地,地处偏远,山高坡陡,交通不便,帝国主义的资本与商品扩张主要沿长江深入并通过水路交通辐射至偏远地区。这些影响及其导致的变化,在时间先后和程度深浅上呈现差别,致使经济、文化和观念在进入早期现代化的时间、速度和方式上也呈现出差异。

一、区域经济的早期现代化发展

(一)近代对外贸易的不平等化

经历了晚清时期的鸦片战争和一系列不平等条约的签订后,帝国主义开始深入渗透中国经济社会,武陵山区的经济结构也受到影响,经济商品化与附庸化程度大为加深。外来势力主要通过以下几种形式对武陵山地区施加影响:鸦片种植贸易、商品倾销、原料掠夺。

1. 鸦片贸易

鸦片贸易是影响农业生产结构和经济结构的重要经济形式。第二次鸦片战争后,清政府被迫与帝国主义列强在咸丰八年(1858年)签订《通商章程善后条约》,该条约使鸦片贸易在中国合法化。武陵山区出于增加税收的考虑,从咸丰年间开始,公开鼓励地主豪绅种植罂粟等经济作物,清朝末年,来凤、咸丰、宣恩、鹤峰、永定、龙山、保靖、酉阳、秀山等州县的罂粟种植已形成较大规模[①],如咸丰县的地主豪绅阶层中有大约90%选择种植罂粟,全县鸦片烟产值可达20余万两,武陵山区逐渐成了全国土产鸦片的重要产区之一。[②] 整个武陵山区的鸦片至少有一半以上销往外地,如施南府、鹤峰州的鸦片主要销往宜昌,石砫厅、酉阳州的鸦片主要销往涪州(今涪陵)。[③] 虽然鸦片烟产值和税额增加,但罂粟大规模的种植挤占了原本普通农作物的种植空间,使得粮食作物的产量相对减少,地区发生饥荒的可能性大大增加,对地区乃至整个中华民族的毒害极大。

2. 商品倾销

清政府与英、美、法三国签订的《天津条约》强迫清政府开放长江沿岸的通商权,并将汉口设为通商口岸。此后,武陵山区附近的沙市、长沙、重庆、岳州、万县等城市陆续被迫设为通商口岸。"洋货"开始大量运至武陵山区倾销。倾销于武陵山区的"洋货"主要有英、美、德、日等国的棉布、棉纱、洋线、呢绒、煤油、肥皂、香烟、火柴、洋蜡、快靛、碱、五金等物品。其中棉布和棉纱的倾销最为严重。[④] 棉布、棉纱的倾销严重挤占了武陵山地区传统纺织手工业的销售空间,一些家庭手工业和手工织布工场相继停产破产。而其他与洋货竞争的手工业,也都不同程度地受到了倾销的影响,逐渐失去了生存空间。本地货品难以与洋

---

① 朱圣钟.区域经济与空间过程:土家族地区历史经济地理规律探索[M].北京:科学出版社,2015:116—117.
② 陈国安.土家族近百年史(1840—1949)[M].贵阳:贵州民族出版社,1999:47.
③ 李干,周祉征,李倩.土家族经济史[M].西安:陕西人民出版社,1996:105—106.
④ 李干,周祉征,李倩.土家族经济史[M].西安:陕西人民出版社,1996:91.

货竞争的原因一是工业生产的洋货劳动生产率高于原始的手工生产率,洋货的成本远低于本地手工制品,二是洋货在中国享受了各种税收减免特权,故洋货所承担的税负亦低于本地货品。

3. 原料掠夺

随着《天津条约》《中英烟台条约》等一系列不平等条约的签订,外商和买办(即为外商做掮客的中国商人)在中国采买土产可享受子口税的优惠政策。① 外商和买办利用特权及子口税优势,垄断市场,压低收购价格,对分散化生产和经营的小农、小商人实行商品的不等价交换(清朝对洋商实行子口税制度,对本国商人却实行厘金制度,打击了本国的产业发展)②,由此助长了外商对中国的原料掠夺。外国资本主义势力对武陵山地区掠夺的原料主要有桐油、生漆、茶叶、药材、山货和矿产资源。

这些经济渗透对武陵山区原有的自给自足的小农经济产生了严重冲击,以罂粟、桐油、生漆、茶叶、药材等为代表的经济作物在武陵山区的种植面积大幅度增加,经济的商品化程度随之加深。但这种商品化带有强烈的半殖民地性质,武陵山区所种植的经济作物亦主要满足外地需求,而非本地需求,地区的农业和工商业的发展严重受制于帝国资本主义,在这一阶段武陵山区是帝国资本主义廉价原料的供应地和外国商品的倾销地。

(二)产权制度的失灵

1. 帝国主义对产权的掠夺

晚清开始,外国在华教会(包括天主教和基督新教)通过帝国主义列强的武力进行势力扩张,这是一系列不平等条约以及帝国主义划分势力区域酿成的苦果。这一时期众多西方传教士进入中国,武陵山区也受到影响。西方传教士将当地的地痞、流氓等无赖之徒招为教民,并利用这些教民强行掠夺当地土地房

---

① 子口税的税率为2.5%,相当于清廷进出口关税的一半,故又称为子口半税。子口税是洋商进口洋货运销中国内地,或自内地采买土货至通商口岸出口,通过内地关卡时所必须缴纳的关税,该税只征一次不再重征。

② 李干,周祉征,李倩. 土家族经济史[M]. 西安:陕西人民出版社,1996:96-101.

产。如光绪二十年(公元1894年)利川教案事件中教会及手下对倪黎氏的房屋田产的夺取。洋教会无耻至极的行径自然激起了各地的反抗,酉阳州、黔江县、利川县、长乐县、恩施县等地区反教会的斗争尤为激烈。①

2. 战乱对产权的进一步破坏

辛亥革命推翻了清朝统治帝制,结束了两千多年的封建专制制度,但辛亥革命未能建立统一的中央集权,包括武陵山区在内的各地陷入军阀割据的乱局。持续二十余年的军阀割据极大地破坏了武陵山区的经济发展②：一方面,军阀通过暴力手段对土地所有权、人口劳动力资源和财政税收进行控制,对一些地区的各种赋税的加征和预征层出不穷,如黔江县有的地区田赋竟已预征至1974年；另一方面,各地军阀为了争夺利益相互厮杀,社会秩序空前混乱,尽管为了战争需要,有些军阀采取了修筑道路、发展工商业的措施来开发当地经济,但这些政策是为了增强自身实力而不是为区域发展考虑。比如湘西北地区1922年到1935年由军阀陈渠珍占据,他在其管辖内大肆种植鸦片,进行鸦片贸易牟利发财,使地区经济更加畸形化。

二、经济制度影响下的社会变迁

早期现代化进程客观上推动了传统封建社会向现代转型,然而这种变迁是被迫的且存在不平等关系,帝国主义、军阀和国民政府只考虑一己私利,并不考虑整个社会的大众福祉,所以这种现代转型效果有限。这种经济不平等的畸形社会转型不仅无法提升区域整体经济社会发展水平,反而破坏了区域民族融合进程。

(一)现代经营的出现

在资本主义的深入渗透下,武陵山区原有的闭塞经济被打破,呈现了半殖民地性质的商品化经济属性,西方的现代经营理念也开始逐渐向富豪阶层渗透,资本主义工业开始发展。到了晚清时期,许多富豪不再局限于传统购置田地经营的

---

① 彭官章.清代同光年间土家族地区反教会斗争述论[J].思想战线,1987(6):21-26.
② 孔凡义.近代中国军阀政治研究[M].北京:中国社会科学出版社,2010:165-179.

盈利模式,而开始转向优势资源的投资与开发,组建企业以谋求巨额商业利润。如光绪年间《古丈坪厅志》所载,光绪三十二年(1906年),古丈坪厅将"种植局改为矿务疏河种植局",先后开办了金矿、铜矿、铁矿、锑矿和煤矿等,并规定金矿由官办,煤矿等由绅办,按500铜文或1 000铜文招股经营,并分红,股份自由买卖。这就是现代资本主义性质的企业在武陵山区的最早雏形。此后,随着时间的推移,各种合资如官商、商商等联合经营企业不断增多。而商业的发展又催生了矿产经营税和商品交易税等近代新税种。武陵山区现代企业的出现与发展,推动了新的行业与新的社会阶层兴起,一些经商贸易者成为新的富豪阶层。

新的工商企业与新的经济活动的出现,促进了新的社会阶层的兴起。如光绪二十五年(1899年)以后,随着桐油大量出口,湘西沿桐油交通线的地区如永顺、龙山、古丈、保靖、大庸、桑植等地榨油业得到明显发展,甚至出现了专业的桐油加工工场,工场经营者由此转变为工场主。商业贸易催生对各种行业的需求,清末仅龙山县就有榨油、砖瓦、纺织、造纸、服装、食品、陶瓷、铁打器等10多个行业,近400名从业者。一些驻军的交通要地也会引发消费需求,催生各种行业,如清末民初出现的熊祥昌、庆丰祥、裴三星等著名商号,在各种客商云集的地带经营民族土特产和外来日用品,主要为川东、黔东、常德、桃源、长沙和汉口等地的客商服务。

(二)教育的现代转型

晚清武陵山区的发展使得清政府意识到要以文化为媒介与地方权力良性沟通,于是开始在武陵山地区的少数民族中推行以儒家文化为中心的汉文化。同时,通过科举,一些少数民族精英也进入了国家决策层。武陵山区涌现了一批民族知识分子,他们的努力促进了教育的近代化转型,加速了地区的近代化进程。有文献记载:"光绪初年,辰沅道但湘良履任,于书院中另设苗生音正副课额,每月于书院考课之外,与民籍生童一律传署加试一课,分别优劣,厚给奖赏。始制苗生童应课者,仅进城数人,至光绪七年(1881年),则竟有不远数百里而来者。"①

随着时间的推移,一些主政的地方官也开始重视教育,如湘西地区在民国11年提出扩设学校,取消私塾,督劝学龄儿童入学,普及教育,在保靖开办湘西十县联合中学、联合女子职业学校、联合师范讲习所1所、高小10所、初小96所。② 各个地方开始创办特区义务小学,少数民族聚集区的学龄儿童得以入学,地区整体的文化素质有所提升。但总体而言,这些措施未能持续,地方割据努力长时间存在于军阀割据和国民党执政时期,影响了地区经济与社会融合。

另外,一些本地知识分子走出了武陵山区,接触了新的思想,并将新思想带回武陵山区,新思想、新文化开始在武陵山区传播。同时,由于抗日战争的影响,武陵山区成为转移的大后方,1938年10月武汉失守后,湖北省政府西迁恩施。大批文化机关和文化人士的迁入,使恩施地区的文化力量得以加强,当地文化事业迎来重要的发展机遇,并一跃成为战时湖北省的文化中心。

(三)西方文化的渗入

晚清时期,基督教开始向中国渗透,其中以天主教和基督新教为主。作为传播主阵地,武陵山区城乡各地逐渐涌现出数量众多的基督教堂,至1926年,湘西地区的教堂达122座(包括分堂)、教众达16万人③,覆盖了湘西的大部分县域地区。此外,基督教还通过创办学校、教会医院的方式传教,美国复初会1907年在沅陵县创办宏恩医院后的30余年间,仅在湘西地区,美国、芬兰、德国等西方国家的教会创办的教会医院就达9所。④

西方宗教文化的渗入,教堂、学校、医院等社会事业组织的建立,对武陵山区的社会思想文化产生了影响,促进了近代社会事业的萌芽和发展。

---

① 石建华,伍贤佑. 湘西苗族百年初录(下)[M]. 北京:方志出版社,2008:680-681.
② 湘西土家族苗族自治州地方志编纂委员会. 湘西土家族苗族自治州志[M]. 长沙:湖南人民出版社,1999:5.
③ 湘西土家族苗族自治州地方志编纂委员会. 湘西土家族苗族自治州志[M]. 长沙:湖南人民出版社,1999:766.
④ 湘西土家族苗族自治州地方志编纂委员会. 湘西土家族苗族自治州志[M]. 长沙:湖南人民出版社,1999:1121.

三、边区革命根据地发展

在近代,武陵山区和整个国家的命运交织在了一起,并在曲折中前行。辛亥革命后,国民政府虽然采取了一系列措施促进经济的增长与社会的发展,但其本质上的反动性使得旧中国未能摆脱积贫积弱、内忧外患、任人欺凌的状态。在此背景下,仍有大量仁人志士在探索救亡图存的道路,中国共产党成立后在艰苦的条件下做了大量的工作,试图改变旧制度的弊端,推动制度变迁,发展生产力,提升边区经济社会发展水平。

(一)边区新民主主义经济的出现

中国共产党在1928年4月至1935年11月间建立了湘鄂西、湘鄂川黔边区两个革命根据地,随着革命根据地的建设和土地革命的发展,新民主主义经济在武夷山区开始发展。

近代以来,武陵山区的土地高度集中,农村的土地占有权高度集中于一小撮官僚地主手中,土地问题成为近代武陵山区经济社会发展的关键问题。在通过土地革命建立根据地后,湘鄂西苏区各级政府在1931年12月颁布的《中华苏维埃共和国土地法令》的指导下,大刀阔斧开展土改。例如,黔东特区在1934年对63个乡进行改革,近10万人参加了运动,打倒土豪397户,59个乡分配了土地,平均每人分田5挑(即一亩)以上的有50个乡,不足5挑的仅9个乡。[①]

土地革命打破了武陵山区原有的地主垄断及租佃制度,变封建的土地所有制为农民的土地所有制,提升了农民的生产积极性,促进了当地经济的发展,新民主主义经济体系就此发端。

(二)边区社会发展概况

为了保障根据地的稳定,苏区政府在经济开发的同时也加强了社会建设。

在教育方面,苏区政府依靠群众改造各种旧有学校、创立新校,成立文化委

---

① 湖南省财政厅.湘鄂西、湘鄂川黔革命根据地财政经济史料摘编[M].长沙:湖南人民出版社,1998:799.

员会指导学校运作,开展扫盲运动,形成了多层次、多规格的教育结构,为贫雇农子弟提供受教育机会,以此培育革命人才。如鹤峰县改造和新建学校150多所,在校人数最高达到3 310名①,其中大部分是贫雇农子弟。湘赣苏区建立了红四分校,并将其迁到桑植改为红军大学,同时还在当地建设多所中学、小学,实行免费入学制,学校所需经费和教师津贴统由乡苏维埃核实报销。仅永保、郭亮、桑植、龙山四县就在1934年至1935年间创办了小学13所,招收学生830人,其中70%为贫雇农子弟。

医疗保障方面,党和苏区政府通过改造旧有民房和山洞,在相对稳定的地区先后兴办了医院,这些医院不仅作为伤员收治场所使用,也成为广大群众防病治病的重要阵地。例如,1934年12月在郭亮县龙家寨兴办的红军医院,最多时可收容伤病员4 000多人。各地的红军还克服药品、药材短缺的困难,上山找草药,下乡访良医,鼓励民间医师开业。

第二节　新中国初期制度变迁历程

对于武陵山区这种多民族聚居区而言,改土归流制度在刚实施的一段时期促进了地区经济增长和社会发展,此部分内容在前文已有论述。但随着时间的推移,封建制度的发展造成土地兼并,少部分地主官僚占据大部分土地,大多数农户无地或者少地,城市工商业也发展缓慢,贫富差距拉大,再加上晚清帝国主义入侵、民国时期的战乱影响,经济社会一直处于动荡之中。军阀混战和民国时期的混乱统治打断了武陵山区现代化发展的进程,造成了畸形的经济社会形态,阻碍了区域融合发展,为了获得安定与富足的生活,人们产生了对制度变迁的需求。

新中国的成立带来的制度变迁不仅结束了长年的战乱与分裂,也让武陵山

---

① 湖北省恩施土家族苗族自治州地方志编纂委员会.恩施州志[M].武汉:湖北人民出版社,1998:875.

区发生了翻天覆地的社会变革,彻底结束了长期存在的剥削制度,在全国范围内土地改革和社会主义改造背景下建立社会主义制度,公有制经济得以确立,"一跃跨千年",社会生产力得到极大的解放与发展。表3-1是新中国成立初期武陵山区的三级政区划分。

表3-1　　　　　　　　　1951年武陵山区三级政区[①]

地区	高层政区	统县政区	县级政区	县级政区数
鄂西南	湖北省	宜昌	长阳、五峰	10个
		恩施	恩施、鹤峰、建始、宣恩、来凤、利川、咸丰、巴东	
湘西北	湖南省	常德	石门、慈利	13个
		永顺	大庸(张家界市永定区)、龙山、桑植、永顺、保靖、古丈	
		沅陵	沅陵、泸溪、永绥(花垣)、乾城(吉首)、凤凰	
渝东南	川东	酉阳	黔江、酉阳、秀山	5个
		涪陵	石柱、彭水	
黔东北	贵州省	铜仁	思南、德江、印江、沿河、铜仁、江口	6个

资料来源:恩施州志。

一、土地制度变迁

新中国成立初期,我国大部分人口为农村人口(1949年,农村人口占全国人口的90%),以土地改革、农业合作化为主的土地制度变迁的首要目标是消灭长久以来存在的封建土地所有制,解放和发展生产力,为我国的工业化打下基础。

(一)土地改革

1.土地改革的背景

武陵山区在改土归流后的200余年里土地愈发集中,如新中国成立之初,

[①] 中华人民共和国民政部.中华人民共和国县级以上行政区划沿革(第三卷)[M].北京:测绘出版社,1988:78.

酉阳县占总人口不到8%的地主占有四成到五成的土地,占农村人口大多数的贫农和雇农占有的土地较少。再如表3-2所示,鹤峰、咸丰、利川三县土改前地主户数占总户数的3.83%,土地面积占有67万余亩,户平均土地127.29亩,占整个土地面积的38.88%,中农及以下户数占总户数的92.94%,但仅占土地总面积的46%。这种封建土地所有制在此基础上衍生的各种租佃、税收、金融等经济制度使得农民长期受到压迫和剥削。这一局面束缚了农业的发展,阻碍了工业化的进程,故需要通过制度变迁来打破原有土地分配状况,提升绩效。

表3-2 鹤峰、咸丰、利川三县土改前各阶层土地占有情况(1950年)[①]

	户数		土地占有		户平土地(亩)
	小计	占总户数比例(%)	土地面积(亩)	占土地总面积比例(%)	
地主	5 265	3.83	670 213	38.88	127.29
富农	4 400	3.2	248 930	14.42	56.58
中农	46 572	33.91	567 808	32.49	12.19
佃农	73 197	53.31	236 204	13.7	3.22
雇农	7 866	5.72	439	0.02	0.05
总计	137 300		1 723 594		

资料来源:恩施州志。

2.土地改革的基础

1950年年初,"减租暂行条例"颁布,规定无论何种租佃形式,按原租额减少四分之一,同时把地主向佃户索取的押金和历次增加的押金总和退还给农民;如此前存在借贷关系,则要求年利息不超过一分半,已超出支付的利息则要求地主退还。"减租减息"运动取得了显著成果,如印江县减租谷37余万千克,涉

[①] 湖北省恩施土家族苗族自治州地方志编纂委员会.恩施州志[M].武汉:湖北人民出版社,1998:129.

及570户;湘西大庸县退租谷65万多斤,食盐2.6万多斤。① 减租减息退押、清理土匪和反对霸主地主等教育的实施,为土地改革做好了组织、思想和经济基础。

3. 土地改革的过程

武陵山地区的土地改革运动从1950年11月开始,持续到1952年年底。土改运动的方针是"放手发动群众,依靠贫农、雇农,团结中农、中立富农,保护工商业,结成广泛的反封建统一战线,孤立地主阶级,坚决消灭剥削制度"。② 依据《土地改革法》,武陵山地区采取的主要措施有以下三个层面:

其一,土改的正式制度层面。在土改开始前和进行中组织一些干部成立土改工作队,训练学习有关土改政策和土地改革斗争的经验。同时根据条件开展建党、建团、民兵、农会、妇联等组织工作,保障土改成果。

其二,土改非正式制度层面。主要围绕宣传政策和宣传教育,土改队伍进村后通过会议和交谈等方式宣传土改政策以及党的关于保护民族工商业、保护知识分子、保护少数民族等政策。土改队伍通过与群众同吃、同住、同劳动,不断贴近群众,深入发动群众。

其三,土改实施机制层面。制度形成后需要实施机制来保证执行,要求激励性与惩罚性相结合,即违规的成本大于违规收益,执行制度的收益大于成本。为此,政府根据实际情况区别对待,对于遵守土地新制度的一些地主按政策规定分给应得的土地、房屋,对于违反甚至破坏土地新制度的行为和个人进行打击,同时在土地改革过程中抓紧生产,严防生产资料遭到破坏,及时解决不同阶段出现的不同问题,满足群众土地分配的经济需求。③

(二)农业合作化

在通过土地改革解决了土地所有制的矛盾之后,为了推动农业生产力水平

---

① 李干,周祉征,李倩. 土家族经济史[M]. 西安:陕西人民出版社,1996:198.
② 恩施州志编纂委员会. 恩施州志[M]. 武汉:湖北人民出版社,1998:134.
③ 土家族百年实录编委会. 土家族百年实录[M]. 北京:中国文史出版社,2000:420—421.

的提升,还需要进行大规模的农田基本建设和农业技术改革与推广。从微观角度看,对某个农户或者某个村集体并没有大量投入的激励,故需要从宏观上集中资源建设,在社会主义改造的背景下,武陵山区的三大改造同时进行,在内容上与其他地区无太大差别,农业领域主要为农业合作化运动。农业合作化制度的演进经历了三个模式:生产互助组、初级合作社、高级合作社。从运动发展的角度来看,武陵山区农业领域的社会主义改造可分为两个过程:合作化阶段,即由生产互助组转为初级合作社的阶段;集体化阶段,即由初级合作社向高级合作社发展的阶段。

1. 生产互助组

土改后,广大农村地区存在大量的小农经济,个体能力较弱的或合计家庭经济力量薄弱的农户,难以抵御自然灾害,扩大再生产的能力也不足,故存在武陵山各农村地区农业合作的激励与现实基础。再加上一些分到土地的农户面临劳动能力弱、生产资料(畜牧、农具)缺乏、因灾因病生活困难等情况,为了帮扶这些农户,发展生产力,增加粮食产量,政府号召农户组织起来互助。互助组的特点为自愿、互助、记分,当日或按月结算,现金找补。互助组提升了农户抵抗风险的能力,在面对农忙与自然灾害等方面具有天然优势,因此受到了广大群众的欢迎。加上该区域有农忙时互相帮助和换工的文化习俗,所以互助组发展迅猛,很快就得到了大力推广。

如恩施县在1951年秋组织起了恩施地区的第一个互助组,到1952年年底,恩施地区已建立了互助组3 265个,参加农户3.2户;1954年恩施地区的临时互助组超过了3.8万个,参加农户约25.1万户;常年互助组5 162个,参加农户4.31万户,超过三分之二的农户数参与了互助组。[①] 从经济效益上看,互助合作比完全的个人农民具有明显优势,如来凤县冯家平乡的某常年互助组1953年水稻亩产比1952年提高了约36%,1953年鹤峰县农业产值比1952年增加

---

① 恩施州志编纂委员会. 恩施州志[M]. 武汉:湖北人民出版社,1998:135.

了 300 万元。①

2. 初级合作社

在初级社,劳动者拥有个人的劳动力所有权和土改后分到的小块土地的占有权,参与初级社的农户可以土地入股,由合作社统一经营,待收成后参与分红。合作制一方面统一调配组织劳动力,在产、供、销层面能更好地与国营经济相结合,取得了一定经济效益;另一方面,合作制使得从整体上进行农田基本建设和技术革命成为可能,农业生产的技术和工具纷纷改进,农业逐步迈向了机械化生产的道路。

初级合作社由互助组转变而来,1953 年起,一些县开始在互助组的基础上实行初级社的尝试,咸丰县的燎原、晨光、太平 3 个初级农业合作社是恩施地区最早的初级社。发展到 1955 年 6 月,恩施地区已有初级社 1 038 个,入社农户达 1.93 万户。②

3. 高级合作社

高级合作社以生产资料集体所有制为基础,社员土地转为合作社集体所有,不计算土地报酬,耕畜农具等按自愿互利原则折价入社,逐步转为集体所有,实行按劳分配。1956 年后,高级社成为更受欢迎的合作形式,到 1957 年,恩施、湘西地区分别有高级社 2 972 个、3 900 个,入社的农户分别占总农户数的 93.43% 与 98.3%。③④ 在农业合作社发展的基础上,农村供销、信用体系也开始构建,信用合作社在监事会和理事会的监督下开展存放贷业务,如湘西州在"一五"结束时期建成 1 077 个信用社或信用组,入社农户 32.4 万户,占农户总数的 79%;恩施地区则在 1955 年实现乡乡建社,共建信用社 1 384 个,1957 年则进行合并优化,最终信用社数量为 769 个,信用社为汇集闲散资金、促进农村

---

① 李干,周祉征,李倩.土家族经济史[M].西安:陕西人民教育出版社,1996:204.
② 恩施州志编纂委员会.恩施州志[M].武汉:湖北人民出版社,1998:134.
③ 恩施州志编纂委员会.恩施州志[M].武汉:湖北人民出版社,1998:135.
④ 湘西土家族苗族自治州地方志编纂委员会.湘西土家族苗族自治州志[M].长沙:湖南人民出版社,1999:467.

生产和打击高利贷作出了突出贡献。①

二、全行业的国有化

(一)维护国家经济主权

维护国家经济主权主要涉及废除帝国主义的经济特权和改造官僚资本。改造官僚资本主要是没收原国民党各级政府和大官僚经营的企业,涉及银行、商店、码头、铁路、邮政等,把企业和财产转为国家所有,掌握国家经济命脉,为国民经济的恢复和发展打下物质基础。

近代中国,帝国主义在政治和经济上的特权是其压榨中国的重要基础。新中国成立后,中央政府确立了"打扫屋子再请客"的政策,收回了帝国主义在华的各种特权。

废除经济特权,最重要的是收回海关。重庆、万州、汉口、宜昌等武陵山地区周边的城市均有海关,它们是帝国主义向武陵山地区进行商品倾销和原材料掠夺的集散地,收回海关有助于维护国家主权、增加财政收入。

近代帝国主义长期把持着武陵山地区土特产品(如桐油、茶叶、药材等)的贸易,外国商人在常德、沅陵等地设立炼油厂,每年加工的桐油在4.5万斤至10万余斤,每年被掠夺的桐油超过260万斤。新中国成立后,政府废除了一切不平等条约,收回了帝国主义的贸易特权,并实施外贸管制,确立了独立自主的对外贸易政策,维护了国家经济和贸易主权。

(二)财政制度改革

新中国成立初期,我国实行"高度集中、统收统支""统一领导、划分收支、分级管理、侧重集中"的财政管理体制。针对包括武陵山区在内的民族自治地区,国家给予了一定范围内的地方财政自主权,主要体现在税收、公债和转移支付方面。

---

① 恩施州志编纂委员会.恩施州志[M].武汉:湖北人民出版社,1998:140.

1. 税收层面

按照中央统一税收的机构、政策和管理规定强化税收工作,缓解财政困难。如1950年酉阳县税收的项目有工商营业税(公私企业税、固定工商业税、所得税、摊贩牌照税),货物税(土烟税、土酒税、矿产税、植物油税)和印花税、交易税、屠宰税、使用牌照税等。当年各项税款收入104 363万元(旧币),其中工商营业税49 167万元(旧币),货物税25 235万元(旧币),其他税29 785万元(旧币)。工商业中以公私企业税和固定工商税为主,占工商税总收入的80.25%;货物税中以植物油和土酒税为主,占货物税总收入的96.53%。其他税收主要是屠宰税和印花税,占总额的56.11%。完成税收情况是:1950年为104 363万元(旧币),1951年为236 054万元(旧币),1952年为223 900万元(旧币)。[①]

农业层面则主要是农业税,由于通货膨胀严重,在新中国成立初期,各地农业税征收实物(稻谷),粮食部门统一征收折合现金上缴财政部门。

如龙山县在1952年彻底完成土改后,确立了农业税计征率为常年产量的12%上下,开垦地在一定时期可以免征,地方附加一般为减免后税额的10%。此外还有民族减免、社会减免等各项照顾。在征收的比例上,根据土改成果评议的常年产量,贫农不超过6%,中农不超过15%,富农不超过25%,地主不超过40%,个别大地主不超过50%,每人平均收入不超过120斤的免予征收。[②]

2. 公债层面

面对财政困难的另一措施是发行胜利折实公债,根据1950年年初颁布的《关于发行人民胜利折实公债的决定》,这批公债采取实物保本、按期付息、奖励储蓄、公私两利的原则,募集和还本付息均折实物计算,单位定名为"分"。每分含实物量大米6斤、面粉1.5斤、白细布4尺、煤炭6斤。来凤县分派3 500分、

---

① 酉阳县县志编修委员会.酉阳文史资料选辑[Z].1987:215.
② 龙山县志编纂委员会.龙山县志[M].北京:方志出版社,2012:532.

鹤峰县分配 2 000 分,均超额完成,整个恩施地区 1950 年认购公债 174 747 元,胜利折实公债的发行大大缓解了政府的财政压力。①

3. 增加转移支付

地区薄弱的工业基础需要大量资金投入,这就需要财政转移支付支撑,在"一五"期间,武陵山区获得众多来自上级财政用于工业基础建设的补助,如湘西州、恩施地区分别获得上级补助 2 697.7 万元、3 221 万元。通过充分利用财政转移支付资金,武陵山区得以进行工业投资与工人培育,为地区工业发展打下了基础。②③

(三)工商业和手工业的改造

1. 工商业改造

对资本主义工商业的改造分为两个步骤:第一步是通过将企业利润分离,将资本主义经济转化为国家资本主义经济;第二步是将国家资本主义经济变为社会主义经济,全行业实行"公私合营",使得资本家失去对企业的生产资料支配权和对企业的管理权。

武陵山地区自 1954 年起对工商业进行社会主义改造,到 1956 年,湘西北地区、恩施地区基本完成全行业公私合营改造。以恩施地区为例,恩施地区改造私营百货业计资金 688 万元,共 665 户 685 人,公私合营 125 户 132 人,过渡到国营或合作社 306 户,合作商店 67 户 70 人,经销代销店 167 户 171 人。④⑤

表 3—3 是 1956 年恩施地区城乡私营百货业改造情况。

---

① 恩施州志编纂委员会. 恩施州志[M]. 武汉:湖北人民出版社,1998:456.
② 湘西土家族苗族自治州地方志编纂委员会编. 湘西州志[M]. 长沙:湖南人民出版社,1999:884.
③ 恩施州志编纂委员会. 恩施州志[M]. 武汉:湖北人民出版社,1998:456.
④ 湖南省地方志编纂委员会. 湖南省志(民族志)[M]. 长沙:湖南人民出版社,1997:95.
⑤ 恩施州志编纂委员会. 恩施州志[M]. 武汉:湖北人民出版社,1998:524.

表 3—3　　　　　　　1956 年恩施地区城乡私营百货业改造情况

	合计			公私合营		过渡		合作商店		经代销	
	户	人	资金(万元)	户	人	户	人	户	人	户	人
恩施	179	182	294	46	50	105	103	10	11	18	18
建始	138	140	166	49	49	43	44	12	12	34	35
巴东	14	16	29			10	11	4	5		
利川	199	205	116			102	104	37	38	60	63
宣恩	5	5	11					44		1	1
咸丰	23	24	21			10	11			13	13
来凤	88	93	21			22	24			36	36
鹤峰	19	20	30			15	15			5	5
合计	665	685	688	125	132	306	312	67	70	167	171

资料来源：恩施州志。

2. 个体手工业的改造

个体手工业的合作化基本从 1952 年开始。手工业供销合作小组、供销生产合作社和生产合作社能把手工业从业者和生产资料集中，从单一的手工业生产过渡到机构化生产，以此进行社会主义改造，并通过生产小组、供销生产社和生产合作社三种形式由国营商业和供销合作社以加工订货、统购统销、暂付贷款等方式给予扶持。

武陵山区的个体手工业主要包括农具制造、农副产品加工、纺织、印染、造纸、缝纫、陶器、木作、首饰、皮革、鞭炮等 30 多种。从 1952 年开始成立合作小组，进而发展为生产合作社，到 1956 年，整个湘西州有手工业生产合作社 236 个，从业人员近 9 000 人，占当时全州手工业者总数的 91.4%[1]，基本完成了手工业改造。

---

① 湘西土家族苗族自治州地方志编纂委员会.湘西土家族苗族自治州志[M].长沙:湖南人民出版社,1999:467.

三、市场交易的稳定与恢复

(一)建立国营商业

新中国成立初期市场萧条,商业趋于停顿,为此,政府建立了国营商业来带动商业的发展。恩施州在1949年11月建立了第一个国营商业企业——中国贸易公司湖北公司恩施分公司,接收原国民政府的大米、小麦等物资。这类贸易公司上调下拨物资,沟通城乡物资交流,稳定物价,经营品种涉及粮食、棉花、日用百货等多个品种,也称为一揽子公司,为后续百货、纺织品、食盐等专业公司的成立打下了基础。

据统计,从1949年年底到1952年年底,近三年时间共销售食盐1 569吨,食糖456吨,土布11万多米,毛巾27 000多条,棉纱袜子58 900双,胶鞋42 000双,火柴600余件,肥皂462箱。土特产品收购包括苎麻149担,桐油32 630担,牛皮1 100张,山羊皮165张,各种杂皮2 106张,皮木油1 475担,蜂蜜65担,中草药66个品种。[①] 随着商业的恢复,一些县及县以下的乡镇也纷纷设立贸易商店或贸易小组,如1950年龙山县成立了贸易公司,里耶、洗车、隆头三镇设立了贸易商店。

(二)稳定物价打击投机

打击金融投机层面,新中国成立初期,政府发行人民币、收兑金圆券、严禁金银流通、打击非法金银投机活动、监管私营金融机构,稳定市场。如来凤县市面上流通的货币主要是银圆、铜币,县人民银行向市场投放人民币,对黄金、白银采取了准许私人持有、严禁计价流通、可向人民银行兑换的政策。从1950年到1952年,全县共收兑黄金1 778.17克,白银57 252克,银圆13 532枚。[②] 对于一些拒收人民币、囤积居奇的私营机构和个人进行了打击,巩固了人民币的地位,稳定了金融市场。

---

① 湖北省咸丰县委员会文史资料委.咸丰文史资料:第3辑[Z].1991:41.
② 来凤县县志编纂委员会.来凤县志[M].武汉:湖北人民出版社,1990:346.

整顿市场控制物价上,针对重要的生活物资(如粮食、纱布、食盐等)通过贸易公司收购和调运,打击投机和平抑物价。如永顺贸易公司在1949年年底通过抢运食盐稳定了当地食盐价格。1951年,针对食盐荒的谣言和市场抢购行为,宣恩县供销商店调运大量食盐、布匹等物资在当地市场抛售,稳定了物价,安定了人心。

(三)成立供销合作社

此外,区域内各级供销合作社的成立也有助于市场的稳定与发展。从新中国成立到1952年,武陵山地区建设了多个基层供销社,市场呈现国营商业、供销社、私营商业同时发展的格局。以里耶镇为例,截至1953年,当地全年商品销售额达到89.4万元,国营占19%、供销社占10.5%、私营占70.5%。[①] 随着市场的日益恢复,武陵山地区市场上的物资逐渐增多,开始出现新的繁荣景象。

(四)规范私营经济

通过各种措施规范市场行为,如实行工商业登记,建立交易所、主要物质集中交易,控制价格,打击投机活动,政府对正常的私营工商业予以保护。此外,为了恢复私营经济的发展逐步对公私关系进行调整与缓和,政府允许私营工业收购和加工产品和原材料,并加强私营工业的管理,逐步将其纳入国家计划的轨道,使其按国家和国民需要生产并获取正当利润。

在经营范围上,政府适当地扩大了私营商业经营的商品品种。随着经济的逐步恢复,国营零售商业在保障价格稳定的情况下紧缩为经营粮食、煤炭、纱布、食油、食盐、石油六种日用必需品,其他的零售业务则为私营商业。在价格政策上,为了活跃私营经济适当调整零售与批发之间,产区与销区之间,原材料与初加工、深加工成品之间和一些产品季节变化的价格比例,政府给予私营商业一定的利润空间,以提升其经营积极性。

---

① 湘西文史资料研究委员会.湘西文史资料·湘西名镇[Z].1991:132.

第三节 制度变迁产生的绩效

新中国成立带来的制度变迁彻底终结了封建制度,打破了其依赖的经济基础,结束了封建制度背景下长期存在的人身依附制度,极大地解放了生产力,同时在一定程度上构建了长久以来缺乏的产权制度,推动了私营经济的发展,在活跃经济的同时提升了人民生活水平。

一、农业生产力水平提升

与前一个历史时期的制度变迁(改土归流)相比,新中国成立后的土地改革更加彻底,终结了长时间以来的封建土地产权制度及依附于此制度的剥削体系,解放和发展了生产力,为农村和城市的发展打下了坚实基础。经过土地改革,广大无地和少地的贫农、雇农和部分中农分得了土地等生产资料和生活资料,实现了耕者有其田(见表3—4)。经过土地改革,湘西州26.8万多户无地或少地农户分得田地3.578万公顷,耕牛13 000头,粮食1.85亿千克。此外,恩施地区利川县柏杨区地主在当地占总户数的4.2%,人口2 297人,占总人口的4.9%,土改前耕地占总数的57.7%,人均21.8亩,土改后则降为占总数的4.1%,人均1.5亩(见表3—5)。占总户数比重最大的中农和贫农土改前其耕地只占总面积的27%,人均耕地贫农为0.4亩,中农为0.9亩,土改后中农和贫农的耕地占有升为总数的87.3%,人均耕地贫农升到1.8亩,中农升到2.0亩。

表3—4　　　　　　1952年年底湘西州部分地区土改概况　　　　单位:万公顷

地区	永顺	永绥	乾城	凤凰	古丈	保靖	泸溪	龙山
分地数量	0.4	0.26	0.24	0.62	0.218	0.26	0.21	0.46

资料来源:湘西州志。

表 3—5　　　　　　利川县柏杨区土地改革前后土地占有情况对比①

	总户数	占总户数比例（%）	总人口	耕地面积					
				土改前			土改后		
				小计（亩）	占总数比例(%)	人平（亩）	小计（亩）	占总数比例(%)	人平（亩）
总计	9 868	100	46 013	86 661	100	1.9	86 661	100	1.9
地主	413	4.2	2 297	50 010	57.7	21.8	3 529	4.1	1.5
出租	165	1.7	738	4 058	4.7	5.5	2 124	2.5	2.9
富农	207	2.1	1 050	5 096	5.9	4.8	2 185	2.5	2.1
中农	2 228	22.6	13 498	12 349	14.2	0.9	26 961	31.1	2.0
贫农	6 501	65.9	27 285	11 064	12.8	0.4	48 717	56.2	1.8
公产				3 978	4.6		28	0.03	
其他	354	3.5	1 142	106	0.1	0.1	3 117	3.6	2.7

另外，除了土地，土地改革还涉及房屋、金银、耕牛、农具、衣物等生产资料和生活物资的没收与重新分配。巴东县合计没收土地 35 310.67 亩，房屋 7 585 间，粮食 304.6 万斤，金银 4 863 件 340.7 斤，衣服 18 242 件，耕牛 449 头、农具 5 529 件。这些财产没收后重新分给经济困难的中农、贫农和佃户，有效提升了广大农民的生产与生活水平（见表 3—6）。

表 3—6　　　　　　　　　　巴东县土改成果②

项目	土地（亩）	房屋（间）	粮食（万斤）	金银		衣物（件）	耕牛（头）	农具（件）
				件	斤			
没收	27 609.68	7 585	299.33	4 533	307.2	17 010	399	5 304
征收	7 700.99		5.27	225	33.5	1 232	50	225

---

① 湖北省恩施土家族苗族自治州地方志编纂委员会.恩施州志[M].武汉:湖北人民出版社,1998:134.

② 湖北省恩施土家族苗族自治州地方志编纂委员会.恩施州志[M].武汉:湖北人民出版社,1998:135.

续表

项目	土地（亩）	房屋（间）	粮食（万斤）	金银		衣物（件）	耕牛（头）	农具（件）
				件	斤			
合计	35 310.67	7 585	304.6	4 863	340.7	18 242	449	5 529

在土改过程中也遇到了地主阶级和其他反动势力的反扑，党和政府依靠人民群众保障了土地制度改革的实施。同时，为了进一步巩固土地改革的成果，1953年年初武陵山地区和全国其他地方一起进行了土地复查，处理遗留问题，颁发土地证，确定了地权。土地改革推动了农村生产力的发展，尤其是粮食产量，以恩施州为例，1953年粮食总产量达53余万吨，相比1949年，粮食产量增长了36%，1953年农业总产值近3万元，是1949年的144%。

通过农业合作社，各地的农业产值、粮食产量得到了较大增长，如整个恩施地区水稻、玉米、马铃薯等粮食作物产量明显增长，粮食产量1957年为607 645吨，人均粮食占有量为289.5千克，分别为1949年粮食产量的1.53倍和人均粮食占有量的1.29倍。鹤峰县初级农业社向高级农业社过渡后，1957年当地农业产值2 238万，是1949年的1.5倍，沿河县1956年年底粮食产量超过62 000吨，是1949年的1.79倍。经过几年恢复和发展，1957年湘西州10个县粮食总产量5.773 3亿千克，农业总产值以1957年不变价计算为15 884万元，分别比1949年增长了89%和77.8%，一些主要农产品人均占有量也有明显提升（见表3—7—表3—10）。[①]

1957年年底，武陵山区高级农业生产合作社和集体土地占有制普遍建立，表明武陵山区农业社会主义改造的完成。

表3—7　　　　　　　　恩施1949—1957年粮食统计

年份	总产量（吨）	人均粮食占有量（千克）
1949	395 660	224.5

---

① 湘西土家族苗族自治州地方志编纂委员会.湘西土家族苗族自治州志[M].长沙：湖南人民出版社，1999：481.

续表

年份	总产量(吨)	人均粮食占有量(千克)
1953	539 945	279.5
1957	607 645	289.5

资料来源:恩施州统计年鉴。

表 3-8　　　　　　恩施 1949—1956 年水稻产量统计

年份	种植面积(万亩)	总产(吨)	人均占有量(千克)
1949	109.32	157 155	89
1953	116.12	202 185	105
1956	123.13	245 140	119

资料来源:恩施州统计年鉴。

表 3-9　　　　　　恩施 1949—1957 年玉米产量统计

年份	种植面积(万亩)	总产(吨)	人均占有量(千克)
1949	190.6	118 360	67
1952	201.05	156 025	83
1957	214.66	182 525	87

资料来源:恩施州统计年鉴。

表 3-10　　湘西州 1952 与 1957 年部分主要农产品人均占有量　　单位:千克/人

年份	植物油料	猪肉	水产品
1952	2.21	5.24	0.82
1957	3.38	6.63	0.93

资料来源:湘西州志。

二、为工业化奠定了制度框架

农耕化和工业化是人类历史上两次重要的生产方式转型。[①] 改土归流制度

---

① 杨思远.中国少数民族生产方式研究[M].北京:新华出版社,2012:47-50.

使武陵山区基本完成了农耕化生产方式,而新中国成立后确立了社会主义制度,一大批公有制工业企业逐步建设起来,开启了武陵山区的工业化进程。

从1949到1957年,武陵山区一边恢复国民经济和社会秩序,另一边创办工业企业,"一五"时期武陵山区的工业化任务(工业投资与培育工人)基本由大量新建的公有制(当时只有全民所有制和集体所有制两种类型)工业企业承担。

在工业方面,武陵山区在"一五"期间工业投资和工业总产值均有大幅上涨。在湘西州境,到1957年年底,全州工业产值达3 665万元,相较1952年增长85.2%;累计工业投资192万元,国营工业固定资产为156.9万元,相较1952年增长近3倍。[①] 恩施地区工业企业由1952年的58家增加至401家,工业总产值3 629万元,相较1952年增加3.6倍。

在培育工人方面,党和政府一方面通过开办训练班、组织外出参观、派往老厂学习、保送到技术学校深造、以老带新等方式提升职工的文化水平和工作能力;另一方面,深入开展职工思想政治教育,不断加强对少数民族工人的培养力度,一批原本为农业生产能手的农民转变为工业技能人才。到1959年时,湘西州境内163个县以上直属工业企业中,有1.58万名土家族、苗族职工,占职工总数的31.9%,较1952年增加30.7%。[②]

三、交通基础设施的初步发展

经济的增长催生了对基建的需求,而交通基础设施反过来也影响经济增长,交通基础设施的发展能加快信息的传播与流动,有效降低交易成本,方便群众生产生活。

(一)陆路交通建设

在新中国成立初期,由于缺乏维护和战争的破坏,武陵山区许多道路损毁,再加上地区工业化进程的推进,需要维护和新建道路较多,为此需要财政的支持。

---

① 湘西土家族苗族自治州地方志编纂委员会.湘西州志[M].长沙:湖南人民出版社,1999:574.
② 湘西土家族苗族自治州概况编辑委员会.湘西土家族苗族自治州概况[Z].1963:42.

如湘西州在经济恢复之后增加拨款,对民国时期的县乡大道、县道和乡道进行改善,1957年"一五"计划结束后,湘西州乡村道路修建超过4 100千米;向交通不便的边远山区和少数民族地区重点发展公路,进行公路建设,1952年年初保靖至永顺公路建成,是新中国成立后湖南省第一条公路,到1959年年底,各级公路通车里程达1 043千米,比新中国成立初的1949年增加了857千米。[①]

另外,恩施地区从新中国成立初便开始启动乡村道路的建设计划,地方财政拨款,发动群众建设,修缮道路、桥梁和渡口。"一五"计划结束后,恩施地区的各种道路维修改善超过1 800千米,新建道路188千米。[②]随着经济的发展,恩施把传统的人行大道建成公路,并逐步构建公路网络,如恩施—利川公路于1955年2月通车,成为地区重要的粮食运输通道。咸丰—利川公路分阶段通车,极大地缩短了咸丰、宣恩、来凤、鹤峰等县的物资进出口路程,节约了物流成本。还有诸如白奉公路、建枇公路、来百公路等连接区县的道路建成,极大地促进了区域的经济与文化交流。

(二)水路交通整治

水路交通方面的建设成就主要是疏通河道,统一管理,即各地的交通航管局统一组织、分配、结算。如湘西州发动群众开辟新航道,从20世纪50年代中期起组建养河队与航道施工队。如1957年成立酉水整治工程指挥部对酉水航道进行整治,酉水河道从1957年10月至1958年4月半年时间里,枯水滩水深从0.4米加深到0.6至0.7米,航道扩大到10至15米,这提升了船只的周转率。20世纪50年代末60年代初,政府还对酉水隆头至沅陵170千米航道进行了整治,涵盖龙山、保靖、花垣、古丈等地整治险滩47处,增加航道深度0.3到0.4米,航道拓宽5~8米,枯水季节船舶受载力比整治前提升了五成。[③]除此之外,武水航道以及其他支流的航道也得到了定期治理,极大地提升了水路运

[①] 湘西土家族苗族自治州地方志编纂委员会.湘西州志[M].长沙:湖南人民出版社,1999:543.
[②] 恩施州志编纂委员会.恩施州志[M].武汉:湖北人民出版社,1998:353.
[③] 湘西土家族苗族自治州地方志编纂委员会.湘西州志[M].长沙:湖南人民出版社,1999:726.

输的效率。

再如恩施地区的长江航道。对比20世纪50年代末和新中国成立前的航道情况,长江航道最浅水深从2.1米扩展到了2.9米,航道宽度也从33米扩大到了60米,同时还实现了全线夜间通航,保证了1 500吨级的船舶全年通行。清江航道则多次分批投资整治,至1960年累计投入48.5万元,酉水流域恩施州境内航道则通过民办公助的方式整治,开发酉水航运。在梳理航道的同时还修缮了各种港口,如各种渡口港口的建设,长江巴东港口1952年成立了长航宜昌港务局巴东营业站,酉水百福司港1957年货运量900吨,较新中国成立初有明显增长。[①]

第四节 制度变迁对社会发展的影响

一、民族区域自治的实行

土地改革、社会主义改造和民族识别为民族聚居区实行民族区域自治政策提供了制度基础。我国的民族区域自治是基于中国国情进行的制度安排,与所谓的"民族自决权"存在明显差别。作为多民族国家,我国许多民族在"大杂居、小聚居"的情况下世代居住,彼此之间形成了紧密的联系。如武陵山湘西地区的土家族、汉族、苗族等各民族长期聚集居住,形成了互相融合的政治格局,因此我国民族区域自治并非"民族文化自治"或"高度自治地方政府",而是兼顾各个民族利益、服务于整个区域内的全部居民的政治制度。

在民族区域自治的相关框架内,武陵山区也做出了相应的决议,例如湘西州政府认为"各族人民一致认为土家族与苗族劳动人民之间在政治、经济、文化生活方面,在居住情况以至婚姻关系方面都有着亲密无间的联系,特别是解放这几年来,经过一系列社会改革和发展生产、合作化运动,二者形成了不可分割

[①] 湖北省统计局.湖北统计年鉴(1985)[M].北京:中国统计出版社,1985:243.

的整体。故土家族苗族人民一致认为采取两族人民联合建立湘西土家族苗族自治州的方案最为合适和有利"。① 因此,湘西州最后的政治安排兼顾了多个民族和多方利益。

民族区域自治在武陵山各地区的成立体现了我国民族区域自治政策的优越性,也展现了武陵山区各民族的民族认同与国家认同。民族区域自治制度属于中华人民共和国,也属于全国各族人民,自治地方为民族共同体的建设打下了坚实基础。这一制度的实施有利于消除民族隔阂、协调关系、维护国家统一和民族团结。

二、平等化的民族经济关系

经济关系的平等化是构建民族关系的重要一环,它以社会主义经济政治制度为前提。民族经济关系包括民族内部的经济关系和各民族间的经济关系。新中国成立前,由于官僚地主阶级对劳动人民的剥削不分民族,各民族内部、民族间也存在严重的经济不平等。随着社会主义三大改造的完成,地主阶级和剥削制度被消灭,这从政治制度上为经济平等化提供了保障。此外,经过土地改革、社会主义改造和合作化运动后,民族间更加团结、经济关系的和谐程度也有所提升。例如,在土地改革期间,由于土改工作队大力宣传民族团结思想,古丈县革新、民主和新解三个村化解了历史存在的民族隔阂,民族间更加团结。剥削制度的消除以及社会改造过程中的团结经历,使得民族间的经济关系开始朝着平等、团结、互助、和谐的方向发展。

三、教育与文化事业发展

(一)教育的恢复

教育的发展也需要一定的经济基础作为保障,改土归流后,武陵山地区在

---

① 《土家族百年实录》编委会. 土家族百年实录[M]. 北京:中国文史出版社,2000:543.

减免赋税、自由垦殖等一系列政策推动下发展区域经济,使得设义学、建学宫、设书院等活动得到了财力保障,促进了原土司管辖地区文教事业的发展。鸦片战争后,土地兼并日益严重,同治光绪年间,一些巨富之家出于对子弟教育的考虑,设家学、联合办馆、让子弟进入府县官学取得乡试资格,以便使其走上科举的道路。同时,晚清还出现了一些外国教会出资开设的教会学校(小学堂)。民国时期,受到军阀混战与抗日战争的影响,武陵山地区教育由于缺乏资源投入而发展停滞。在抗日战争期间恩施曾为湖北省省会,教育得到了短时间的发展,但整体上影响有限。解放战争时期,由于战争和整体经济环境的影响,地区教育经费枯竭,许多公立小学中学停办。

新中国成立后,武陵山区对原有教育进行了改造。以恩施地区为例,1950年政府迅速恢复旧有学校,同时对旧教育进行改造,整顿、充实教师队伍;在教师中发展党员,部分学校建立党支部,对中小学生开展"五爱"教育。这一时期的政策是在重点发展小学教育的同时适当发展幼教、中学教育和成人教育。1957年,恩施地区设立幼儿园10所,入园幼儿1 251名,小学共2 421所,在校学生218 400名,教职工6 601人;中等专业学校由2所增为4所(师范3所,农校1所),在校学生1 837人;普通中学由9所增加到24所,在校学生9 227名;成人初等学校617所,学员19 109人;地县函授站共有专职教师31人,1 727名教师参加了中师函授。[①]

当时教育经费一般由国家财政、地方财政和社会集资等多种途径筹集,财政支出是主要的支出形式,故教育经费的拨款与地区经济发展息息相关。在新中国成立初的经济恢复时期,地方财政困难,只能在紧缩行政开支的基础上以县财政年收入三到四成为教育经费来恢复教育事业,如1950年建始县文教支出占总支出的41%。1954年起,恩施地区实行"条块结合,以块为主"的财政管理体制。高中及中等专业学校的经费列入省、地区财政预算,按预算数划拨。

---

① 湖北省统计局.湖北统计年鉴(1985)[M].北京:中国统计出版社,1985:254.

县办初中和全部公立小学列入县财政预算,经费按月下拨,民办小学经费则是"谁读书谁出钱"。1958年,教育管理权力下放,政府规定公社可从公益金中提取一定比例的经费用于公社开办的中小学办学,也可以通过向学生收取杂费或摊工以及组织学生劳动提取收入等方式解决办学经费问题。

湘西地区推动各级教育的恢复,"一五"计划结束后,湘西地区有州县幼儿园7所,入学儿童514人,小学1 788所,学生20.64万人,工农子弟占比超过90%,1959年中学有65所,学生20 569人,高等教育方面则是在1958年创立了吉首大学。此外,新中国成立初开始通过开办夜校进行扫盲和文化技术教育的培训,并且开办了各种民族学校,为地区培养了大批建设人才。通过对教育的改造与恢复,武陵山区初步建立起了民族教育体系,为各民族人民学习和生活打下了良好基础。

(二)文化交融

新中国成立后,随着武陵山区民族关系的平等化发展,各民族逐步构建起平等、团结、和谐的民族氛围,民族交流增多,区域内的地域流动和迁徙的规模都大大超过了历史上任何时期,这无疑促进了武陵山区的区域与民族之间融合。这种民族融合是主动而不是被动,是在保存民族特征的前提下的生产和生活方式、语言文化等方面的融合。

1.族际通婚

族际通婚是反映民族融合的重要指标。随着社会安定与恢复,在武陵山区的城镇、多民族杂居地区及毗邻地区,年轻一代和老一辈均开始淡化婚恋对象的族别,在婚嫁中族别已不是通婚的主要条件。如谚语中提到:"廖家桥,新事多,客家老公娶苗婆,男的说冲碓,女人说了脚。"[1]这表明区域内杂居地区的族际通婚较为普遍,但在单一民族聚居的地方,绝大部分仍以族内婚为主,少部分地区不同程度地保存着禁婚习俗。如新中国成立初期,苗族一些聚居区在满足

---

[1] 《凤凰县民族志》编写组.凤凰县民族志[M].北京:中国城市出版社,1997:245.

一定条件下可与外族通婚,土家族则没有相关的限制要求。以宣恩小茅坡营为例,当地的苗族以龙、石、冯三姓为主,在新中国成立初期仍有"一家有数子,必有一苗妇"的规定,对族际通婚不加严格限制,故他们既与附近的土家族通婚又与当地的苗族通婚,而附近的土家族则普遍与其他民族通婚。① 随着经济社会的发展与进步,民族间通婚对象和辐射范围进一步扩张,民族关系逐步演变为家庭与亲情关系,这显然更有利于民族团结与民族融合。

2. 多元文化的兼容性

武陵山区文化的兼容性是全方位的兼容,主要体现在语言文字、文化艺术、风俗习惯方面,这种兼容性一方面促进了各民族之间文化交流,另一方面也巩固了民族之间的和睦关系。如地区语言文字的一致,使得民族间交流障碍减少。武陵山区各民族历史文化的记忆,如古籍、诗歌等记录均通过汉字实现,一些有自己语言文字的地区(如侗族、苗族等)也会借助汉字交流。另外,各民族的文化也相互影响,尤其是一些优秀的少数民族歌曲、舞蹈、诗歌、绘画等文艺作品也逐渐影响渗透到其他民族。最后,由于"大杂居、小聚居"的分布格局,各民族的风俗习惯也相互渗透融合,如武陵山区土家族、苗族、侗族等民族均居住在吊脚楼上,都有哭嫁、打三朝的习俗(部分地区习俗的表现形式存在差异,但内核基本一致),喜爱银器装饰,喝拦门酒,能歌善舞等。在多元文化兼容的环境下,武陵山区各民族在长期的文化交流中逐步加深了了解,增进了感情,这有利于区域稳定团结与融合。②

---

① 王平. 从族际通婚看武陵山区民族关系的演变[J]. 湖北民族学院学报,2007(5):23-27.
② 龚志祥. 武陵山区民族关系的现状及分析[J]. 黑龙江民族论丛,2005(2):18-22.

第四章　改革开放时期的制度变迁

一个区域内各民族之间相互关系取决于每一个民族的生产力、分工和内部交往的发展程度。① 随着全球化的推进,区域制度变迁有助于突破原有传统的生活方式与思维习惯,活跃市场,增加地区内外交流与经济活力,推动地区的双向融合,打破区域经济和文化的内卷化,获得更大的发展空间,构建统一的全国市场。

改革开放导致的制度变迁包含诱致性变迁和强制性变迁。从农村到城市,从局部到整体,从公社体制到家庭联产承包责任制,从计划经济到市场经济,从封闭自足到对外开放,改革开放在保证公有制经济为主的情况下通过市场机制逐步解决了计划经济激励机制不足和效率低下的弊端,释放了广大农村地区的生产力,促进了城市非公有制经济的发展,推动了传统国有企业的改革,最终带来了巨大的经济社会绩效,而这些成果又反过来进一步推动着改革开放的不断深化。

从社会发展与融合的层面来看,改革开放后,随着经济的增长,相较于之前

---

① （德）马克思,（德）恩格斯. 马克思恩格斯全集:第三卷[M]. 北京:人民出版社,1960:25.

的各个时期,武陵山地区各民族的社会交融更加普遍,语言与衣食住行上高度趋同,文化整合达到较高程度。居住格局上,总体上呈现交错分布、混融杂居的状态;社会生活上,区域内互相通婚;精神生活上,除在民间信仰上形成了多元融合的信仰体系外,也呈现出高度的国家认同现象。在现代化与全球化的发展背景下,武陵山区区域融合向着各民族共同繁荣的更高目标迈进。

第一节 制度变迁的历程

随着工业化的推进和全球化时代的到来,人们对改善生产生活的需求愈发强烈。十一届三中全会之后,政府工作的重点转到了经济建设层面。以经济建设为中心必然要追求经济绩效,就必须考虑降低交易成本,增加激励,随之产生了制度变迁的需求,故我国开始全面进行体制改革,制度变迁从乡村开始,逐步延伸到城镇。以经济体制改革为主的制度变迁可以分为三个阶段,即农村制度诱致性变迁扩散阶段、城市强制性变迁的推广及诱致性与强制性变迁交替阶段和整个制度环境的变迁和制度创新阶段。

一、农村土地制度改革

改革开放初期,我国仍有超过 80% 的人口生活在乡村,再加上农业在国民经济发展中起基础性作用,所以农村的制度变迁(以土地产权制度为主的经济体制改革)对国家经济发展和人民生活水平具有重要影响。产权制度是市场发展的基础,产权制度通过影响各种市场交易成本来影响和决定市场参与主体买卖什么、由谁买卖,产权存在是产生成本、价格、生产、分工、交换、投资、储蓄等一系列经济行为的前提。[①] 包括武陵山区在内的农村地区产权制度变迁主要是家庭联产承包责任制。

---

① (美)卡伦·沃恩.奥地利学派经济学在美国[M].朱全红,彭永春,宋正刚,等译.杭州:浙江大学出版社,2008:47.

家庭联产承包责任制是一种生产责任制,包括包产到户和联产计酬等。一方面,包产到户是集体通过承包合同把一些土地承包到农户,从集中组织、管理和劳动分配转向农户按合同由组织生产。承包合同对产出有规定,完成了目标,农户可以分配收益;如果高于目标,则超出部分农户和集体按合同规定的比例分成。所以早期的农村产权制度变迁,也是在原有公社体制下的部分改革。包产到组到户,让农户有了自主权,能因地制宜地种植作物,有了收益提升的激励,故而广受欢迎。武陵山的恩施地区宣恩县首先实行包产到组、联产计酬的生产责任制,取得一定成效后辖区内其他公社也逐步开始实行,湘西地区的永顺、大庸等地方的生产队推行该生产责任制后也取得了农业的增产增收。

此后,包干到户、统一经营等多种形式的农业生产责任制陆续出现,越来越多的生产队和公社开始加入。经过几年的试点,武陵山区整体农业得到了一定的发展。1981年开始,生产责任制逐步演化为"双包",一种为"包产到户三不变",即以地定产,以产定工。生产队把产量和全部农业生产活动承包到户,定产以内统一分配,超产部分则归承包户,如果减产,则赔产。另一种为"大包干",即土地好坏搭配,承包到户,分户经营生产,承包者承担征购任务、集体提留,其余产品全归己有,"保证国家的,留够上交的,其余都是自己的"。这种方式比早期承包方式的进步在于农户向集体缴纳土地承包费后直接承担起向国家纳税和收购的义务,脱离了原有公社下的集体组织安排,农户真正成为独立的经济核算单位,同时并未改变农村土地集体所有的性质。双包责任制打破了分配上的平均主义,调动了农民生产积极性。随后,农村经济体制改革进一步深入,经营方式更加灵活,重点户、专业户、经济联合体大量涌现。

此外,计划经济时期国内的商品和劳务价格几乎全由政府决定,改革开放后,政府逐步放开了劳动力的劳务价格和农产品的价格。1979年,国务院提高了粮、油、猪等18种农副产品的收购价格,1980年又提高了肉类、蔬菜等8种副食品的零售价格,逐步放开了农产品价格,结合减少农业税收、开放相关市场等措施调动农户发展商品生产的积极性。政策实施以后,主要农产品供给日渐充裕,为农产品商品化以及市场机制作用范围的扩大创造了重要的条件。这些改革的推行,农户除了满足自身需要外,还有农产品剩余,由此促进了农户自营经济的产生,推动了农村乡镇企业的发展。

二、城市产权制度改革

农村制度变迁促进农业生产力的发展和农产品的商品化,在此基础上,国家逐步推动集市贸易的发展,与家庭息息相关的消费品市场逐渐兴旺。随着生产资料市场的日益活跃,人们逐渐认识到市场意识的重要性,这些为城市制度变迁创造了物质和精神条件。城市制度变迁主要涉及经济体制改革,而经济体制改革主要是企业层面,即在坚持公有制为主的前提下积极开展多种经济形式的尝试,目的是增强企业活力。

经济体制改革的目的是扩大企业自主权,让企业摆脱对行政机构的束缚,在生产、销售等环节有更多的决策自主权。为此,武陵山区根据当时的相关政策与精神,每隔一段时间调整部分工业品和工业生产资料的价格(1981年调整工业品价格、1984年调整工业生产资料价格),同时在条件允许的局部地区引入市场价格机制。武陵山区在政策框架下对企业自主权做了规定,企业在完成国家计划、供销合同的前提下,可以根据市场的需求增产某些产品;原材料可以直接去市场或产地采购;对于一些计划外生产的产品,如果相关企业不收购,则生产企业可以按照规定价格自行销售;提高固定资产折旧率和企业留存比例;招工计划内可以择优录用员工,有权对职工进行奖惩、升降和任免(中层以下职工),也有权决定机构设置。企业由厂长(经理)全面负责生产、经营管理等活动,实行权责紧密结合的生产经营管理制度。

政府先后向企业放权让利。州县一级的财政部门先是对工业企业提留"企业基金",然后推行"以税代利",即将无偿拨款投资改为有偿贷款。同时,计划部门对生产的规划逐步由指令性计划向指导性计划转变,开始重视市场调节作用,明确了企业的法人地位及其作用。物资经销部门则取消了对工业产品的包购包销,企业的生产、经营自主权得到了进一步的承认和保护。

企业内部管理则引入激励与绩效,运用多种劳动报酬形式,同时改革奖金分配制度,打破铁饭碗的劳动制度和人事制度,让职工个人收入与企业经济效益直接挂钩。从此,工业企业开始由单一的生产型向生产、经营型转变,产值、利润有了明显的增长。

增强经济活力必须关注私营经济的发展。在坚持全民所有制经济占主导地位的前提下,武陵山区大力发展集体和个体工商户。武陵山区出台了鼓励个体工商户发展的政策,对个体工商业一些问题做了明确规定:个体工业采购的原材料和价格享受国营与集体单位的待遇,有资金困难的可以向银行申请贷款,同时可以雇用员工。

三、社会主义市场经济体制建设

1992年是改革开放重要的一年,这一年召开的党的"十四大"确立了建立社会主义市场经济体制的目标,制度变迁的进程随之加快。随后,生产资料市场全面开放,劳动市场、资本市场、房地产市场、技术市场、产权市场、信息市场等生产要素市场逐步发育,市场体系的框架初步建立。

2001年加入WTO,标志着中国加入了世界贸易体系,开启了全球贸易大门。武陵山区也得到了更多的发展机会,对外贸易得到显著增长,2000年实施的"西部大开发"以及2005年开始的新农村建设也给这一地区带来了新的发展。2011年国务院批复了未来10年的武陵山地区发展与扶贫规划(《武陵山片区区域发展与扶贫攻坚规划(2011—2020年)》),表明随着改革开放的不断深入,武陵山区的发展已从经济增长的速度转向了质量,开始关注地区贫困人口的脱贫、缩小区域发展差距以及生态绿色发展等。

该阶段的制度变迁主要包括产权制度改革和农村的相关改革,前者如国有集体企业的产权改革和中小企业的民营化发展,后者如农村税费改革(2006年全面取消农业税)、集体林权制度改革、乡镇综合配套改革建立"以钱养事"运行机制、开展农村土地二轮延包、医疗卫生体制改革、行政审批制度和投资体制改革等。

农村税费改革取消了除烟叶外的农业特产税，对乡村债务清理、规范农业税收工作、对相关税收价格和收费公示透明、推行定价到农户的终端水价制度，彻底取消中间环节乱加价和搭车收费。

该时期农村产权制度变迁主要解决了之前的遗留问题，并实行了土地承包权延长30年且不变的政策（农村土地二轮延包），在吸取上个历史时期的经验基础上，更加明确了承包双方的责任与义务及所有权下的经营权、转让权和收益权，规范了土地流转的行为，意在保障农户的合法权益以及逐步构建被征土地的农户家庭社会保障体系。

2012年后，我国进入高质量发展时期，经济增长从重数量转变为重质量，开始追求生态发展，"绿水青山就是金山银山"的理念开始深入人心。此阶段主要通过精准扶贫与乡村振兴来缩小贫富差距，推动区域经济社会发展。2013年11月习近平总书记来到湘西花垣县十八洞村视察，提出了"精准扶贫"的重要指示，精准扶贫就此拉开序幕。

制度供给上，武陵山区的精准扶贫工作实际上由各个省实行省级领导负责制。如湖北、贵州、湖南和重庆结合《长江经济带发展水利专项规划》《"十三五"时期贫困地区公共文化服务体系建设规划纲要》《武陵山片区旅游扶贫攻坚开发总体规划》等国家政策的要求，根据当地的实际情况，出台了各省关于武陵山区区域发展与扶贫攻坚的实施规划，为精准扶贫工作提供制度保障。组织上，各地成立武陵山片区的试点工作领导小组，制定了实施规划的具体细则、工作安排和阶段目标，如湖北省的"616"对口支援工程，让扶贫地区与一些机关、企业、科研机构和高校等合作，合作单位对扶贫地区开展对口支援，以此改善民生，提升基础设施建设与产业发展水平。

此外，各项改革继续全面深化。如供给侧结构性改革，淘汰落后产能企业，减税降费深化"放管服"改革，推动优化营商环境"十项行动"落地见效，建立健全了国有资产经营管理体制。行政审批制度改革深入推进,探索实行了权力清单、责任清单、监管清单、负面清单和行政审批中介服务事项清单,初步建立了州、县、乡、村四级政务服务体系,大批政务服务事项线上可办、线下快办,企业开办、工程项目审批等用时大幅缩减。

农村承包地的确权与登记工作稳步前行。其他领域如政府机构、投融资体制、医药卫生体制改革也全面深化。2017年十九大报告提出了乡村振兴战略,并做出了一系列巩固和完善农村基本经营的制度安排,保持土地承包关系稳定与长久不变(第二轮土地承包到期后再延长30年)。在此背景下,武陵山地区积极建设各种基建产业,推动了文化旅游的结合,在巩固扶贫成果的同时推动了全面小康社会的建设。

四、财政制度的变迁

改革开放以后,国家对民族地区财政政策更加倾斜,1984年《民族区域自治法》的颁布使民族自治地区财政自治权具备了可操作性:一是民族自治地方的财政收入由民族自治地方的自治机关自主安排使用;二是按国家规定,民族自治地方的财政预算支出中的一些类别比例高于一般地区,如预备费在预算中所占比例高于一般地区;三是执行财政预算过程中,民族自治地区可自行安排和使用收入的超收和支出的结余资金。此外,对于财政援助和财政转移支付,该法律也规定自治地区可通过国家实行的规范的财政转移支付制度,享受上级财政的照顾。

随着国民经济的发展和财政收入的增长,为了缩小与发达地区的差距,国家对民族自治地区财政转移支付力度逐步加大,主要方式有一般性财政转移支付、专项转移支付、民族优惠政策等财政转移支付以及国家确定的其他方式。[①]

---

① 全国人民代表大会常务委员会.中华人民共和国民族区域自治法[M].北京:法律出版社,2001:15.

(一)财政分灶吃饭

改革开放之后,财政与税收政策也有改变。1980年起,计划经济时期"统收统支"的财政体制被逐步打破,财政管理开始实行"划分收支、分级包干",这种政策一直持续到20世纪90年代初期。国有企业通过"利改税"改革进一步释放了活力。税务局成立后,财税分家,税收成为财政收入的主要来源。在此背景下,武陵山区各地开始扶持本地优势企业,扩大财源。另外,"收支包干""超收自留"的财政体制也促进了农村改革和乡镇企业的繁荣,一些轻工日用品、烟叶、生猪、茶叶等产业得到发展。1985年国家开始实行"划分税种、核定收支、分级包干"的财政管理体制,对包括武陵山区在内的民族自治地区财政仍有适当照顾。

表4-1对恩施州建州后的国家照顾政策进行了统计。

表4-1　　　　　　　　　1983年建州后恩施州财政照顾政策变化

年份	财政照顾政策
1983	民族贸易企业50%计算的利润留成差额及按包干支出总额10%计算的财政三项补贴(即机动金、预备费、补助费)分别打入恩施州基数,据此调整全州财政包干基数和定额补贴数额
1984	规定每年以10%递增定额补贴
1985	开始实行"划分税种、核定收支、分级包干、收大于支的定额上交,收不抵支的等额补贴,达不到基数不补,一定五年"的办法。财政定补递增率由10%降为5%,少数民族财政三照顾按中央规定由省补助,打入支出基数
1986	财政定补递增率由5%增加为10%
1989	不再享受财政定补递增照顾

(二)财政转轨时期

前一时期的财政管理体制运转一段时间后,地方收入迅速增长而中央财政收入急剧减少。为了进一步优化财政分配关系,增强整体经济的宏观调控能力,我国从1994年开始实行"分税制",即分级分税的财政管理体制。

1993年国务院发布的《关于分税制财政管理体制的决定》划分了中央与税收两个体系,确定了中央对地方的税收返还数,保留了原中央补助、地方上解及有关结算事项的处理,原有的对民族自治地区各种补助和专项拨款全部保留。1995年的《过渡性转移支付办法》加大了对民族自治地区政策性转移支付力度。民族自治地区实行税收优惠政策。对生产落后、生活困难的民族自治地区和贫困山区可以减征或免征农业税和农业特产税,在困难地区新办的企业可减征或免征企业所得税3年。

1994年,湖北开始对全省地市州实行"分税"新老体制"双轨"并行的政策,即针对原补贴的地区沿袭原包干体制的分配格局,将税收增量大部分上缴中央,并把地方的税收返还递增率与上划中央的收入的增量挂钩。2003年,湖北进一步调整和完善了现行分税制财政管理体制,对增值税、企业所得税和个人所得税这三种中央地方共享税调整了留存部分的分配比例。2002年开启的农村税费改革规范了涉农费用,2006年则全面取消了农业税,从根本上减轻了农民负担。在此期间,会计制度因势而变,从"会计统派经管"到"零户统管"再到如今独立核算、单独编制,会计管理越来越严密。财政收入征收改革、财政投资评审制度等改革事项有序落实,财政事业的公共性日益凸显。

(三)新时代现代财政的建设

财政是国家治理的基础和重要支柱。2014年国家颁布《深化财税体制改革总体方案》,强调了财税体制改革的基础性和支撑性作用,要求从改进预算管理制度、深化税收制度改革与调整中央和地方政府间财政关系三个方面开展财税体制改革。

为此,武陵山区各地2014年开始实施全口径预算管理并推动预算管理一体化系统的全面上线,财政管理更加精细高效。随着精准扶贫和乡村振兴的推进以及预算绩效管理、开展财政投资评审、推进部门预算公开、严肃财政纪律的全面实施,现代财政管理日趋完善。除此以外,武陵山区通过落实减税降费,切实为企业降成本、减负担、加大实体经济扶持力度(重点是发展特色产业),给予各级政府支持、贷款贴息、激励奖补等,提升就业和产业发展,优化财政收入结构与质量,实现财政收入的持续健康增长,发挥财政政策引导作用,有效地促进了武陵山区经济社会发展。

第二节 制度变迁的绩效

一、产业发展

(一)农业

以恩施州为例,随着农村制度变迁,到 1985 年年末,恩施州有专业户、重点户 1 296 户,经济联合体 224 个,参加劳动的劳动力 80 701 人,总收入 1 404.7 万元(当年价)。专业户、重点户中总收入万元以上的 417 户,纯收入万元以上的 129 户。恩施、咸丰、来凤等县市还出现了 15 个专业村。全州农村经济总收入 10.89 亿元(当年价),人均 218 元(当年价),是 1978 年的 3 倍。[①] 随后几十年,农业制度变迁随时间的推移不断推进,推动了农业产值和产量的不断提升。"十三五"期末,主要农业指标与改革开放初期相比有明显提升,农业总产值、粮食产量、烟叶和茶叶产量分别是 1980 年年末的 61.36 倍、1.55 倍、3.25 倍和 51.84 倍(见表 4—2)。

表 4—2　　　　　　　　主要时期恩施州农业相关指标

指标	1980 年	1985 年	1990 年	1995 年	2000 年	2005 年	2010 年	2015 年	2020 年
农业总产值(亿元)	6.04	10.32	17.70	48.32	76.339	108.48	174.25	247.39	370.59
粮食(万吨)	93.1	126.8	121.06	136.88	170.05	153.58	153.19	160.89	144.12
烟叶(吨)	11 850	57 555	62 788	75 625	98 301	77 326	79 988	47 423	38 472
茶叶(吨)	2 360	3 600	6 202	9 743	15 469	21 996	46 103	80 624	122 350

资料来源:恩施州统计年鉴。

(二)工业

改革开放后,武陵山地区的工业有所发展。1985 年恩施州已有工业企业 1 248 家,工业总产值超过 5.4 亿元(当年价),工业总产值占工农业总产值的比

[①] 恩施州志编纂委员会.恩施州志[M].武汉:湖北人民出版社,1998:602.

重也从1952年的6.1%上升到1985年的36.25%。全州独立核算工业企业固定资产原值达到42 562万元(当年价),比1965年增长23.88倍,比1975年增长3.7倍。企业效益有所提高,全部工业企业全员劳动生产率为7 946元/人(当年价),比1965年增长1.05倍,比1975年增长1.64倍;每百元资金实现利税额18.6元(当年价),比1965年增长13.58%,比1975年增长1.99倍。[①] 随着社会主义经济体制的逐步完善,工业相关指标不断增长。"十三五"末期主要工业指标有明显增长,2020年年末发电量、水泥产量、固定资产投资额和工业利润分别是1980年的8.24倍、64.7倍、194.1倍和99.04倍(见表4—3)。

表4—3　　　　　　　主要时期恩施州规模以上工业指标

指标	1980年	1985年	1990年	1995年	2000年	2005年	2010年	2015年	2020年
发电量(万千瓦时)	127 933	31 741	54 679	118 245	169 843	195 826	735 263	774 120	1 054 672
水泥(万吨)	6.43	20.76	28.72	52.30	77.41	247.61	382.33	497.35	416.68
固定资产(万元)	20 668	51 439	106 608	298 392	438 284	945 365	3 404 454	3 456 220	4 011 333
利润与税金(万元)	3 120	9 952	35 664	39 474	78 000	108 812	259 747	425 557	309 008

资料来源:恩施州统计年鉴。

(三)第三产业

改革开放以后,武陵山区第三产业也得到了快速发展。以恩施州为例,1978年第三产业产值为1.21亿元,三次产业结构比为74.7∶15.7∶9.6。经过几十年的发展,截至2020年,恩施州第三产业产值约为674亿元,三次产业结构比为17.9∶22.4∶59.7,经济结构由传统的农业经济为主导调整为以工业和第三产业为主导,经济发展总量和质量大大提高。

随着乡村振兴、精准扶贫的推进,基础设施建设进一步加强,武陵山区的"文化+旅游""农业+旅游"的产业融合发展得到显著提升,如恩施州在2010年旅游接待人次首次突破千万大关,旅游综合收入突破50亿元。到2019年,

---

① 恩施州志编纂委员会.恩施州志[M].武汉:湖北人民出版社,1998:554.

恩施州旅游收入增长至10倍,达到530亿元,是近几年来的最高峰。近年来,借助政策的扶持,旅游业对经济增长的拉动明显,恩施州"旅游＋扶贫"、宣恩县全域旅游发展助推脱贫致富模式入选世界旅游联盟减贫案例,也吸引了鄂旅投、省交投等一批龙头企业投资恩施旅游业。

二、市场的发展

恩施地区1985年社会商品零售额66 951万元(当年价),分别为1952年的23倍、1978年的1.55倍。其中,国营占比超过30%,供销社占比近40%,剩下约30%为集体和个人所有。1985年农副产品收购总额2.8亿元,是1952年的27倍,1978年的1.47倍。商业网点增长明显,1985年恩施州有商业网点近2.8万个,从业人员超过6万人,相比1978年分别增长7.8倍和3.4倍。市场商品供应充足品种增多,与1978年相比,1985年粮食增长1.1倍,食用油增长3.7倍,卷烟增长2倍、电视机增长187倍,日用消费品增长明显,居民生活水平有明显提升(见表4—4)。[①]

表4—4　　　　1952—1985年恩施州不同时期社会商品零售总额　　　　单位:万元

年份	社会商品零售总额	消费品零售额 个体	消费品零售额 社会	农业生产资料零售额	按经济类型分 国营	按经济类型分 集体	按经济类型分 个体
1952	2 780	2 569		211			
1957	7 582	5 810	779	993	1 817	5 041	751
1962	9 033	7 938	476	619	3 282	5 302	449
1965	11 262	9 850	429	983	3 932	6 890	440
1970	14 200	12 232	305	1 663	13 901	299	
1975	18 599	13 757	1 591	3 251	18 015	584	
1980	34 761	26 598	2 275	5 888	32 112	1 438	1 211
1985	66 951	54 365	3 592	8 994	20 143	32 137	14 671

资料来源:恩施州统计年鉴。

---

① 恩施州志编纂委员会.恩施州志[M].武汉:湖北人民出版社,1998:565.

另外,随着改革开放的推进,武陵山区对外贸易也有明显增长。对外贸易是开拓市场、推动商品经济发展的重要途径,在当时背景下,发展对外贸易有助于我国社会主义经济建设,产品出口可换回大量外汇,促进国内产业的发展,进口则能获得所需要的先进技术和设备以及重要的物资,故对外贸易是中国通过改革开放融入全球化的重要一环。武陵山地区出口多以本地的大宗商品为主,如桐油、生漆、中药材等。恩施州1985年出口额为2 486万元,比1978年净增1 695万元,增长2.1倍。

鹤峰县外贸出口商品以红茶为主,其他品种分为三大类。土产类有五倍子、生漆、桐油、香料、棕片、芋角、黄蜡等;中药材类有黄连、天麻、杜仲、黄柏、木瓜、党参等;畜产类有兽禽皮张、山羊板皮、牛皮、猪肠衣。1980年以后,薇菜收购与出口量逐年上升。鹤峰县全县有2 500多个集贸市场,并有专为"对外贸易"设置的商品种类,可见其对外贸的重视。其主要出口商品的用途及输出国家和地区如表4—5所示。[①]

表4—5　　　20世纪80年代末鹤峰县主要出口商品与输出国和地区

品种	门类	输出国家和地区
红茶	饮料	东欧、苏联、英、美
薇菜	食用	日本
生漆	建筑、工业、防腐、工艺	日、英、美、西欧
五倍子	化工原料	日、欧、美、中东、港澳
棕片	国防、基建、生活日用品	欧、美
肠衣	食用	联邦德国
天麻	药用	日、美
山羊板皮	制革	法、意、荷兰、联邦德国
猪鬃	工业、国防	日、美、西欧

资料来源:土家族经济史。

---

① 鹤峰县志编纂委员会.鹤峰县志(1986—2005)[M].武汉:湖北人民出版社,2012:178.

三、基础设施建设

"要想富,先修路",经济的快速增长和市场的发展催生了对基础设施的需求,武陵山地区基础设施水平明显提高。改革开放后的40年间,恩施地区累计共完成固定资产投资5 363.10亿元,是改革开放前30年的7.9倍,其中2008至2017年仅10年间完成投资4 687.47亿元。2017年全州公路运输货物4 495万吨,比1978年(68.7万吨)增长64倍;运输旅客3 816万人,比1978年(175万人)增长21倍。全州内河通航里程超过450千米,其中等级航道近186千米。全年水路运输货物近100万吨,运输旅客超过60万人次;恩施机场全年航班起降6 333架次,民航运输货物1 202吨,运输旅客77.01万人;全州4个火车站旅客发送量653.56万人,货物发送量23.32万吨。2017年末全州民用机动车拥有量62.52万辆,其中民用汽车拥有量35.71万辆。改革开放前无铁路、不通高速,目前已经构建铁路、高速、航空、内河运输网综合发展交通体系(见表4—6)。

表4—6 不同时期交通基础设施指标

	1980年	1985年	1990年	1995年	2000年	2005年	2010年	2015年	2020年
货运量(万吨)	98	70	415	385	414	858	2 414	4 202	3 798
客运量(万人)	339	833	987	1 227	1 347	3 087	6 192	3 607	2 465
移动电话用户(万人)				0.14	5.24	108.69	264.25	303.8	433.08

资料来源:恩施州统计年鉴。

湘西地区在改革开放前,全州公路通车里程不到2 000千米,河道通航里程也不足1 500千米。2008年全长223.7千米的常吉高速公路建成通车,结束了湘西没有高速公路的历史。2014年,全长340千米、时速200千米的黔张常铁路开工,2019年建成通车,湘西形成与长沙、重庆、成都、桂林的"3小时经济圈"。2016年12月18日,全长237千米、设计时速300千米的张吉怀高铁开工,州内设置芙蓉镇、古丈西、吉首东、凤凰高铁站,终结了湘西没有高铁的历史。2017年年初,湘西州第一座机场湘西机场在花垣县花垣镇老天坪村破土动工,预计2025年建成。

经济发展促进了交通基础设施水平的提升,而交通基础设施水平的提升反过来又推动了生产要素的流动和对外交流的加强,给地区发展带来新的活力。

四、财政与金融

随着经济社会的发展,普惠金融业也在恩施州得到了快速发展。恩施州通过财政引导、税收优惠等方式大力发展普惠金融业,以金融发展进一步带动地区经济发展。

(一)精准扶贫

自2015年全面实施精准扶贫战略开始,恩施州一方面充分利用财政资金直接投入重大扶贫项目建设,将地方财政收入增量的15%列入专项扶贫预算,一些年份部分州县财政清理回收可统筹使用的存量资金中一半以上用于精准扶贫的建设。例如,针对农村低保户和五保对象,提供了"10万元以内、三年期限、无担保、免抵押、全贴息"贷款,为脱贫攻坚对象的发展提供起步资金;针对农村贫困家庭子女,则提供了免费高中教育与职业教育。

另一方面,利用财政政策的杠杆效应,通过财政资金来发展地区特色产业,如以产业发展基金、财政贴息等政策撬动社会资金大力发展恩施地区茶叶、旅游等具有经济发展潜力的特色产业,在一定程度上带来了农村资金的增量,有助于巩固精准扶贫工作的成果。在构建现代财政体系的同时,相关部门进一步提高财政资金使用效率,严格控制一般性支出,将有效资金运用到乡村振兴建设中,进一步调整优化了财政支出结构,保障和改善了民生。

(二)金融体系的建设

地方政府积极响应国家"营改增"税收方针,落实结构性减税政策,通过减少企业运营成本推动金融机构的发展。推行网格化金融服务,支持各大金融机构向县、乡、村等地区延伸网点,不断扩大农村信贷增幅;建设由国有投资公司牵头、以政府为担保的融资平台,推动小额信贷机构的大力发展;各金融机构积极利用互联网技术,开拓互联网金融业务,利用大数据分析作为技术手段,提升金融服务效率。

以保险业为例,恩施州扩大与各大银行合作的政策性三农保险、商业性财产保险等的覆盖面,同时推动农村保险服务网点建设,保证水农产品、农房保险等政策性农业保险在农村的覆盖面。此外,针对外出打工的人群,推广农民工意外伤害保险和农村小额人身保险,强化普惠金融,开展便捷投保和财产保全服务,降低保险定损理赔门槛,简化理赔程序,保证投保农民小灾小损及时得到补偿。同时加强宣传教育,将金融保险知识培训与职业技能培训有机结合起来,帮助农民学习和利用金融知识保障自己的权益,规避生产过程中的风险。

第三节 制度变迁对社会发展的影响

一、推进城镇化进程

城镇化是指农村人口不断向城镇转移,第二、三产业不断向城镇聚集,从而使城镇数量不断增加,城镇人口规模与地域规模不断扩大的一种社会历史过程。[①] 改革开放制度变迁刺激了人口变迁,推动了人口和要素的集聚,再加上交通通信基础设施的逐步完善,减少了交易成本,客观上推进了城镇化进程,这种城镇化进程包括武陵山区域内的农村剩余劳动力转移和区域内人口向全国其他地区的转移。城镇化一方面有助于缓解武陵山区生态资源环境的矛盾,另一方面在全国范围内有助于促进民族融合与社会稳定。

此外,随着精准扶贫、乡村振兴的推进,一些小城镇和乡村基础设施建设逐

---

① 姜爱林.城镇化与工业化互动关系研究[J].财贸研究,2004(3):1—9.

步完善,出现了劳动力从区域外大城市回流到区域内以及从城市到乡村的现象,这些回流的劳动力带来了一定的资金、先进技术、现代管理理念、市场意识等,为区域发展注入了新的活力。

(一)市场经济下的人口要素集聚

我国1984年正式开始了城市经济体制改革,工业化和城镇化的急速发展刺激了对农村劳动力的需求。农村劳动力向城市的转移一方面缓解了城市的用工缺口,另一方面也改善了我国长期以来存在的粮食短缺问题。故国家从政策层面逐步放开了对农村人口向城市转移的限制。[①] 1984年,国务院颁布了《关于农民进入集镇落户问题的通知》,放开了落户和购粮的限制,允许农民在县级以下的集镇落户,并为其在城镇生活提供相应的便利服务。这一时期农村劳动力转移的特点为其就业大多以地域和亲缘关系为纽带,在同一地区或同一行业就业。[②]

1992年,党的十四大提出了建设社会主义市场经济体制以及现代企业制度,刺激劳动力市场活力。开始鼓励劳动力的跨区域流动,我国对内改革对外开放步伐逐步加快,要素资源流动管制进一步放松,此时东南沿海的长三角地区与珠三角地区集中了资本、技术优势,还拥有更为宽松的政策环境,吸引了大量农村剩余劳动力跨地区转移,数量庞大的中西部地区农村劳动力开始跨省到沿海地区打工。加入WTO后,我国借助自身要素禀赋融入国际生产分工,以轻工业和服务业为主的劳动密集型产业飞速发展,吸纳了大量的就业,同时也促进了我国经济的飞速增长,而房地产的发展、新农村的建设等基础设施领域的投入与扩张进一步刺激了农村剩余劳动力向城市集聚。

(二)人口流出与流入的结构性变化

改革开放的不断深化使农村劳动力转移的政策进一步放开,这也是沿海地区劳动密集型产业蓬勃发展的客观要求。城镇化和工业化的发展离不开农村劳动力,只有改变了以传统农业为主的发展模式,才能改变整个社会落后的经

---

① 穆光宗.中国农业剩余劳动力的转移及评价[J].中国人口科学,1989(5):23—30.
② 宋林飞."民工潮"的形成、趋势与对策[J].中国社会科学,1995(4):78—91.

济面貌。

原有的以公安部门为主导的维护社会治安管理模式,转变为"以人为本"的原则下多部门协作鼓励和促进劳动力转移的服务模式,体现为二元户籍政策的进一步弱化,将流动人口也纳入政府的城市社会服务范畴,为进城务工的农村劳动力及其家属提供就业培训等服务,关注他们的就业和生活基础保障问题,保护劳动者的合法权益,构建和谐社会,促进其生活水平和新型城镇化的良性互动发展。同时,随着乡村振兴的推进,农村地方也出现发展机遇,这一时期出现了一部分外出务工人员返乡创业发展,"钟摆效应"开始初步显现,劳动力回流得到社会的关注,劳动力转移出现新的特征,流动方向由大规模向城镇(城市)发达地区转移转变为部分农民工甚至大学生返乡就近就业,这种时代特征与制度变迁、政策变化具有高度的相关性。

二、习俗变迁

习俗变迁是文化变迁的一部分,这种变迁有自然的也有计划的,如原有习俗功能与形式的变化,这些都是适合当时经济社会背景而做出的改变。武陵山地区历史上是中原汉文化和南方少数民族文化的重要交汇地,本土文化与外来文化融合生成的多元文化交相辉映,相互促进交融,使得区域文化在与时俱进的过程中不断融合发展,久而久之,形成了"你中有我、我中有你"的文化习俗,这种融合在传统社会向现代社会的转变中必然引起社会结构的变化与社会群体组织和行为的变迁,对地区融合产生深远影响。

武陵山区人民热爱劳动,在长期发展中形成了具有地方和民族特色的生产习俗,这些习俗随着生产力、生产方式的变化而变化。民间曾有以草把虫驱除农业病虫害的习俗,草把虫多用稻草扎成龙头,草绳为龙身,数人举起在田边游荡,并制作彩色的三角小旗插在田边,一周后收回销毁。但随着农药普及,此习俗逐渐消失。

随着生产关系的变化,一些习俗的对象也在发生改变。腊月二十四日过小年,一切的农活、工务和雇佣关系停止,从这天起到腊月三十日的一周时间,家家户户开始打年节。打年节起初是向恩师、恩医送礼,表示不忘恩情,改土归流后发展到给流官、乡绅送礼,表示巴结之意;到现代社会,过小年逐步演化成亲朋好友间的来往,意在维系亲情。

(一)物质文化

饮食文化也是区域经济的表现。武陵山区部分地区吃年饭忌泡汤,认为泡了汤来年雨水多,影响庄稼,或出门办事会常遇雨天,不会顺利等。又如一些地区爱吃五味俱全的年饭。在农村团了年后,要给果树喂年饭或给果树下定钱——派两个小孩,端着饭菜,拿着砍刀,来到房前屋后的果树下,先用刀在树干上砍一条口子,再往口子内塞上一些饭菜。两人一个在树前,一个在树后,恭恭敬敬地站好,给每棵果树喂完饭后才回家。之后则是给果树下定钱,由各家大人(一般为两个)用纸钱(黄纸)贴在所有果树上并进行相关仪式,最后主人把黄纸钱贴在树干上离去。

随着商品经济的发展,为了适应现代社会的需求,武陵山区的传统饮食也做出了改变,如彭水土家族苗族地区的"嘟卷子"。从明清到民国,"嘟卷子"主要集中在郁山和汉葭一带。改革开放以后,随着加工工艺和交通基础设施的改善,该食品逐步扩散到县城的各个集镇,使得源自"嘟卷子"的"嘟饼"成了彭水当地一道很受欢迎的美食。

随着武陵山地区对外交流的增强,区域内原民族衣着习俗也深受影响。除去一些民族特色的服饰外,各民族间日常的服饰已无多大区别。随着生活水平的日益提高,人们着装开始追求流行与现代,衣服的特色四季分明。特别是改革开放以来,随着现代化与全球化的推进,青年男女穿着讲究时髦,不断更新,与发达地区的大城市相比也不落下风。我们可以从"西兰卡普"土家织锦的发展中感受这种服饰文化的变迁。历代以来,土家织锦都被土司土官作为上等贡品或著名土特产向朝廷纳贡。经过多年发展,土家妇女创造出了无数的织锦纹饰图形,并随着时代变化衍生出了图案丰富的壁挂、香袋、服饰、旅游袋、沙发套、坐垫、地毯、室内装饰等多种工艺美术品。改革开放以来,随着经济增长以及工业化进程的推进,各种生产技术水平不断进步,西兰卡普的制作也开始从传统手工式向现代机械加工过渡,技术的进步提升了西兰卡普的品质,扩大了市场影响,让更多的人了解了这项被列入首批国家级非物质文化遗产名录的技艺。

建筑文化的变迁主要体现在建筑材料和风格的变化上。由于武陵山区多山,居民多半依山傍水修建住宅,早先这些住宅比较简陋,往往是三根柱头通天,上盖茅草。后来逐渐改成四排三间、一正两厢房的大瓦房。厢房多为吊脚楼,火炉屋有个一套间。里室为家庭长者的卧室,火坑后方为其家神的所在地。侗族的火炉房叫火铺塘,有半边火炉在火铺里,三分之一的面积为土筑地面,三分之二的面积为木板结构,高于地面一尺五寸。火坑有三方嵌在木板地面上,有一方在土筑地面一边,为妇女炊事活动场所。土家族喜欢依山建筑吊脚楼形式的房屋。吊脚楼又名干栏,不仅样式美观,而且高悬地面,通风干燥,能防毒蛇等危害,依山而建,可以少平整地基。另外,吊脚楼也是区域其他民族采用的建筑形式,其经济文化交流的意义也不可忽视。新中国成立以后,武陵山地区建筑规格逐渐提高,1949年至改革开放前多为土木结构和石木结构。改革开放后,随着工业化与现代化的推进,房屋建造多为钢筋、水泥结构,但随着"乡村振兴"的推进与文化旅游的发展,一些民族特色村寨的建筑仍维持了传统的石木结构。

(二)非物质文化

丧葬习俗方面,武陵山区在历史上存在过土葬、船棺葬、火葬、悬棺葬等多种方式。其中部分习俗最早可追溯到战国时期的峡江地区和酉水流域。随着经济社会的发展,如今只有土葬、火葬两种方式留存,丧葬民俗活动相应的组织形式也发生了改变,传统的道场法事、打花锻鼓、撒尔嗬等表演逐渐与现代生活融合。

此外,一些传统民俗也在不断融合发展,如丝弦锣鼓表现形式的变化。丝弦锣鼓起源于清朝咸丰年间,又被称为"北乡锣鼓",在新中国成立前影响力有限。随着时间的推移,丝弦锣鼓开始流入武陵山区,曲牌体戏曲在恩施境内使用唢呐吹戏,称为"丝弦"。"锣鼓"又称"干牌子",与本地的耍锣鼓和薅草锣鼓歌有关,体现了本地音乐与外地音乐交融的特色。随着现代化的推进,丝弦锣鼓也随着时代需求不断地发展,被一些专业的文艺演出团体加工改造后搬上舞台以及网络视频等平台,体现了传统文化与现代文化及科技的融合与发展。

农历二月初二是思维土家人的土地节,这天各家各户会去土地庙前点烛染香,求农业丰收,家事顺心,同时还通过该天的晴雨情况判断春季作物长势的好坏。随着时间的推移,现在一些居民过此节也进行庆祝,但基本不敬土地神了,只关心当天天气事宜。

女儿会是恩施土家族持有的风俗习惯,被誉为"土家情人节"。在恩施地区一些地方,如恩施市红土乡石灰窑和板桥镇大山顶一带,在每年农历五月初三、七月初九和七月十二都会举行"女儿节"。这项习俗形成于清朝雍正乾隆年间,至今已经200多年历史。每年这个时候宣恩、建始、鹤峰一带各民族的青年男女都收拾打扮,并携带各种土特产,在女儿会上寻找满意伴侣,定终身之好。新中国成立后,尤其是随着改革开放经济发展与对外交流的增强,女儿会逐步演化为物资交流与赶场相亲的平台。2009年5月,恩施土家女儿会入选湖北省第二批省级非物质文化遗产名录。随着时间的推移,女儿会已成为恩施地区"文化+旅游产业"融合发展的重要支撑。

三、传统文化的现代发展

经济的发展使得地区的物质财富增加,可以为文化的保护提供经济支撑,如文化基础设施的建设与维护、传统文化的保护与开发等。改革开放以后,武陵山地区传统文化的传承与保护随着经济增长日益得到重视,也获得了越来越多的支持,推动了传统文化的现代化发展。

武陵山地区各族人民在长期的劳动生活中创造出了丰富多彩的文化艺术,包括特色鲜明的歌曲、舞蹈等。武陵山地区的歌曲主要为民歌,其中利川民歌《龙船调》,新中国成立后经过整理推广,在改革开放后逐渐流传至海外。舞蹈主要是摆手舞、跳丧舞、铜铃舞等民族舞蹈,许多舞蹈经过挖掘整理后搬上了舞台,受到广大群众的好评。

(一)传统文化的改造

中华人民共和国成立后,党和政府十分重视人民群众文化生活水平的改善和提高。随着经济建设的发展,政府制定了一系列文艺政策促进文化事业发展。在此背景下武陵山地区文化艺术事业迅速发展,文化机构逐步健全,设施设备明显改善,从业人员素质不断提高,许多艺术作品以其独特的民族民间特色出现在大众视野中。随着经济的发展,我国的文化事业开始由福利型转向有偿与无偿服务相结合的形式,为增强文化企业的活力,武陵山区开始改变区域内文化设施缺乏和落后的状况,逐步增加了对文化领域的投入,翻新和新建了一批文化基础设施,努力弘扬和普及民族优秀文化和社会主义新文化。

随着经济的发展,人们对文化生活的需求愈加强烈。武陵山地区多个乡村文化活动中心、乡村文艺队伍的创建以及特色村寨的开发使得文化逐步繁荣。如农村文化站的设立,有助于科技、信息、文艺演出、培训、辅导等文化宣传活动的开展,有效地促进了经济建设和乡村精神生活。1996年武陵山地区的恩施州有4个站被评为全省山区农村文化站特级站,15个站被评为一级站。2005年,恩施州巴东野三关镇文化站被评为全国文化系统先进集体,是当年全国仅有的5个受国家表彰的基层文化站之一。2003—2005年,根据恩施州民间艺术大师的评选条件,州政府命名了两批共26名民间艺术大师;2005年州政府将长梁乡等20个乡镇村命名为"民族民间文化生态保护区"。

此外,从新中国成立初开始,武陵山地区出现了一批体现时代特征、生活气息、民族特色浓郁的剧目,如恩施地区的小南剧《唐科长祝寿》《张二嫂做中》,大型歌舞剧《烈烈巴人》,歌曲《木叶情歌》,舞蹈《猎》《火塘》,少儿歌舞剧《钓豇鳅》,摄影作品《喝二两》《办嫁妆》,曲艺作品恩施丝弦《糊涂官断案》等。《木叶情歌》在1986年获全国"三民"调研表演二等奖;《钓豇鳅》在第二届"中国艺术节"上获二等奖;《喝二两》获全国第14届摄影作品展览银牌。为推动艺术创作,1996—2001年连续六年举办全州文艺汇演,推出了舞蹈《女儿会》《苗女嬉炊》,小品《好亲家》《好人》《借口》《取名》,小戏《山寨新家》《背婆娘》,歌曲《问大海》《巴山谣》《山里的女人喊太阳》,大戏《女儿寨》《清江谣》等一批好作品。2000—2005年创建并组织了6届"中国湖北恩施清江国际闯滩节"。2005年恩施出版《龙船调——恩施民歌集锦》,收集了《龙船调》等在全州广为流传的16首优秀的传统民族民间歌曲,备受人们青睐。文化团体方面,组建了民族歌舞团并开办了艺术学校,如湖北省于1999年8月4日批准在恩施州民族歌舞剧团的基础上组建湖北省民族歌舞剧团,该歌舞剧团创作了《大山里的哦嗬》《春满峡江》等多个优秀节目。入选2017年湖北省委宣传部文艺精品创作扶持项目的南剧《初心》,作为全国十台少数民族精品剧目之一进京汇报演出,歌曲《龙船调的家》获第七届音乐金编钟奖(湖北省音乐最高奖)。

随着经济的增长,政府有更多的资金进行文化扶持,2018年起,武陵山地区在非物质文化遗产的保护方面得到了省、市、州地方政府的积极支持,如恩施州投资115万元创建非物质文化遗产传习所,支持辖区内县市以传承民族民间艺术为主题创办了恩施灯戏、利川灯歌、建始丝弦锣鼓等8家民间艺术大师传习所。截至2020年年底,门类齐全的多层次文化场所网络在恩施州初步建立,有公共图书馆9家,共计藏书达269.96万册,博物馆10个,文化馆9个,体育场馆14个;已经建成的州、县市4个文化信息资源共享工程基层中心通过省里验收;专业艺术表演团体都兴建了小型剧场或排练场。在普遍建设的基础上,还重点建成了州图书馆、州新华书店、州民族礼堂、州博物馆展厅大楼、州艺术学校教学大楼、来凤县南剧团剧场等一批代表当地精神文明建设水平的文化标志工程,传统文化基础设施建设随着经济发展取得了重大成就。

(二)文化遗产的开发

文化遗产包括文物与书籍。各民族的古代、考古、近现代和革命文物以及地方志、人物志等古籍是研究民族历史、人类发展史、社会发展史的重要资料。经济的发展使得政府有更多的资金和资源保护文化遗产,改革开放以来,武陵山地区许多具有区域和民族特色的历史文化遗产建筑得到了保护与维修。如恩施州有博物馆5个、馆藏文物10.38万件,辖区内还有国家级重点文物保护单位1处,省级重点文物保护单位24处,州级重点文物保护单位49处,文物考古区域有巴东三峡工程淹没区、水布垭工程淹没区、鹤峰江口文物发掘等。

书籍的整理方面,新中国成立以来,武陵山地区设立了专门机构从事古籍的研究工作,许多文化工作者深入各地搜集和整理文化资料,包括政治、历史、军事、文艺、经济、地理等诸多方面,许多重要的或濒临失传的古籍和优秀文化作品得以保存。如恩施地区的文艺集成志书的编纂工作,该书共编印民间歌曲3集1 600首,整理民间舞蹈5卷81种,整理曲艺2集13个曲种,编印器乐集成2集,《南剧资料汇编》1集,民间故事18集,整理民间歌谣2万余首,谚语、歇后语2万余条。专门研究少数民族文化艺术、共12万字的《土家族文化论文集》已作为内部资料印发,《鄂西民间谚语集》《鄂西民间歌谣集》已正式出版发行。各县市还分别出版了以上三套集子的县市分卷。另外,还出版了民间故事集《女儿寨的传说》,重新整理编纂了《恩施州民间歌曲集》《恩施州民间舞蹈集》等民间歌曲、民间舞蹈、民间曲艺、民间戏剧、民间器乐等集的州卷本。此外,一些如《唐崖土司概观》《鄂西土家族器乐文化》《鄂西古建筑文化研究》《清江流域撒尔嗬》等对武陵山地区文化变迁的研究成果也陆续涌现。

在非物质文化遗产层面,武陵山区已形成了四级保护体系(国家、省、州、县),一些优秀传承人可以获得相应层级的民间艺术大师称号并获得国家和地方的奖励与助资,如恩施地区从2003年至2018年15年间开展了六次"恩施州民间艺术大师"命名活动,总共命名了58位民间艺术大师,这些大师每年可获得州政府1 200元的补助,涵盖了非物质文化遗产的主要艺术门类[①],这种激励方式在改善了传承人从业者待遇的同时也提升了他们的工作积极性。另外,建立传习所让一批优秀的非物质文化遗产得到传习,鼓励民间艺术大师开班招收学徒,积极与市场接轨,用非物质文化的延续与发展繁荣文化事业。

---

① 崔在辉.恩施傩戏现状和传承保护[A].恩施州民间艺术活态传承模式研讨会,2012:9—12.

第五章 制度变迁与区域经济发展实证分析

经济增长及其制度因素一直是学界研究经济社会发展的一个视角。诺斯认为,西方世界的兴起,如规模经济、资本积累、创新等只是经济增长的表现形式,而经济增长的关键在于经济组织和有效率(优化或创建)。诺思认为制度安排是有效率经济组织的重要特征,体现为制度安排需要以清晰的契约保证其执行,产生一种正向激励,刺激个人去从事那些能促进经济增长的活动。[1]

产权明晰是市场交易的前提,所以要研究制度变迁必然要对产权变迁进行梳理与分析。从短期看,产权的变迁能激发人们生产积极性,进而降低交易成本并促进社会分工;从长期看,产权变迁最终能推动经济的长时间增长。另外,在经济发展中需要政府这只"看得见的手"来克服市场失灵造成的诸多问题,也需要法律对产权进行界定。在经济、政治、法律多个维度中,经济要素对制度变迁有重要的基础性的影响,故制度变迁对地区经济增长影响的框架主要从经济视角构建。本章试图梳理制度变迁的一般路径,从制度变迁需求产生(市场化

---

[1] [美]道格拉斯·C.诺思.西方世界的兴起[M].历以平,蔡磊,译.北京:华夏出版社,2017:3—18.

与全球化的导向)——制度变迁的过程(强制性与诱致性)——制度变迁的结果(一般目标为实现经济增长)这三个维度提出理论假说,并进行理论模型及计量实证。

第一节　制度变迁对经济增长的假设

一、制度的帕累托最优

从古典经济学视角来看,制度变迁可以理解为一种制度均衡。制度均衡指的是现有制度安排或体制下,想使一部分人受益就要损害其他人的利益,这实现了制度层面的"帕累托最优"。制度层面的帕累托最优可理解为一种相对静止的状态,在该状态下,各种要素的潜在收益已充分发掘,或者部分人有获得某些要素潜在收益的激励而产生了改变现有制度安排的动力,但强行改变制度的成本大于潜在收益,这是受当时历史背景和生产力条件(一般为技术条件)制约的。

当某个社会处于制度非均衡状态下时,技术进步和社会环境的变化会产生一种状况,在该状况下对现有制度进行改变(优化或创新)后,能够获取的潜在收益大于进行制度改变所付出的成本,这种情况下就产生制度变迁的动力,且这种制度变迁可以使社会成员普遍受益。故制度变迁的均衡与非均衡理论告诉我们,制度变迁的激励在于制度变迁的预期净收益超过预期成本。

新中国成立以来武陵山区制度变迁的历程,印证了制度变迁产生的原因:当潜在或者预期净收益大于制度变迁的预期或潜在成本时,整个社会存在制度非均衡状态,就有制度变迁的动力。武陵山区通过土地改革和社会主义改造建立了社会主义经济制度,解放并发展了生产力,而改革开放则是通过市场手段解决原有经济体制中缺乏有效激励和低效率的问题,制度变迁带来了巨大的经济绩效,最终实现了武陵山区乃至全国经济的高速增长。

二、宏观视角下制度变迁一般路径

(一)国家理论

诺斯认为:"经济增长的关键在于国家,但另一个层面国家又造成了人为经济的衰退。"[①]这一观点从宏观视角指出了国家在经济增长中的两面性。借用经济学理性经济人的假设,可以将国家抽象为一个"理性经济"的整体,那么以追求收益最大化为目的,该"理性经济"整体的行为有两种倾向:一种是在统治者收益最大化(租金最大化)的条件下确定产权结构(产品和要素市场所有权结构)的基本框架;另一种则是在确定产权结构框架后保证国家税收增加,这要求降低交易费用以让社会的产出最大化。但以上两种倾向实际上存在矛盾:建立规则保障统治者垄断租金(收益)最大化,该情况下国家缺乏改善制度的效率与降低交易费用的激励,而效率低下的制度与高昂的交易费用客观上阻碍了经济的增长,故诺斯进一步思考并得出以下结论:在竞争与交易的双重约束下,国家制定的产权结构有利于统治利益集团但缺乏效率。[②]

基于上述条件,诺思在制度经济学分析框架中引入了国家或政府这个变量,思考了经济增长过程中的制度变迁。假设制度变迁的主体是国家或政府,这种主体背景下产权制度的建立、规范化和制度实施代价昂贵,单个个体或者单个利益集体无法承担制度变迁的成本。但在产权制度的供给上,国家或政府作为一个整体具有规模经济效应,故国家或者政府成为对制度变迁起主要作用的第一行动集团并可用规模经济效应来降低制度安排的成本,保证产权制度的运行和保护,最终对经济增长产生影响。一般而言,制度变迁过程存在许多影响制度变迁目标的不确定性因素,故制度变迁难以自发地呈现有效、渐进和稳定的均衡状态。

综上所述,制度变迁中的强制性变迁方向与国家倾向(目的)相关,假定国

[①] 卢柄仁.诺斯的制度变迁理论[J].产权导刊,2010(1):27.
[②] (美)道格拉斯·C.诺思.经济史中的结构与变迁[M].陈郁,罗华平,译.上海:上海三联书店,1991:24.

家目的更多地考虑上文提及的第二种倾向,即降低交易费用并实现社会总产出的最大化,那么其会采取一系列有利于促进经济增长的制度安排与实施机制;但假如国家考虑的是上文提及的第一种倾向(即统治者租金的最大化),由于该情况下的制度安排与选择会带有显著的利益倾向(统治者阶级与统治者利益集团),因此会导致忽视社会交易高昂的费用,最终致使经济的停滞与衰退。

诺斯的上述理论把国家纳入了制度变迁分析框架,强调经济社会发展是国家的职能,国家对增长、衰退或停滞负责。

(二)制度变迁一般路径

从诺斯对国家在制度变迁中的职能分析中可探索出一个国家(区域)制度变迁的一般路径。

一是假定制度变迁的预期收益大于预期成本,且国家目的或意愿有变化,那么制度变迁可能会发生,影响制度变迁的方向的因素主要是其目的或意愿。如国家或区域目的在于降低交易成本并使社会总产出最大化,那么其制度安排会促进国家或地区经济增长;与此相反,假如国家或区域只考虑统治者或区域管理者的利益最大化(租金最大化),不考虑能降低交易成本、提高制度效率和社会总产出的制度安排,最终使经济社会停滞与衰退。故一国或地区制度选择受其目的或意愿的影响,这也是自上而下进行强制性制度变迁的前提。此外,根据国家理论,作为国家或区域的代理人,政府进行制度安排(包括产权),保障制度的创立和实施,并对由此制度安排产生的各种结果负责(经济与社会的衰退或繁荣)。

二是新的社会需求结合政府主导的制度选择共同对经济社会发展产生影响。政府主导下的强制性制度变迁的路径共分三个阶段:制度变迁需求产生、制度变迁过程和制度变迁结果。故以上述三个发展阶段为框架,梳理制度变迁对区域经济增长影响的一般路径,我们可以从全球化与市场化的导向(对应制度变迁需求)、政府主导的强制性制度变迁(对应制度变迁过程)、实现既定经济增长(对应制度变迁结果)这三个层面来提出理论假说(见图 5-1)。其中,制度变迁需求是随着国家和区域经济社会发展以及国内外环境变化而不断修正的,其主要目标是通过制度变迁来逐步完善社会主义市场经济制度,突破"中等收入陷阱",在新的历史发展时期深化改革,助力经济社会高质量发展,缩小贫富差距和区域差距,实现中华民族伟大复兴。

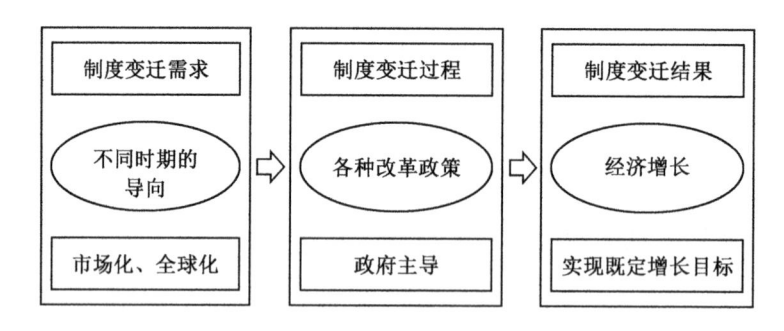

图 5-1 制度变迁的一般路径

第二节 制度变迁对经济增长影响模型构建

制度变迁对经济增长影响的路径在前文已进行了阐述,而对于制度变迁因素在经济增长模型中的应用处理一般分为两类,即将制度变迁视为外生变量或内生变量。我们可以参考计量经济史,将制度变迁视为经济增长外生变量测算,这也是目前普遍使用的方法。

一、制度变迁的经济解释

(一)市场化程度的加深
1. 产权多元化

新中国成立至改革开放这一段时期我国以计划经济体制进行经济社会建设,该经济体制的特征是国民经济中国有经济占绝对统治地位。计划经济在新中国成立初期的经济恢复、实现国家工业化进程和经济增长发挥了巨大作用,但随着时间的推移,这种单一的经济模式无法给予市场活力,生产关系已不适应生产力发展的需求,故要对体制进行改革。

改革开放这一制度变迁推动了农村与城市相关领域的改革,产权制度开始向多元化方向过渡,逐步解决了原有计划体制效率低下的问题,这种改变符合生产关系适应现代市场经济发展的要求,有效地促进了个人与市场的发展。产权多元化中的非公有制经济为我国的经济崛起产生了积极的影响。

2.以价格进行资源配置

改革开放之前我国实行高度集中的计划经济体制,表现为经济活动的各个环节(如原材料采购、加工、生产以及销售)都按照国家和政府制定的计划实施,这种方式未能反映市场对产量的供求变化以及产品的价格变化,交易成本较高。改革开放后的市场化表明资源配置开始交由市场来决定,由市场决定供求关系和商品价格。随着时间的推移,土地、劳动力、资本等社会再生产的生产要素也逐步市场化。实践证明,市场配置资源比用计划的方式配置资源的交易成本更低,效率更高,同时市场竞争带来的激励能让企业成为真正的市场主体,这不仅快速活跃了经济,而且提升了人民生活水平。

(二)对外开放程度加深

制度变迁在改革开放时期的另一个重要影响为加强国际交流协作,即对外开放。对外开放给我国带来了巨大的经济效益,以对外开放政策积极与全球化时代接轨,紧跟世界发展潮流,有助于完善我国社会主义市场经济体制。

改革开放至今,从沿海经济特区的试点、沿海经济开放区的建立、沿江内陆和沿边城市的对外开放,再到21世纪初WTO的加入以及近10年的"一带一路"倡议的提出,都充分展示了对外开放的重要价值。对外开放政策极大地刺激了我国经济的增长与社会发展,对外开放程度的加深也能在某种程度上反映我国改革开放制度变迁的进程。

(三)分配格局的变化

分配格局在本节主要指财政支出层面。在计划经济时代,企业与社会的投资与利润均由国家财政统一计划分配,改革开放后,随着计划体制向市场体制的转变,国家财政支出占 GDP 的比重逐年下降。一些研究表明,国际上市场经济较为发达的国家或地区,政府分配资源的程度相对较低,从这一国家财政支出占 GDP 比重的下降虽然在一定程度上减弱了国家进行经济建设的支配能力,但也意味着有更多的民间资金在市场导向下投资到最能提高效益和创造价值的地方,从而产生涓滴效应。

二、模型构建与方法

经济基础决定上层建筑,经济发展是国家富强的前提,所以制度变迁中的经济因素尤为重要。目前国内关于制度变迁对经济增长影响的研究基本上是从非国有化、市场发展和对外开放等几个方面测度,考虑到数据获取的便利性,本书选择以武陵山区的恩施州为测算对象,测算制度变迁对该地区经济增长的影响。计量方法上有 ADF 单位根检验、协整与格兰杰因果检验模型,在此基础上构建向量误差修正模型,使得计量方法更为合理,结论也更为可信。

在一般的柯布-道格拉斯生产函数公式上加入制度因素,原模型为:

$$Y_t = AK_t^\alpha L_t^\beta I_t^\lambda e^\varepsilon$$

其中,Y_t、K_t、L_t、I_t 分别代表该地区时间 t 的 GDP、资本存量、劳动力投入和制度变量,ε 为随机干扰项。将该式取对数后可得:

$$\ln Y_t = \ln A + \alpha \ln K_t + \beta \ln L_t + \lambda \ln I_t \varepsilon$$

由于本书主要研究经济制度变迁对经济增长的影响,故生产函数中其他的增长因素(如技术进步)的影响用 $\ln A$ 代表,视为常数项处理。以上也是制度变迁测算时使用较多的模型之一。

为避免多重共线性问题,假定劳动力投入与资本规模报酬不变,对生产函数重构:

$$y_t = \frac{Y_t}{L_t}, k_t = \frac{K_t}{L_t}$$

可得:

$$y_t = AK_t^\alpha I_t^\lambda e^\varepsilon$$

两边取对数后：

$$\ln y_t = \ln A + \alpha \ln k_t + \lambda \ln I_t + \varepsilon$$

该式为实证的基本公式,其中 y_t 为一定时间的人均 GDP 产出、k_t 为一定时间的人均资本存量。由此可归纳出反映经济增长、资本存量、劳动力投入和制度变迁的各种指标,并运用 Eviews10.0 软件检验各种变量。再用向量误差修正模型观察二者短期与长期关系、格兰杰因果检验检查各变量间因果关系能否成立,最后进行结果分析。

(一)单位根检验(ADF)

对于各变量需要进行单位根检验,时间序列分为两种:平稳和非平稳序列。假定某平稳时间序列 $y_t(t=1,2,3,\ldots)$ 存在均值 $E(y_t)$、方差 $\mathrm{var}(y_t)$ 和协方差 $\mathrm{cov}(y_t,y_{t+k})$ 等数字特征,且这些数字特征不随时间的变化而变化,那么在此基础上可以用计量经济学经典的方法构建模型进行拟合和测算。当时间序列 $y_t(t=1,2,3,\ldots)$ 为非平稳时,传统的最小二乘法直接构建模型会出现"伪回归"现象,此时就需检验时间序列的平稳性。单位根检验又称为 ADF 检验 (Augmente Dickey-Fuller),该检验方法通过下面 3 个回归式实现：

$$\Delta y_t = \delta y_{t-1} + \sum_{i=1}^{p} \beta_i \Delta y_{t-1} + \varepsilon_t$$

$$\Delta y_t = \delta y_{t-1} + \alpha + \sum_{i=1}^{p} \beta_i \Delta y_{t-1} + \varepsilon_t$$

$$\Delta y_t = \delta y_{t-1} + \alpha + \lambda t + \sum_{i=1}^{p} \beta_i \Delta y_{t-1} + \varepsilon_t$$

在上述 3 个回归式中,p 为滞后阶数,α 为被检验的序列是否有常数项,t 为被检验的数据,观察是否为时间趋势项,即是否存在单位根 $p=1$ 等价于 $\delta=0$。该检验的原假设是假定存在单位根,如经过检验的统计值小于5%水平下的数字,就可拒绝原假设,其显著性置信度为95%以上,结果为数据平稳。

原假设 $H_0: \delta=0$；备择假设 $H_1: \delta<0$,利用 OLS 法估计并计算 t 统计量的

值,与 DF 分布表中给定显著性水平下的临界值比较:t<临界值,则拒绝零假设 $H_0:\delta=0$,即认定时间序列不存在单位根,该时间序列是平稳的。反之,当 $t>$ 临界值,原假设 $H_0:\delta=0$ 成立,存在一个单位根。

(二)Johansen 协整检验

单位根检验通过后可对其进行 Johansen 协整检验。协整检验有 Engel 和 Granger 的两步法(回归的残差序列检验)和多变量的协整检验(VAR 模型回归系数检验),我们使用多变量协整检验方式。

单位根过程 I(1)中有 d 阶向量 x_t、k 阶向量 y_t,VAR 模型为:

$$\Delta y_t = \Pi y_{t-1} + \sum_{i=1}^{p-1} \Gamma_i \Delta y_{t-1} + B x_t + \varepsilon_t$$

$$\Pi = \sum_{i=1}^{p} A_i - I$$

$$\Gamma_i = -\sum_{j=i+1}^{p} A_j$$

假定矩阵 Π 的秩符合条件 $0<r<k$,说明多变量协整组合是平稳的。然后进行特征值迹和最大特征值检验(λ_{trace} 与 $\lambda_{\max}$):

$$\eta_r = -T \sum_{i=r+1}^{k} \ln(1-\lambda_i), r=0,1,2,\ldots,k-1$$

$$\xi_r = -T \ln(1-\lambda_{r+1}), r=0,1,2,\ldots,k-1$$

其中,λ 为特征值,k 为变量总数,T 为样本总数。

$r=0$ 时,特征值迹检验 η_0 或者最大特征值检验 ξ_r 大于既定显著水平下临界值,故拒绝原假设,说明变量之间至少存在协整关系。反之当二者小于既定显著水平下临界值,此时接受原假设各变量无协整关系。

(三)向量误差修正模型(VECM)

通过单位根与协整检验后,多个变量之间确定存在协整关系,同时各变量为非平稳过程。在此前提下使用向量误差修正模型分析各变量之间的长期与短期关系。误差修正确保变量水平值的信息没有丢失,一阶差分有助于虚假回归、多重共线等问题,差分项可以用 t 检验和 F 检验为标准来选取,对应的模型为:

$$\Delta y_t = aecm_{t-1} + lagged(\Delta y, \Delta x) + \varepsilon_t$$

其中,a 为系数,也是短期调整的参数,表明长期关系出现偏离时误差修正项的短期调整速度一般情况下为负值,表示模型长期的稳定性和反向调整机制成立。ecm_{t-1} 为误差修正项,一些情况下可看作协整方程,说明各变量之间长期的均衡关系。$lagged(\Delta y, \Delta x)$ 为各解释变量的差分项,反映各解释变量短期波动对因变量短期的影响。

(四)格兰杰因果检验(Granger)

该检验用于因果关系的判断,检查各变量之间因果关系的情况,并检验某变量受其他变量滞后值的影响,有影响或影响成立,因果关系存在,反之则不存在因果关系。格兰杰因果关系需要结合实际情况判断(统计层面是否成立并不意味各变量间必定存在因果关系)。

格兰杰因果检验的基本模型如下:

$$y_t = \sum_{i=1}^{p} a_i y_{t-i} + \sum_{j=1}^{p} \beta_j x_{t-j} + \mu_t$$

原假设为 H_0:$\beta_j = 0, j = 1, 2, 3, \ldots, p$,滞后系数 x 估计值在统计上整体显著为零则接受原假设,解释为 x 不是 y 的格兰杰原因,反之拒绝原假设,解释为 x 是 y 的格兰杰原因。我们通过 Eviews10.0 检验临界值 F_a 与既定显著水平 a 下计算的 F 值结果。格兰杰因果检验对变量滞后期 p 敏感,故滞后期选择不同会使结果产生差异,为了保证一致性,本书的格兰杰因果检验选择标准 VAR 模型的滞后期。

三、实证分析

(一)变量选取与处理

1.产出、劳动力投入和物质资本存量变量

产出 Y 用区域历年国民生产总值 GDP 表示,劳动力 L 用每年年末总人口数表示;物质资本存量本书用地区历年全社会固定资产投资额表示,以 1992 年不变价格进行价格平减处理,主要数据来源于恩施州历年统计年鉴、统计公报。

2.制度变迁指标选取

前文已经提到制度变迁的经济解释(如市场化的加深、对外开放程度加深和分配格局的变化),在充分考量所选取的指标准确性、代表性及数据可得性等因素的基础上,参考相关研究,选择恩施州1992年至2021年时间跨度中的相应指标作为制度变迁指标。

(1)市场化程度

ES_1指代市场化程度。市场与产权的发展息息相关,产权程度涉及非国有经济比重,一般用非国有经济在工业产值中的比重(非国有化率)为替代指标,该指标与经济增长正相关,虽然存在一定争议(如在某些领域,非国有经济比例并非越高越好),但针对本书研究区间,这一指标选择是较为合理的,同时也避免了多项指标的多重共线性。对应数据来源于统计公报或统计年鉴,具体公式如下:

$$ES_1 = \frac{每年非国有经济工业总产值}{每年全部工业总产值} \times 100\%$$

该指标是比例关系,故不做价格平减处理。

(2)对外开放程度

ES_2指对外开放程度。对外开放程度的衡量分为两类,一类是关注价格偏差度、平均关税率这种直接对经济体制或对外开放政策的度量;另一类从结果角度测算,如对外贸易额、对外投资额、对外金融开放程度等,国内一些研究常用该类方法衡量对外开放程度。考虑样本容量和数据获取难度,本书用历年出口贸易总额占GDP比例作为对外开放程度的替代指标。该指标同样是比例关系,不做价格平减处理。公式为:

$$ES_2 = \frac{每年出口贸易总额}{每年GDP} \times 100\%$$

(3)分配情况

分配情况用ES_3表示,拟选择非政府财政支出占GDP的比重(不需要价格平减)来衡量区域分配程度。非政府财政支出占 GDP 的比重较低,则证明市场分配资源程度越高,市场经济越活跃。但需要指出的是,这种数据是有边界和底线的,要保证基本的公共开支与政府维持。考虑到目前发展阶段,仍可以采用这样的假定,具体公式为:

$$ES_3 = 1 - \frac{每年财政支出}{GDP} \times 100\%$$

(4)制度综合指标

制度变迁总指标 ES 需要对上述 3 项指标赋值,主要用主成分分析法和赋值法。由于主成分分析是对样本期内变动程度较大的指标赋予更多的权重,并未考虑指标本身的重要性程度,当各指标的变动趋势基本一致时,使用主成分分析往往会给出各指标几乎相同的权重,且经过测算,发现主成分分析结果中的一些权重为负数,给实际计量造成影响。故本书根据相关文献采用赋值法,分别将市场化程度、对外开放程度、分配情况权重赋值为 60%、25% 和 15%(相关数据如表 5-1、表 5-2 所示)。在新制度经济学理论中,产权制度是影响经济增长的重要制度因素,结合我国改革开放的制度实践,市场化程度是制度变迁中最具代表性的因素。制度变迁的总指标为:

$$ES = 0.6 \times ES_1 + 0.25 \times ES_2 + 0.15 ES_3$$

表 5—1　　　　　产出 Y、劳动力 L 和物质资本存量 K 数据

年份	产生 Y(1992年价格,亿元)	劳动力 K(1992年价格,亿元)	物质资本存量 L(万人)	$\ln y(y=Y/L)$	$\ln k(k=K/L)$
1992	31.52	6.27	364.82	6.76	5.15
1993	35.92	7.14	368.1	6.88	5.27
1994	40.62	8.08	370.24	7.00	5.39
1995	45.06	8.96	372.97	7.10	5.48
1996	49.56	9.86	374.6	7.19	5.57
1997	54.17	10.78	377.23	7.27	5.65
1998	58.41	11.62	379.12	7.34	5.73

续表

年份	产生 Y(1992年价格,亿元)	劳动力 K(1992年价格,亿元)	物质资本存量 L(万人)	$\ln y(y=Y/L)$	$\ln k(k=K/L)$
1999	62.86	12.50	380.67	7.41	5.79
2000	68.19	13.56	379.42	7.49	5.88
2001	73.88	14.70	380.15	7.57	5.96
2002	80.62	16.04	381.01	7.66	6.04
2003	88.71	17.65	381.79	7.75	6.14
2004	97.68	19.43	382.71	7.84	6.23
2005	108.81	21.65	384.73	7.95	6.33
2006	122.43	24.35	387.9	8.06	6.44
2007	140.43	27.93	391.08	8.19	6.57
2008	154.59	30.75	395.34	8.27	6.66
2009	167.79	33.38	394.92	8.35	6.74
2010	185.16	36.83	397.61	8.45	6.83
2011	201.81	40.14	401.16	8.52	6.91
2012	219.22	43.61	403.25	8.60	6.99
2013	234.87	46.72	405.42	8.66	7.05
2014	254.70	50.66	406.29	8.74	7.13
2015	270.99	53.91	402.61	8.81	7.20
2016	289.49	57.59	404.01	8.88	7.26
2017	310.74	61.81	401.36	8.95	7.34
2018	330.69	65.78	402.04	9.01	7.40
2019	350.93	69.81	402.1	9.07	7.46
2020	356.91	71.00	402.22	9.09	7.48
2021	385.42	76.67	401.13	9.17	7.56

表 5—2　　　　　　　　　　制度变迁相关指标数据

年份	市场化程度 ES_1	$\ln ES_1$	对外开放程度 ES_2	$\ln ES_2$	分配情况 ES_3	$\ln ES_3$	总指标 ES	$\ln ES$
1992	24.19	3.19	0.03	−3.64	82.87	4.42	26.95	3.29
1993	19.65	2.98	0.03	−3.48	83.72	4.43	24.36	3.19
1994	23.45	3.15	0.04	−3.28	85.57	4.45	26.92	3.29
1995	32.49	3.48	0.26	−1.34	88.29	4.48	32.80	3.49
1996	45.78	3.82	1.03	0.03	90.60	4.51	41.32	3.72
1997	53.05	3.97	0.68	−0.39	90.27	4.50	45.54	3.82
1998	53.43	3.98	0.62	−0.47	90.23	4.50	45.75	3.82
1999	56.87	4.04	0.70	−0.36	88.48	4.48	47.57	3.86
2000	71.19	4.27	0.72	−0.33	88.13	4.48	56.11	4.03
2001	68.58	4.23	0.57	−0.55	85.35	4.45	54.09	3.99
2002	54.44	4.00	0.62	−0.48	83.60	4.43	45.36	3.81
2003	56.11	4.03	1.02	0.02	83.78	4.43	46.49	3.84
2004	42.42	3.75	1.26	0.23	81.62	4.40	38.01	3.64
2005	48.57	3.88	1.33	0.28	80.14	4.38	41.49	3.73
2006	48.86	3.89	1.44	0.36	75.70	4.33	41.03	3.71
2007	66.25	4.19	1.38	0.32	75.77	4.33	51.46	3.94
2008	58.36	4.07	1.44	0.36	73.99	4.30	46.47	3.84
2009	61.6	4.12	1.89	0.64	67.33	4.21	47.54	3.86
2010	66.56	4.20	1.92	0.65	65.80	4.19	50.29	3.92
2011	68.05	4.22	3.17	1.15	65.07	4.18	51.38	3.94
2012	77.53	4.35	3.52	1.26	66.58	4.20	57.39	4.05
2013	91.78	4.52	3.80	1.33	65.45	4.18	65.84	4.19
2014	91.8	4.52	3.96	1.38	69.47	4.24	66.49	4.20
2015	89.61	4.50	4.11	1.41	58.07	4.06	63.50	4.15
2016	89.61	4.50	4.17	1.43	62.98	4.14	64.26	4.16
2017	82.18	4.41	3.71	1.31	64.85	4.17	59.96	4.09

续表

年份	市场化程度 ES_1	$\ln ES_1$	对外开放程度 ES_2	$\ln ES_2$	分配情况 ES_3	$\ln ES_3$	总指标 ES	$\ln ES$
2018	78.11	4.36	0.53	−0.64	63.80	4.16	56.57	4.04
2019	80.16	4.38	0.53	−0.64	61.53	4.12	57.46	4.05
2020	74.0	4.30	0.57	−0.56	58.34	4.07	53.29	3.98
2021	88.82	4.49	0.67	−0.40	71.09	4.26	64.12	4.16

(二)计算结果与分析

1. 时间序列平稳性检验

时间序列非平稳性可能存在"伪回归"现象,故先使用 ADF 单位根检验各个变量时间序列的平稳性,检验结果如下(见表5－3):

表 5－3　　　　　制度变迁变量 ADF 单位根检验结果

变量	检验形式(C,T,K)	DW 值	ADF 值	5%临界值	结论
$\ln y$	($C,n,1$)	2.002 683	−1.555 711	−2.971 853	非平稳
$\ln k$	($C,n,1$)	2.002 781	−1.555 714	−2.971 853	非平稳
$\ln ES$	($C,n,1$)	2.040 370	−2.893 612	−2.971 853	非平稳
$d\ln y$	($C,n,4$)	2.123 708	−3.022 366	−2.971 853	平稳
$d\ln k$	($C,n,4$)	2.123 824	−3.022 620	−2.971 853	平稳
$d\ln ES$	($0,n,4$)	1.841 063	−4.511 707	−1.953 381	平稳

注:d 表示对原序列进行一阶差分,C、T、K 为 ADF 检验式是否包含常数项、时间趋势项和滞后期数。

各变量原序列经过检验是非平稳的至少有一个单位根,对各变量进行一阶差分,在一阶差分序列 5%临界值显著水平下通过了 ADF 检验是平稳的,各变量为 I(1)单整。

2. Johansen 协整检验

各变量均为一阶单整故可能存在长期协整关系,此时通过 Johansen 协整检验。协整检验需要确定最优滞后期。VAR 无约束协整有约束的,协整检验最优滞后期一般为 VAR 的最优滞后减去 1,通过 VAR 确定了最优滞后再诊断检验形式,最后才能协整。

从表 5-4 可看出,5%临界值显著水平下,无约束 VAR 模型最优滞后阶数为 2,故 Johansen 协整检验滞后期为 1,根据时间序列趋势特点,选择形式 4 进行协整检验,检验结果如表 5-4 所示。

表 5-4　　　　　　　　　建立 VAR 模型最优滞后阶数

Lag	Log L	LR	FPE	AIC	SC	HQ
0	−44.65	NA	0.00905	1.49	1.59	1.52
1	216.36	471.41	1.02e−07	−7.58	−7.12	−7.41
2	269.85	92.26*	2.0e−08*	−9.21*	−8.45*	−8.91*
3	277.81	12.91	2.10e−08	−9.17	−8.07	−8.75
4	286.32	12.92	2.17e−08	−9.15	−7.73	−8.6

注:*表示在 5%临界。

由表 5-4 可得,在 5%临界值水平下,似然比、最终预测误差、施瓦茨信息准则、赤池信息准则及汉南-奎因信息准则分别选取了 2 期之后,无约束 VAR 模型最优滞后阶数为 2,以此来对各变量进行协整检验,协整检验滞后期是无约束模型一阶差分的滞后期,所以为 1。

表 5-5　　　　　　　　基于制度变迁的 Johansen 协整检验

原假设	特征值	λ_{trace}	5%临界值	P 值	$\lambda_{\max}$	5%临界值	P 值
None*	0.43	71.31	39.61	0	41.11	23.71	0.0022
At most 1*	0.27	29.32	21.13	0.0041	19.61	16.2	0.0401
At most 2	0.11	11.38	11.31	0.0513	11.32	11.32	0.0543
……							

注:*表示在 5%临界值下拒绝原假设。

标准化协整方程:$\ln y = 0.633434\ln k + 0.207115\ln ES + 0.005424t$

Log likelihood:276.48

由此得出，$\ln y$、$\ln k$ 和 $\ln ES$ 在 5% 临界值下存在长期均衡关系，$\ln k$ 和 $\ln ES$ 对 $\ln y$ 的长期影响是正向的。

3. 向量误差修正模型

$\ln y$、$\ln k$ 和 $\ln Ie$ 为非平稳时间序列且存在协整关系，所以可以构建 VECM 向量误差修正模型（滞后期为 1），反映长期均衡和短期波动情况：

式①：

$\Delta\ln y_t = -0.595\,835 ECM_{t-1} + 0.694\,022\Delta\ln y_{t-1} + 0.133\,386\Delta\ln k_{t-1}$

　　　　[$-4.029\,07^{***}$]　　[$5.554\,44^{***}$]　　[$0.721\,44$]

　　　　$+0.037\,071\Delta\ln ES_{t-1} + 0.006\,278$

　　　　[$0.439\,61$]　　　　[$0.372\,77$]

$ECM_{t-1} = \ln y_{t-1} - 0.592\,306\ln k_{t-1} - 0.265\,925\Delta\ln ES_{t-1}$

　　　　[$-17.059\,57^{***}$]　　　[$-10.7\,351^{***}$]

　　　　$-0.010\,256 - 1.306\,382$

　　　　[$-4.3\,064^{***}$]

$R^2 = 0.429\,758$　　$Adj.R^2 = 0.385\,895$　　$F = 9.797\,373$

$DW = 1.958\,007\,6$　　$AIC = -2.789\,259$　　$SC = -2.610\,041$

式②：

$\Delta\ln y_t = -0.565\,302 ECM_{t-1} + 0.704\,421\Delta\ln y_{t-1} + 0.015\,976\Delta\ln k_{t-1}$

　　　　[$-5.259\,60^{***}$]　　[$5.733\,06^{***}$]　　[$1.575\,20$]

　　　$ECM_{t-1} = \ln y_{t-1} - 0.592\,306\ln k_{t-1} - 0.265\,925\Delta\ln ES_{t-1}$

　　　　[$-17.059\,57^{***}$]　[$-10.7\,351^{***}$]

　　　　$-0.010\,256 - 1.306\,382$

　　　　　[$-4.3\,064^{***}$]

$R^2 = 0.429\,768$　　$Adj.R^2 = 0.400\,354$　　$F = 19.694\,11$

$DW = 1.918\,332$　　$AIC = -2.845\,518$　　$SC = -2.737\,988$

式②中各变量系数 t 值在 5% 临界值水平下明显，误差修正项通过 5% 显著性水平检验,F 值显著,AIC、SC 值较小,拟合度较好,修正后 VCEM 在这几个值上均有明显改善,有两个根为 1,落在单位圆上,其他根在单位圆内满足稳定性要求。相关图和 Q 统计量检验中,相关系数和偏相关系数直方图均落在 ±0.5 内,LM 自相关结果显示模型不存在自相关,ARCH 异方差检验显示模型不存在异方差,该 VECM 具有较好的准确性和合理性。

ECM 协整方程反映 $\ln y$、$\ln k$ 和 $\ln ES$ 存在长期均衡且变量 $\ln k$ 和 $\ln ES$ 对经济增长有明显正向作用。每增长 1 个百分点的人均资本对应 0.59 个百分点的人均产出增加;每增长 1 个百分点制度变迁对应 0.27 个百分点的人均产出增长。从式①中短期看制度变迁变动对经济增长具有不显著正向影响,每增长 1 个百分点制度变迁人均产出增长 0.04 个百分点。修正后式②表明短期内人均产出变动显著受其自身滞后一期的影响(0.704%),误差修正项调整系数为负(−0.565),反向修正机制成立,当短期内 $\ln y$ 偏离长期均衡水平时,误差修正会将其拉回长期稳定水平。所以制度变迁变量对经济增长的长期影响高于短期影响。

4. 格兰杰因果关系检验

上述检验表明,$\ln y$、$\ln k$ 和 $\ln ES$ 之间存在长期均衡关系,并且 $\ln k$ 和 $\ln ES$ 对 $\ln y$ 的长期影响是正向的。故检验各变量之间的 Granger 因果关系。滞后期为 2 时的格兰杰因果检验结果如表 5—6 所示。

表 5—6　　　　　　　　　格兰杰因果检验结果

原假设	观测值数	滞后期	F 值	P 值	结论
$\ln y$ 不能 Granger 引起 $\ln k$	57	2	6.938 2	0.002 1	拒绝
$\ln k$ 不能 Granger 引起 $\ln y$	57	2	3.968 0	0.024 9	拒绝
$\ln ES$ 不能 Granger 引起 $\ln y$	57	2	5.375 2	0.007 6	拒绝
$\ln y$ 不能 Granger 引起 $\ln ES$	57	2	3.992	0.026 2	拒绝

在 10% 显著水平上,同样存在双向因果关系。因此,因果关系检验表明 $\ln k$、$\ln ES$ 各自都是 $\ln y$ 的原因,这进一步证明了之前协整检验和 VECM 的

结果。

通过实证我们可以得出,从长期看制度变迁对经济增长有明显的正向作用,制度变迁对经济增长缺乏弹性;从短期看,制度变迁变动对经济增长几乎无弹性,没有显著正向影响,故制度变迁对经济增长的长期影响大于短期影响。总体而言,制度变迁在长期内对地区经济增长具有显著正向效应,制度变迁市场机制和激励机制促成了企业技术的快速提升、市场的扩大,进而推动了经济增长,故制度变迁是经济长期增长的源泉。

结论与展望

一、结论

通过对武陵山区改土归流、新中国成立和改革开放三个重要时期制度变迁与经济社会发展的研究,我们可以发现,制度变迁能更有效地实现经济持续增长,经济增长为区域社会发展提供了一定物质基础,经济社会的发展最终推动区域社会融合,故制度变迁有助于经济增长与社会发展水平的提升,客观上也有助于区域民族团结与繁荣。

制度变迁影响经济增长,推动社会进步和民族融合。发展问题是所有社会主体的刚性需求和关注重点,经济社会的绩效是制度变迁的长效驱动力,绩效则将进一步释放地区的社会生产潜力。制度变迁的绩效首先对经济产生重要影响,并以经济为基础传导给社会,最终实现生产力的飞跃和经济社会显著的发展。制度转型主要体现在对制度结构的革新方面,如土地管理体制调整、中华人民共和国建立及改革开放等,这些事件反映出的是制度的不平衡状况中,潜在的制度转变利益超过了潜在的制度转变代价,这使得人们具备动机和刺激来推进制度变化。此外,制度转型的效果呈层级关系发展,从制度转型的主要构成要素和方式来看,正是因为成功地实现了政府的高层次驱使和社会组织的积极参与,构建了一个有利于区域和平稳定的制度环境。在制度转型的过程中,政府设定明确的目标,并且给予执行各种任务的合理性和合法性,国家和社会在政策系统中的领导角色,有助于确保制度转型的有序运行和高效完成。

制度变迁中的诱致性变迁和强制性变迁可以理解为国家与地区的双向调试,目的是确保制度变迁轨迹不偏离满足当时社会发展的需要,这两种变迁可以同时存在,只是侧重点不同。对于土地治理与流动性的调整及对开放式改革而言,它们主要以强迫的方式发生变化,并通过自上而下的实施方案来推行,其制度变更是由政府引导的,并且按照官僚体系的工作原理运行,采取的是从上到下的策略实行路线。由上而下的政策制定强调了公众利益的重要性,它需要在明确定义政策总目标的前提下,利用层次化管理的任务处理和资源分配方法,实现预期中的政策效果,从而打下了建设一套有规制性和合法规制的监管系统的基石。事实上,中华人民共和国的制度变动主要是自下向上引发的诱发型制度变动,这是社会主体自底部开始的一种试验性质的探究,试图创建一种能够充分发挥社会资源优势的决策机制。我国社会主义制度导致的由上而下的政策操作模式有着规模效益的好处,其有助于减少组织的明显费用,使制度达到平衡状态。

二、展望

通过对武陵山区改土归流、新中国成立与改革开放三个时期制度变迁的历程阐述及影响可知,制度变迁过程中要保持强有力的政府统一领导和稳定的政治、社会环境,这是制度变迁重要的前提,影响着制度变迁产生的各种绩效。

宏观上,武陵山区受自然地理、历史发展、经济基础、民族文化等主客观因素的影响,区域社会主义市场经济发展水平对比发达地区仍存在显著差距,需要通过新的制度变迁来解放生产力、缩小区域发展差距、推动要素市场流动、降低交易成本、加强对外交流与联系、推动社会的转型、跟上时代的潮流、融入全

国统一大市场,实现经济社会和谐、稳定与繁荣。为此,在新的发展阶段,武陵山区在制度变迁过程中需要做到以下几点:

其一,坚持和加强党的全面领导。

在党的领导下,武陵山区各级政府作为制度变迁与组织安排的主体,要切实转变全方位、多层次的全面直接管理观念,进行合理的基础性制度安排,构建有效的组织体系。

作为一种具有目标导向性的利他联合体,"组织"实际上是由协议架构与内化外部费用的结果所构成的。它既是制度改革的主要驱动力,也影响并决定了其路径选择,对制度改革进程产生积极或者消极的影响。因此,我们需要改善这个"组织",包括对其起始结构的设计,正确地指导它的利益倾向及喜好的转变、增强其学习能力并将其放在竞争环境下,以促进制度改革走向有益社会的道路。

对于制度的转变,组织扮演着关键的角色。组织有最高目标,而能够达到这个目标需要技术能力、知识储备和学习能力。与发达地区相比,武陵山区组织安排不合理制约了制度变迁及由此带来的制度绩效。故要推进政府机构的改革优化,提升行政管理效率,加强与多元治理主体和企业组织的联系,同时认真考虑地区的实际情况,使各种契约、制度安排的外部性内在化,推进地区的制度变迁,调动各方力量共同建设,追求制度的均衡状态。

有效的组织需要做到制度变迁过程中的组织创新,前提是在既定的法律法规允许的范围内进行必要的制度安排,调整利益结构,协调各方关系,引导组织创新发展的方向和企业的组织创新,构建政府、第三方机构和企业三者之间的协调合作关系,以促进组织内部形成协调一致的意见,增强新组织的凝聚力和创新能力,进而推动制度变迁。这种协调合作有助于降低组织寻求变革的各种成本,如信息成本、运行和操作成本,总体上提升变革的收益,减少不必要的行政干预的同时扩大组织创新制度边界,逐步实现组织在动态博弈(与环境的适应性的博弈)中达到均衡;并以政府引导减少制度安排的盲目性,实现互补,加速组织创新的标准化和创新的进程,助力产业发展效率,提升整体竞争力。

其二,协调各方利益,减少制度变迁阻碍。

制度转变是一个权益调整的过程,这个过程既困难又复杂,各利益相关方之间的利益冲突必然导致对新计划的长期讨价还价。制度变迁下的制度安排同样追求帕累托最优状态(包括制度创新的帕累托改进型和非帕累托改进型)。在新的社会体制改革进程中,我们必须考虑到那些可能受到损害的人们并给予他们适当的赔偿。若无法满足这些人的需求,新的政策可能就会延迟实施或完全废止。社会的和谐与稳定很大程度上取决于各种利益间的平衡状态。为了激发各种利益相关方的积极性以推动武陵山区的发展,我们需要全面理解他们的诉求并在制定策略时充分听取来自不同群体的声音。此外,还要确保政府的决策过程公开透明,让各利益相关方能够以合法且民主的方式获得有效调整和融合。

社会主义市场经济体制在全国范围内的建立和完善也推动了武陵山区市场经济的发展。市场经济体系的构建需要对原有利益关系不断进行调整,这打破了原有的社会利益分配模式。在市场经济的作用下,地区内各种不同利益主体的利益诉求存在差异,在此社会背景下,地方政府在制度变迁过程中要稳中求进,合理调整个人和不同集团的利益,缓和利益主体间的矛盾,推动和谐统一社会利益分配机制的构建。完善的产权体系可以维护社会成员的公正和合法权益,清除非法利益,构建并实施一套合理的损失补偿机制。对于受到损害的社会成员,要提供适当的赔偿,以激发参与改革的动力,确保改革持续向前推进。

此外,协调各方利益需要构建相应的保障制度。在制度变迁中存在制度变革的成本和风险,需要政府承担。制度的运行费用也包括制度成本,制度变迁过程的制度成本影响制度创新,故制度成本需要得到合理的补偿。武陵山区政府应考虑制度变迁过程中的制度设计与实施、制度风险和监督成本。第一,系统构建费用。任何预期的营利系统的建立都需要消耗一定的资金和物资资源。

人力及其他相关资源的价格对于系统的建设成本有直接的影响,所以,政府需要在此领域增加投资。第二,执行新型体系所需的预计花费。把可能性的方案转化为实际操作的核心要素是其预期产生的成本,主要是向因体制改革而损失一部分权益的社会群体提供适当的经济补偿。第三,应对制度风险所带来的支出。像武陵山区这样的少数民族区域因为独特的地理条件和社会背景,实行新的制度面临较高的风险,如自然灾难风险、科技风险、商业风险、政策风险等。体制转型过程中会遭受多种风险的侵害,故政府应构建制度风险防范措施,承担实施新制度后的监督成本。另外,制度变迁后,利益格局必定会改变,社会资源也通过新的制度安排重新调整分配,政府必须做好引导和管理,保证公平公正,避免在利益分配未稳定的情况下被各方的力量打破新的和谐状态,故政府需要重构一套监督、检测和保证利益平衡的规则,尤其是要关注产权制度的明晰。

其三,因地制宜选择制度变迁方式。

按照新制度经济学的观点,制度变迁有两种类型:诱致性制度变迁与强制性制度变迁。前者是自我发起并组织的制度更改或者替换,这通常是由个体或群体寻求利润机遇的过程中推动实施;后者则是通过政府指令与法律法规来实现的制度转变。无论是哪种类型的制度变化,都无法完全解决所有的制度供应难题。尽管强制性的制度改革能带来高效的安排,但其结果可能并不理想;而诱导式的制度调整则能够更好地适应现实需求,然而其进展相对缓慢。唯有将这两种方法相结合,才有可能达到最佳的制度效果与最优的安排效率,并且充分满足现实需求。

受各种条件的制约,武陵山地区的制度改革主要由政府推动并提供强迫性的制度供应,这是一种基于政府领导的自上而下的制度转变方式。这一制度设计能够快速且有效地落实,并且它的初始阶段有着较低的组织成本,但是随着时间的推移,它可能会受到来自行政干涉和强制指令的影响,从而对政策的长久规划产生负面效果。因此,为了防止这种情况的发生,我们应该采取一种诱导式的制度改革策略,通过激发企业的活力和社会组织的参与积极性,鼓励公众主动行动,以此来构建经济和社会发展的强大动力,这样才能让强制性和诱导式制度改革的路径相互融合,切实解决问题,助力社会的繁荣昌盛。

其四,加强法治与文化建设,培养民族团结的内生动力。

制度变迁过程需要关注法治体系的完善。有效的政策执行需要依赖于一种或多种类型的第三方组织执行,这种第三方组织的义务应该被有强制权力的国家来约束。法制的健全有助于保护财产权利并推动市场的进步。在新时期的新阶段,武陵山地区的地方政府仍然要在经济发展过程中起到领导作用,强化法制构建,利用正规制度的高效约束保证社会主义市场的健康成长。

此外,非正式体制作为正式体系的扩展,可以修改、增加或者拓宽正式体系,从而提升正式体系的经济效益。文化建设上,政府需要继续加大地区的教育投入,提升现代市场意识,激发群众为美好生活而奋斗的内驱力。因此,促进地域经济的持续发展、社会经济的进步和物质财富的积累,不仅是人类所有实践行为的根基,也是人们避免生存竞争、加强情感沟通以及建立精神共鸣的必要条件。武陵山地区通过文化建设强化国家认同,有助于和外界的交往交流,为民族融合与中华民族共同体建设创造条件。

参考文献

一、著作

[1]中共中央党史和文献研究院.习近平关于社会主义经济建设论述摘编[M].北京:中央文献出版社,2017.

[2]赵家祥,王元明.马克思主义哲学原理[M].北京:中国人民大学出版社,2005.

[3]李干,周祉征,李倩.土家族经济史[M].西安:陕西人民出版社,1996.

[4]陈国安.土家族近百年史(1840—1949)[M].贵阳:贵州民族出版社,1999.

[5]周兴茂.土家族区域可持续发展研究[M].北京:中央民族大学出版社,2002.

[6]邓辉.土家族区域经济发展史[M].北京:中央民族大学出版社,2002.

[7]吴永章,田敏.鄂西民族地区发展史[M].北京:民族出版社,2007.

[8]《土家族简史》修订本编写组.土家族简史(修订本)[M].北京:民族出版社,2009.

[9]杨洪林.明清移民与鄂西南少数民族地区乡村社会变迁研究[M].北京:中国社会科学出版社,2013.

[10]龙先琼.近代湘西开发史研究:以区域史为视角[M].北京:民族出版社,2014.

[11]朱圣钟.区域经济与空间过程:土家族地区历史经济地理规律探索[M].北京:科学出版社,2015.

[12]方志远.明清湘鄂赣地区的人口流动与城乡商品经济[M].北京:人民出版社,2001.

[13]何伟福.清代贵州商品经济史研究[M].北京:中国经济出版社,2007.

[14]田敏.土家族土司兴亡史[M].北京:民族出版社,2000.

[15]杨洪林.历史移民与武陵民族地区社会变迁研究[M].北京:人民出版社,2019.

[16](美)德隆·阿西莫格鲁.国家为什么会失败[M].李增刚,译.长沙:湖南科学技术出版社,2015.

[17](美)凡勃伦.有闲阶级论[M].北京:中央编译出版社,2012.

[18](美)克莱伦斯·E.艾尔斯.经济进步理论:经济发展和文化变迁的基本原理研究[M].徐颖莉,赵斌,毕冶,译.北京:商务印书馆,2011.

[19](英)尼尔·基什特尼.经济学通识课[M].张缘,刘婧,译.北京:民主与建设出版社,2017.

[20](美)西奥多·舒尔茨.经济成长和农业[M].郭熙保,译.北京:中国人民大学出版社,2015.

[21](美)阿夫纳·格雷夫.大裂变:中世纪贸易制度比较和西方世界的兴起[M].郑江淮,等译.北京:中信出版社,2008.

[22](德)马克思.资本论[M].北京:人民出版社,2004.

[23](德)马克思,(德)恩格斯.马克思恩格斯全集[M].北京:人民出版社,2009.

[24](美)道格拉斯·C.诺思.制度、制度变迁与经济绩效[M].杭行,译.上海:三联书店,2014.

[25](美)道格拉斯·C.诺思,经济史中的结构与变迁[M].陈郁,罗华来,等译.上海:上海三联书店,1991.

[26]邓伟志.社会学辞典[Z].上海:上海辞书出版社,2009.

[27](美)卡伦·沃恩.奥地利学派经济学在美国——一个传统的迁入[M].朱全红,彭永春,等译.杭州:浙江大学出版社,2008.

[28](以)约拉姆·巴泽尔.产权的经济分析[M].2版.费方域,段毅才,钱敏,译.上海:上海三联书店,2017.

[29](美)斯蒂格利茨,沃尔什.经济学[M].4版.黄险峰,张帆,译.北京:中国人民大学出版社,2010.

[30](美)康芒斯.制度经济学(上)[M].北京:商务印书馆,2017.

[31](美)科斯,威廉姆森,等.制度、契约与组织:从新制度经济学角度的透视[M].刘刚,冯健,杨其静,等译.北京:经济科学出版社,2003:54.

[32](美)Y.巴泽尔.产权的经济分析[M].费方域,段毅才,译.上海:上海三联书店,

1997:4.

[33](美)沃尔特·W.鲍威尔,保罗·J.迪马吉奥.组织分析的新制度主义[M].姚伟,译.上海:上海人民出版社,2008:6.

[34](美)约翰·N.德勒巴克.新制度经济学前沿[M].张宁燕,译.北京:经济科学出版社,2003:33.

[35](美)埃里克·弗鲁博顿,鲁道夫·芮切特.新制度经济学:一个交易费用的分析范式[M].罗长远,姜建强,译.上海:上海三联书店,2006.

[36]张俊山.经济学方法论[M].天津:南开大学出版社,2003.

[37](南)斯韦托扎尔·平乔维奇.产权经济学:一种关于比较体制的理论[M].蒋琳琦,译.北京:经济科学出版社,1999.

[38](美)罗纳德·H.科斯.论经济学和经济学家[M].茹玉骢,罗君丽,译.上海:上海三联书店,2010:10.

[39](美)奥利弗·E.威廉姆森,西德尼·G.温特.企业的性质[M].北京:商务印书馆,2010.

[40](美)科斯,诺思,威廉姆斯,等.制度、契约与组织:从新制度经济学角度的透视[M].刘刚,冯健,杨其静,等译.北京:经济科学出版社,2003.

[41](美)约翰·克劳奈维根.交易成本经济学及其超越[M].朱舟,黄瑞虹,译.上海:上海财经大学出版社,2002.

[42](美)奥利弗·威廉姆森.资本主义经济制度:论企业签约与市场签约[M].段毅才,王伟,译.北京:商务印书馆,2002.

[43]卢现祥.新制度经济学[M].2版.武汉:武汉大学出版社,2011.

[44](以)E.赫尔普曼.经济增长的秘密[M].王世华,吴筱,译.北京:中国人民大学出版社,2003.

[45](美)曼瑟尔·奥尔森.集体行动的逻辑:公共物品与集团理论[M].陈郁,郭宇峰,李崇新,译.上海:上海三联书店,2014.

[46](美)理查德·波斯纳.法律的经济分析[M].北京:中国大百科全书出版社,1997:20.

[47](美)沃尔夫.乡民社会[M].张恭,译.台北:巨流图书有限公司,1983.

[48]费孝通.江村经济[M].北京:中华书局,1987.

[49](美)基辛.当代人类学[M].于嘉云,张恭启,译.台北:巨流图书有限公司,1980.

[50](美)施坚雅.中国农村的市场和社会结构[M].史建云,徐秀丽,译.北京:中国社会科学出版社,1993.

[51](英)博兰尼.巨变:当代政治经济的起源(导论)[M].黄树民,译.台北:远流出版公司,1989.

[52]韩茂莉.中国历史地理十五讲[M].北京:北京大学出版社,2015.

[53]吴柏森.容美纪游校注[M].武汉:湖北人民出版社,1999.

[54]中共鹤峰县委统战部.容美土司史料汇编[M].北京:中国文史出版社,2019.

[56]王承尧,罗午,彭荣德.土家族土司史录[M].长沙:岳麓书社,1991.

[57]冯象钦,刘欣森.湖南教育史:第一卷[M].长沙:岳麓书社,2002.

[58](美)诺斯.经济史上的结构和变革[M].北京:商务印书馆,1992.

[59]葛剑雄,曹树基.中国人口史(第5卷)[M].上海:复旦大学出版社,2001.

[60]湖北省志贸易志编辑室.湖北近代经济贸易史料选辑(1840-1949):第1辑[Z].1985.

[61]胡炳章.尘封的曲线——溪州地区社会经济研究[M].民族出版社,2014:48.

[62](德)马克思,(德)恩格斯.马克思恩格斯全集:第3卷[M].北京:人民出版社,1960.

[63]《土家族简史》修订本编写组.土家族简史(修订本)[M].北京:民族出版社,2009.

[64]王晓宁.恩施自治州碑刻大观:第7编[M].北京:新华出版社,2004:252.

[65](美)科斯,(美)诺斯,等.财产权利与制度变迁[M].上海:上海人民出版社,1994.

[66]孔凡义.近代中国军阀政治研究[M].北京:中国社会科学出版社,2010.

[67]中共中央党史和文献研究院.湘鄂川黔革命根据地[M].北京:中共党史资料出版社,1989.

[68]湖北省鹤峰县史志编纂委员会.鹤峰县志[M].武汉:湖北人民出版社,1990.

[69]王先进.土地法全书[M].长春:吉林教育出版社,1990.

[70]土家族百年实录编委会.土家族百年实录[M].北京:中国文史出版社,2000.

[71]湖南省财政厅.湘鄂西、湘鄂川黔革命根据地财政经济史料摘编[M].长沙:湖南人民出版社,1998.

[72]湘西土家族苗族自治州地方志编纂委员会.湘西土家族苗族自治州志[M].长沙：湖南人民出版社,1999.

[73]湖北省恩施土家族苗族自治州地方志编纂委员会.恩施州志[M].武汉：湖北人民出版社,1998.

[74]石建华,伍贤佑.湘西苗族百年初录(下)[M].北京：方志出版社,2008.

[75]中华人民共和国民政部.中华人民共和国县级以上行政区划沿革：第三卷[M].北京：测绘出版社,1988.

[76]湖南省地方志编纂委员会.湖南省志·民族志[M].长沙：湖南人民出版社,1997.

[77]酉阳县县志编修委员会.酉阳文史资料选辑[Z].1987.

[78]龙山县志编纂委员会.龙山县志[M].北京：方志出版社,2012.

[79]湖北省咸丰县委员会文史资料委.咸丰文史资料：第3辑[Z].咸丰县国营印刷厂,1991.

[80]来凤县县志编纂委员会.来凤县志[M].武汉：湖北人民出版社,1990.

[81]湘西文史资料研究委员会.湘西文史资料·湘西名镇[Z].1991.

[82]杨思远.中国少数民族生产方式研究[M].北京：新华出版社,2012.

[83]湘西土家族苗族自治州概况编辑委员会.湘西土家族苗族自治州概况[Z].1963.

[84]湖北省统计局.湖北统计年鉴(1985)[M].北京：中国统计出版社,1985.

[85]《凤凰县民族志》编写组.凤凰县民族志[M].北京：中国城市出版社,1997.

[86]王平,龚志祥.武陵地区民族关系的现状及分析[M].黑龙江民族丛刊,2005(2)：30—34.

[87](美)卡伦·沃恩.奥地利学派经济学在美国[M].朱全红,彭永春,宋正刚,等译.杭州：浙江大学出版社,2008.

[88]鹤峰县志编纂委员会.鹤峰县志(1986—2005)[M].武汉：湖北人民出版社,2012.

[89](美)道格拉斯·C.诺思.西方世界的兴起[M].历以平,蔡磊,译.北京：华夏出版社,2017.

[90](美)道格拉斯·C.诺思.经济史中的结构与变迁[M].上海：陈郁,罗华平,译.上海三联书店,1991.

[91]全国人民代表大会常务委员会.中华人民共和国民族区域自治法[M].北京：法律

出版社,2001.

[92](英)沃克.牛津法律大辞典[M].李双元,译.北京:法律出版社,2003.

[93]庄孔韶.人类学通论[M].2版.北京:中国人民大学出版社,2016.

[94]张捷夫.论改土归流的进步作用[M]//中国社会科学院历史研究所清史研究室.清史论丛:第二辑.北京:中华书局,1980.

二、期刊文献

[1]张培刚.懂得历史,才能更好地理解中国的发展[J].江汉论坛,2001(11),5-8.

[2]马天卓.清代四川土家族苗族地区的城市发展——以川东南三厅为例[J].西南民族大学学报:人文社科版,2010(10):38-44.

[3]郑大发.试论湘西土家族地区的"改土归流"[J].吉首大学学报:社会科学版,1982(2):48-55.

[4]彭官章.试论土家族封建农奴制度[J].民族论坛,1983(1):31-39.

[5]彭武一.明清年间土家族地区社会经济实况[J].吉首大学学报:社会科学版,1985(2):14-19.

[6]黄仕清.略论清代前期土家族地区的开发[J].中南民族学院学报:哲学社会科学版,1986(1):59-61.

[7]刘东海.雍正朝在鄂西的改土归流[J].湖北民族学院学报:哲学社会科学版,1987(4):92-98.

[8]陈廷亮.改土归流与湘西土家族地区封建地主制经济的最终确立[J].吉首大学学报:社会科学版,1987(4):39-45.

[9]彭官章.改土归流后土家族地区的巨大变化[J].吉首大学学报:社会科学版,1991(4):48-52.

[10]周兴茂.从土家族区域经济史看当代可持续发展[J].湖北民族学院学报:哲学社会科学版,2002(2):26-30.

[11]喻湘存.湘西苗族、土家族地区历史经济述略[J].湖南商学院学报,2002(5):36-39.

[12]邓辉.土家族区域土司时代社会性质初论[J].湖北民族学院学报:哲学社会科学版,2004(3):36-41.

[13]雷翔.游耕制度:土家族古代的生产方式[J].贵州民族研究,2005(2):82-87.

[14]陈廷亮.土司时期湘西土家族地区社会经济形态简论[J].吉首大学学报:社会科学版,2006(2):89-92.

[15]李虎.论清代改土归流对土家族地区经济开发的影响[J].重庆三峡学院学报,2010(5):59-63.

[16]王航.南方地区改土归流发生逻辑与策略探析[J].黔南民族师范学院学报,2020(5):16-22.

[17]郗玉松.试论改土归流后流官的施政策略——以清代湖广土家族地区为例[J].遵义师范学院学报,2021(4):18-22.

[18]王承尧,秦加生.油桐生产在湘西少数民族经济中的历史地位及其作用[J].中南民族学院学报:哲学社会科学版,1985(1):15-22,25.

[19]王朝辉.试论近代湘西市镇化的发展——清末至民国年间的王村桐油贸易与港口勃兴[J].吉首大学学报:社会科学版,1996(2):32-39.

[20]吴旭.论清代鄂西土家族食物获取方式的变迁[J].湖北民族学院学报:社会科学版,1997(2):33-35.

[21]段超.清代改土归流后土家族地区的农业经济开发[J].中国农史,1998(3):56-63.

[22]杨国安.明清鄂西山区的移民与土地垦殖[J].中国农史,1999(1):16-28.

[23]朱圣钟.鄂西南民族地区农业结构的演变[J].中国农史,2000(4):27-33.

[24]朱圣钟.历史时期土家族地区农业结构的演变[J].湖北民族学院学报:哲学社会科学版,2004(2):38-43.

[25]黄柏权,游红波.土家族织锦的发展演变及其现代启示[J].湖北民族学院学报:哲学社会科学版,2005(2):8-13.

[26]廖桂华.近代以来恩施桐油的生产及贸易[J].边疆经济与文化,2006(3):18-19.

[27]李良品.乌江流域土家族地区土司时期的经济发展及启示[J].湖北民族学院学报:哲学社会科学版,2008(1):1-7.

[28]郗玉松.清代湘西土家族地区农业开发初探[J].兰台世界,2014(21):43-44.

[29]陈明,柴福珍.清代改土归流后湘西地区农业结构的演变[J].古今农业,2016(2):89-95.

[30]莫代山.清代改土归流后武陵民族地区的玉米种植及其社会影响[J].青海民族研究,2016(1):140—143.

[31]潘洪钢.清代中南少数民族地区赋税政策概说[J].中南民族学院学报:哲学社会科学版,1990(2):61—65.

[32]刘孝瑜,柏贵喜.鄂西土家族地区城镇的兴起和发展趋势[J].中南民族学院学报:哲学社会科学版,1991(3):38—45.

[33]柏贵喜.清代土家族地区商品经济的发展及其影响[J].贵州民族研究,1997(4):143—148.

[34]许檀.明清时期城乡市场网络体系的形成及意义[J].中国社会科学,2000(3):191—202,207.

[35]陈廷亮.土司时期湘西土家族地区社会经济形态简论[J].吉首大学学报:社会科学版,2006(2):89—92.

[36]田晓波.土家族历史上的传统分配和交换制度研究[J].湖北民族学院学报:哲学社会科学版,2008(3):6—8.

[37]曹端波.清代湘西商业市镇的发展及其原因[J].吉首大学学报:社会科学版,2009(1):39—44.

[38]李锦伟.清代黔东农村商品经济发展的内部条件探析[J].安徽农业科学,2010(11):6033—6035.

[39]安元奎.乌江盐油古道及其对贵州土家族经济文化发展的深远影响[J].铜仁学院学报,2011(4):12—17.

[40]李亚.改土归流后酉水流域市镇的发展与分布[J].中南民族大学学报:人文社会科学版,2017(6):104—108.

[41]徐毅郝,博扬.清代前期西南改土归流地区的城市治理初探——以云南、广西和贵州为中心的考察[J].清史论丛,2019(1):63—77.

[42]段超.试论改土归流后土家族地区的开发[J].民族研究,2001(4):95—103.

[43]段超.古代土家族地区开发简论[J].江汉论坛,2001(11):68—71.

[44]杜成材.湘西土家族苗族地区的改土归流及其社会历史差异[J].吉首大学学报:社会科学版,2007(3):51—55.

[45]谭清宣.清代改土归流后土家族地区的移民及其社会影响[J].重庆社会科学,2009(5):88-92.

[46]龙先琼.改土归流时期的湘西开发及其社会历史变迁[J].吉首大学学报:社会科学版,2011(6):41-45,50.

[47]龚义龙.制度变革、政策杠杆与社会进步:容美地区改土归流前后经济社会发展状况比较研究[J].长江师范学院学报,2014(6):1-8,145.

[48]贾霄锋,马千惠.重构·变迁:清末改土归流与川边藏族社会嬗变[J].青海民族研究,2015(4):164-168.

[49]陈文元.改土归流与土民身份转型——以鄂西南容美土司为例[J].湖北民族学院学报:哲学社会科学版,2017(1):53-57.

[50]郑大发.试论湘西土家族地区的"改土归流"[J].吉首大学学报:社会科学版,1982(2):48-55.

[51]黄仕清.略论清代前期土家族地区的开发[J].中南民族学院学报:哲学社会科学版,1986(1):59-61.

[52]黄柏权.鄂西南土家族地区改土归流的必然性和进步性[J].三峡论坛,2013(6):1-6.

[53]郗玉松.改土归流后土家族社会治理研究[J].山西档案,2016(4):162-164.

[54]莫代山.改土归流与区域社会的"国家化"[J].广西民族研究,2020(5):120-126.

[55]王航.南方地区改土归流发生逻辑与策略探析[J].黔南民族师范学院学报,2020(5):16-22.

[56]郗玉松.试论改土归流后流官的施政策略——以清代湖广土家族地区为例[J].遵义师范学院学报,2021(4):18-22.

[57]赵艾东,李真.清末巴塘改土归流、地方秩序重建与国家认同[J].西南民族大学学报:人文社会科学版,2022(6):10-18.

[58]杨亚东.清前期中央王朝云南治理变革及其对边疆社会发展的影响[J].西南民族大学学报:人文社会科学版,2022(2):7-13.

[59]何顺果.从《苦难时期》一书看美国"历史计量学派"[J].世界历史研究动态,1979(10):11-19.

[60]翟宁武.计量经济史学评价[J].中国经济史研究,1992(2):147—154.

[61]李延长.历史研究中的计量分析法[J].西北第二民族学院学报:哲学社会科学版,1992(2):41—48.

[62]郑备军.新经济史学方法论述评[J].史学理论研究,1995(1):101—104.

[63]华薇娜.对中外历史计量研究发展史的比较[J].史学理论研究,1995(3):58—69,135.

[64]郭艳茹,孙涛.经济学家和史学家应该互相学习什么——论新经济史学与中国传统经济史学的范式冲突与协调[J].学术月刊,2008(3):77—82.

[65]张跃平.经济增长中制度绩效实证分析综述[J].中南民族大学学报:人文社会科学版,2008(2):140—143.

[66]孙圣民.历史计量学五十年[J].中国社会科学,2009(4):142—161,207.

[67]孙涛.阿夫那·格里夫的历史比较制度分析及对中国研究的启示[J].山东社会科学,2011(9):129—133.

[68]王爱云.计量方法在当代中国史中的运用[J].当代中国史研究,2013(6):94—102.

[69]关永强.从历史主义到计量方法:美国经济史学的形成与转变(1870—1960)[J].世界历史,2014(4):114—123.

[70]梁晨,董洁,李中清.量化数据库与历史研究[J].历史研究,2015(2):113—128,191—192.

[71]李伯重.史料与量化:量化方法在史学研究中的运用讨论之一[J].清华大学学报:哲学社会科学版,2015(7):51—63.

[72]黄炜,张子尧,安然.从双重差分法到事件研究法[J].产业经济评论,2022(2):17—36.

[73]韩炯.从计量史学迈向基于大数据思维的新历史学——对当代西方史学量化研究新发展的思考[J].史学理论研究,2016(1):65—74,159.

[74]孔泾源.中国农村土地制度:变迁过程的实证分析[J].经济研究,1993(2):65—72,16.

[75]杨瑞龙,杨其静.阶梯式的渐进制度变迁模型——再论地方政府在我国制度变迁中的作用[J].经济研究,2000(3):24—31,80.

[76]乔榛,焦方义,李楠.中国农村经济制度变迁与农业增长——对 1978—2004 年中国农业增长的实证分析[J].经济研究,2006(7):73-82.

[77]张跃平.经济增长中制度绩效实证分析综述[J].中南民族大学学报:人文社会科学版,2008(2):140-143.

[78]刘文革,高伟,张苏.制度变迁的度量与中国经济增长——基于中国 1952—2006 年数据的实证分析[J].经济学家.2008(6):48-55.

[79]田钊平.制度变迁与民族地区的经济发展研究——基于恩施州的实证分析[J].西南民族大学学报:人文社会科学版,2011(1):112-118.

[80]林毅.经济制度变迁对中国经济增长的影响——基于 VECM 的实证分析[J].财经问题研究,2012(9):11-17.

[81]王军,邹广平,石先进.制度变迁对中国经济增长的影响——基于 VAR 模型的实证研究[J].中国工业经济,2013(6):70-82.

[82]姜海林,申登明.制度变迁对云南经济增长影响的实证分析[J].云南财经大学学报,2013(4):108-112.

[83]孙亚南.制度变迁与二元经济转型关系的实证研究[J].黑龙江社会科学,2014(4):82-85.

[84]中国产业体系的制度结构研究课题组.建国初期的计划经济效率——基于制度变迁理论与 DEA 检验的经济史研究[J].当代经济科学,2015(5):116-123,128.

[85]杨友才.制度变迁、路径依赖与经济增长的模型与实证分析——兼论中国制度红利[J].山东大学学报:哲学社会科学版,2015(4):141-150.

[86]刘志迎,陈侠飞.改革红利:中国制度变迁与内生增长[J].经济与管理研究,2015(10):17-24.

[87]刘瑾,朱明生.经济制度变迁对贵州省经济增长的影响——基于 1978—2015 年数据的实证分析[J].贵州商学院学报,2017,30(3):19-24.

[88]石自忠,王利明.制度变迁对中国农业经济增长的影响[J].华中农业大学学报:社会科学版,2018(5):49-58,162-163.

[89]张慧一.制度变迁、政府作用与民营经济发展——基于非线性面板门限模型的分析[J].东北师大学报:哲学社会科学版,2021(6):118-224.

[90]岑聪.经济制度变迁与区域创新效率差距[J].调研世界,2021(9):48—57.

[91]崔日明,陈永胜.沿边开放与区域经济增长——基于制度变迁的研究[J].山西大学学报:哲学社会科学版,2022,45(1):139—148.

[92]杨瑞龙.论我国制度变迁方式与制度选择目标的冲突及其协调[J].经济研究,1994(5):40—49,10.

[93]周其仁.中国农村改革:国家和所有权关系的变化(上)——一个经济制度变迁史的回顾[J].管理世界,1995(3):178—189,219—220.

[94]杨瑞龙.我国制度变迁方式转换的三阶段论——兼论地方政府的制度创新行为[J].经济研究,1998(1):8.

[95]姚洋.中国农地制度:一个分析框架[J].中国社会科学,2000(2):54—65,206.

[96]张跃平.制度创新:西部民族地区全面建设小康社会的有效途径[J].中南民族大学学报:人文社会科学版,2003(5):5—9.

[97]钱忠好,牟燕.中国土地市场化改革:制度变迁及其特征分析[J].农业经济问题,2013,34(5):20—26,110.

[98]肖旭.制度变迁与中国制度改革的文献综述[J].首都经济贸易大学学报,2017,19(4):96—104.

[99]卢现祥,朱迪.中国制度变迁40年:回顾与展望——基于新制度经济学视角[J].人文杂志,2018(10):13—20.

[100]刘秉镰,等.中国区域经济发展70年回顾及未来展望[J].中国工业经济,2019(9):24—41.

[101]郑淋议,等.新中国农地产权制度变迁:历程、动因及启示[J].西南大学学报:社会科学版,2019,45(1):46—54,193—194.

[102]许经勇.改革开放以来中国经济制度变迁回顾与思考[J].西部论坛,2021,31(1):1—11.

[103]费孝通.谈深入开展民族调查问题[J].中南民族学院学报,1982(3):2—6.

[104]费孝通.武陵行(下)[J].瞭望,1992(5):12—15.

[105]戴楚洲.加快武陵山经济协作区经济文化发展的思考[J].三峡论坛,2010(1):70—75,149.

[106]王跃生.非正式约束·经济市场化·制度变迁[J].当代世界与社会主义,1997(3):6.

[107]科斯.社会成本问题[J].法律与经济学杂志:第三卷,1960(10):1—27.

[108]张小军.理解中国乡村内卷化的机制[J].二十一世纪,1998(2):23—25.

[109]杨思远.城郊型村庄经济结构及其发展趋势[J].学习论坛,2015(10):29—33.

[110]许檀.明清时期农村集市的发展及其意义[J].中国经济史研究,1996(2):10—12.

[111]刘孝瑜,柏贵喜.鄂西土家族地区城镇的兴起和发展趋势[J].中南民族学院学报:哲学社会科学版,1991(3):38—45.

[112]贺金瑞.论从民族认同到国家认同[J].中央民族大学学报:哲学社会科学版,2008(3):5—12.

[113]卢栎仁.诺斯的制度变迁理论[J].产权导刊,2010(1):27.

[114]刘志伟.地域社会与文化的结构过程:珠江三角洲研究的历史学与人类学的对话[J].历史研究,2003(1):54—64.

[115]吴鹏.多层共进:中华民族共同体建设的实践模式研究——基于层次分析的视角[J].黑龙江民族丛刊,2020(6):23—26.

[116]袁娅琴.贵州农业经济发展与民族共同体建设[J].贵州民族研究,2023(3):175—181.

[117]冉红芳.当代鄂西南乡村社会地龙灯的文化变迁[J].民族大家庭,2007(5):40—42.

[118]胡刚.近代子口税制度初探[J].中国社会经济史研究,1987(4):60—67.

[119]彭官章.清代同光年间土家族地区反教会斗争述论[J].思想战线,1987(6):21—26.

[120]屠凯.湘西土家族苗族自治州成立考[J].中国乡村研究,2014(11):266—267.

[121]王平.从族际通婚看武陵山区民族关系的演变[J].湖北民族学院学报,2007(5):23—27.

[122]姜爱林.城镇化与工业化互动关系研究[J].财贸研究,2004(3):1—9.

[123]穆光宗.中国农业剩余劳动力的转移及评价[J].中国人口科学,1989(5):23—30.

[124]宋林飞."民工潮"的形成、趋势与对策[J].中国社会科学,1995(4):78—91.

三、古籍

[1](宋)欧阳修,宋祁.《新唐书》卷四十三下《地理志七下》,中华书局,2000年版

[2](清)张天如.《永顺府志》卷十一《檄示》,清乾隆二十八年(1763年)刻本

[3](明)刘允修,沈宽纂.《夷陵州志》卷一《风俗》,明弘治九年刻本

[4](明)万士英编纂,黄尚文点校整理.《万历铜仁府志》,岳麓书社,2014年版

[5](清)张廷玉.《明史》卷三百一拾六《贵州土司传》,中华书局,2000年版

[6]道光《鹤峰州志》卷一

[7]乾隆《永顺府志》卷九

[8]乾隆《桑植县志》卷三《土司》

[9]《清史稿》卷五《世祖本纪二》本纪五

[10](清)蒋良骐.《东华录》卷七

[11]同治《酉阳直隶州总志》卷十四

[12]道光《思南府续志》卷五《土司》

[13]道光《补辑石柱厅志》卷七《土司志》

[14]民国《永顺县志》卷十五

[15]同治《宜昌府志》卷十四

[16]《清圣祖实录》卷九十一

[17]《清世祖实录》卷四十一

[18]《清世祖实录》卷一百二十二

[19]《清圣祖实录》卷一百八,康熙二十二年(1683年)三月戊午条,康熙二十二年己已条

[20]《〈清实录〉贵州资料辑要》,贵州人民出版社1964年版

[21]《清史稿》卷二百六十二《魏裔介传》

[22]《大清会典》卷十二《吏部》

[23]《钦定大清会典事例》卷五百八十九《兵部·土司袭职·议赦·议处·议恤》

[24]《大清会典》卷一百二十九《吏部》

[25]《清实录》卷一百二十六,中华书局1985年版

[26]《大清会典·吏部》卷十二

[27]《大清会典事例》卷五百八十九《兵部·土司袭职》卷一百四十五,乾隆二十七年

刊本

[28]《清史稿》卷五百十二《湖广土司传》列传二百九十九

[29]《湖广总督迈柱奏》,乾隆二年十二月二十九日,中国第一历史博物馆藏

[30]《圣祖仁皇帝实录》卷二十,康熙六年八月壬寅

[31]《清史稿》卷五百十二《湖广土司传》列传二百九十九

[32]童昶.《拟奏制夷四款》,载同治《增修施南府志》卷二十九《艺文》

[33]雍正皇帝硃批谕旨卷二百一十二《硃批迈柱奏》

[34]道光《鹤峰州志》卷十四《杂述》

[35]刘彬.《永昌土司论》,《皇朝经世文编》卷八十六《兵政十七·蛮防上》

[36]同治《桑植县志》卷二《建置志》

[37]《清世宗实录》卷六十四,雍正五年十二月己亥

[38]《国朝先正事略》卷十三《鄂文端公》

[39]《皇朝经世文编》卷八十六《兵政十七·永昌土司记》

[40]魏源.《圣武记》卷七《西南夷改流记上》,中华书局1984年版

[41]《清世宗实录》卷七十二,雍正六年八月己酉

[42]《清史稿》卷五百十二《湖广土司传》列传二百九十九

[43]道光《施南府志》卷十六《武备志》

[44]同治《永顺府志》卷六《兵制》

[45](清)张天如,魏式曾,郭鉴襄纂修.《永顺府志》卷十二《杂记》,清同治十二年(1873年)刻本

[46](清)毛峻德纂修.《鹤峰州志》卷上《沿革》,乾隆六年刻本

[47](清)卢元勋纂.《桑植县志》卷二《赋役志》,同治十二年刻本

[48]同治《永顺府志》卷一《沿革》

[49]同治《永顺府志》卷六《铺递》

[50](清)毛峻德纂修.《鹤峰州志》卷上《沿革》,乾隆六年刻本

[51]道光《施南府志》卷十二《田赋》

[52](清)李焕春,龙兆霖,郑敦祜纂修.《长乐县志》卷九《赋役》,清光绪元年(1875年)刻本

[53](清)李瑾纂修,王伯麟续纂修.《永顺县志》卷首《序》,清乾隆十年(1745年)刻本

[54](清)唐庚,董耀焜修,李龙章纂.《永顺县志》卷六《风土志》,清同治十三年(1874年)刻本

[55](清)吉钟颖等.《鹤峰州志》卷六,《风俗志》,道光二年刻本

[56](清)毛峻德.《鹤峰州志》卷下,《风俗·义馆示》,乾隆六年刻本

[57]《清史稿》卷一百六《选举一》

[58](清)《施南府志》卷七《建置志·学校·义学》,道光抄本(1834年)

[59](清)罗德昆纂.《施南府志》卷七《建置·学校》,道光十七年刻本

[60](清)张天如纂.《永顺府志》卷十一《檄示》,乾隆二十八年抄刻本

[61](清)魏式曾纂.《永顺府志》卷五《学校》,同治十二年刻本

[62]乾隆《鹤峰州志》卷首《文告》

[63]同治《利川县志》卷三《风俗》

[64]同治《来凤县志》卷二十八《风俗志》

[65]《世宗宪皇帝圣训》卷二十五

[66]《三省边防备览》卷九《民食》

[67]同治《长乐县志》卷十二《风俗志》

[68](清)李瑾纂修,王伯麟续纂修.《永顺县志》卷首《序》,清乾隆十年(1745年)刻本

[69](清)张梓.《咸丰县志》卷七《典礼志》,同治四年刻本

[70](清)何蕙馨纂.《利川县志》卷十《杂记》,同治刻本

[71](清)毛峻德.《鹤峰州志》卷下《户口》,乾隆六年刻本

[72](清)张家枬修.《恩施县志》卷四《风俗》,嘉庆十三年刻本

[73]同治《宜昌府志·风俗志》卷七

[74](清)罗德昆撰.《施南府志》卷十一《食货志·户口》,道光十七年刻本

[75]同治《永顺府志》卷四《户口》

[76]道光《思南府续志》卷三《户口》

[77](清)李勋.《来凤县志》卷十三《食货志·户口》,同治五年刻本

[78]乾隆《来凤县志》卷四《食货志·户口》

[79]同治《恩施县志》卷六《食货志·户口》

[80]同治《建始县志》卷四《食货志·户口》

[81]同治《宜昌府志》卷十一《风土》

[82](清)张光杰等修.《咸丰县志》卷七《典礼·风俗》,同治四年刻本

[83](清)多寿,罗凌汉等纂修.《恩施县志》卷七《地情》,同治七年刻本

[84](清)陈宏谋,范咸纂修.乾隆《湖南通志》卷二,齐鲁书社1996年版

[85]《大清一统志》

[86](清)黄德基纂.《永顺县志》卷四《风土志》,乾隆五十八年抄本

[87]光绪《黔江县志》卷五《风俗志》

[88]同治《增修酉阳直隶州总志》卷十九《物产志》

[89](清)王寿松等修,李稽勋等纂:《秀山县志》卷八《礼志第六》,光绪十七年刊本

[90]同治《增修酉阳直隶州总志》卷十九《物产志》

[91](清)袁景晖纂修.道光《建始县志》卷三《户口之志》,《中国方志丛书·华中地方》第326号,台湾成文出版社1975年版

[92](清)李拔纂修.乾隆《长阳县志》卷首《方山记》,《故宫珍本丛刊》第143册,海南出版社2001年版

[93](清)松林等修.同治增修《施南府志》卷二十八《艺文志》,《中国地方志集成·湖北府县志辑》第55辑,江苏古籍出版社2001年版

[94](清)吉钟颖,洪先涛纂.道光《鹤峰州志》卷十《风俗志》,《中国地方志集成·湖北府县志辑》第45辑,江苏古籍出版社2001年版

[95]同治《来凤县志》卷二十八《风俗志》

[96](清)林继钦纂.《保靖县志》卷二《舆地志》,同治十年刻本

[97](清)王协梦纂.《施南府志·人物志·李周传》卷二十二,道光十七年刻本

[98]《恩施县志》引《黔中记》,嘉庆刻本

[99]同治《来凤县志》卷二十八《风俗志》

[100]同治《恩施县志》卷七《风俗志》

[101]《永顺府志》卷四《仓储》,乾隆二十八年抄刻本,《施南府志》卷六《建置·仓库》,道光丁酉版

[102]同治《来凤县志》卷三十《艺文志》

[103]乾隆《永顺县志》卷十六《田赋》

[104]周来贺修.《桑植县志》卷二《风土志》,同治十一年刊本

[105]嘉庆《石门县志》卷十八《风俗》

[106]郭子章编.万历《黔记》,《中国地方志集成·贵州府县志辑》第2辑,巴蜀书社2006年版

[107]张天如.《永顺府志》卷十《风俗志》,1763年(清乾隆二十八年)刻本

[108](清)王协梦修,罗德昆纂.道光(1837年版)《施南府志》卷之十《典礼志·风俗》

[109](清)张之洞著,苑书义等编.《张之洞全集》卷二百一拾九,河北人民出版社1998年版

[110]吕调元修,张仲炘等纂.民国《湖北通志》卷二十一《舆地志二十一·风俗》,商务印书馆影印本,1921

[111](清)詹应甲纂.《赐绮堂集》卷十二《诗》,《续修四库全书》第1484卷《集部·别集类》,上海古籍出版社2002年版

[112](清)王协梦修,罗德昆纂.道光(1837年版)《施南府志》卷之十《典礼志·风俗》

[113](清)苏益馨修,梅峄纂.嘉庆《石门县志》卷二十九《茶法志》,《中国地方志集成·湖南府县志辑》第82辑,江苏古籍出版社2002年版

[114](清)陈鸿渐纂,长庚,厉祥官修.光绪《续修鹤峰州志》卷五《赋役志》,《中国地方志集成·湖北府县志辑》第56辑,江苏古籍出版社2001年版

[115](清)朱庭菜纂修.道光《长阳县志》卷一《凡例》,道光二年(1822年)刻本

[116](清)多寿修,罗凌汉纂.同治《恩施县志》卷二《村集》,《中国地方志集成·湖北府县志辑》56辑

[117]《永顺县志》卷一《地舆志》,乾隆十年刻本

[118](清)张金澜,蔡景星等纂修.同治《宣恩县志》卷二十《艺文志·东门关观音阁茶亭碑记》,《中国地方志集成·湖北府县志辑》第57辑,江苏古籍出版社2001年版

[119](清)张家鼎,朱寅赞等纂修.嘉庆《恩施县志》卷一《疆域志记·沿革》,《中国地方志集成·湖北府县志辑》第54辑,江苏古籍出版社2001年版

[120]《清高宗实录》卷六,雍正十三年十一月壬寅,《清实录》第9册,中华书局1985年版

[121](清)徐树楷等纂修.同治《续修鹤峰州》卷一《疆域志》,《中国地方志集成·湖北府县志辑》第 45 辑,江苏古籍出版社 2001 年版

[122](清)林继钦,龚南金修,袁祖绶纂.《保靖县志》卷二《舆地志》,清同治十一年(1872 年)刻本

[123](清)王槐龄纂修.《补辑石砫厅新志》卷二《田赋志》,清道光二十三年(1843 年)刻本

[124](清)多寿修,罗凌汉纂.《恩施县志》卷九《风俗志》,清同治七年(1868 年)刻本

[125](清)王协梦,罗德昆等纂修.道光《施南府志》卷二十七《文艺志》,道光十七年(1837 年)刻本

[126](清)王协梦,罗德昆等纂修.道光《施南府志》卷七《建置志》,道光十七年(1837 年)刻本

[127]乾隆《永顺府志·学校志》卷五

[128](清)王协梦,罗德昆等纂修.道光《施南府志》卷十《典礼志》,道光十七年(1837 年)刻本

[129](清)李奂春等纂修.光绪《长乐县志》卷十二《风俗志》,《中国地方志集成·湖北府县志辑》第 54 辑,江苏古籍出版社 2001 年版

[130](民国)胡履新修,张孔修纂.《永顺县志》·卷二十六《武备三》.长沙:吟章纸局,民国十九年(1930 年)铅印本.

[131]光绪《古丈坪厅志》卷十一《物产》

[132](民国)刘正学纂.永顺县风土记·生活

四、学位论文

[1]朱圣钟.鄂湘渝黔土家族地区历史经济地理研究[D].西安:陕西师范大学,2002.

[2]刘琼.清代土家族地区开发与环境变迁研究[D].武汉:华中师范大学,2017.

[3]王高飞.清代土家族地区改土归流及其环境效应初步研究[D].重庆:西南大学,2013.

[4]郑丽娟.改土归流后湘西地区的农业开发研究[D].吉首:吉首大学,2020.

[5]宋祖顺.晚清民国时期土家族地区商业地理的初步研究[D].重庆:西南大学,2017.

[6]黎帅.清代黔东北经济开发研究(1644—1840)[D].武汉:中南民族大学,2018.

[7]欧阳明.明至民国时期来凤百福司集镇变迁研究[D].恩施:湖北民族大学,2020.

[8]廖桂华.土家族地区小集镇的发展与变迁——以鄂西南建始县为例[D].武汉:中南民族大学,2013.

[9]覃芸.清代桑植土司"改土归流"研究[D].吉首:吉首大学,2018.

[10]陈永萍.明代思州土司改土归流与黔东社会变迁研究[D].贵阳:贵州师范大学,2021.

[11]张振兴.清朝治理湘西研究(1644—1840)[D].北京:中央民族大学,2013.

[12]沈杰.清代容美土司改土归流文书研究[D].南京:南京师范大学,2022.

[13]程建.对福格尔关于铁路与经济增长关系理论的研究[D].北京:北京交通大学,2009.

[14]张朝.制度变迁对中国经济增长的影响——基于1978—2010年时间序列数据的实证分析[D].石家庄:河北经贸大学,2013.

[15]龚叶茂.制度变迁与经济增长[D].合肥:中国科学技术大学,2015.

[16]万道侠.制度变迁与区域经济增长的空间统计分析[D].济南:山东财经大学,2015.

[17]胡炼.制度变迁对经济发展影响的实证研究——基于1978—2016年宏观经济数据[D].长春:东北财经大学,2017.

[18]尹婷婷.中国的制度变迁与经济增长——基于诺思制度理论的研究[D].济南:山东财经大学,2018.

[19]傅华楠.中国经济制度变迁对经济增长的影响研究[D].济南:山东财经大学,2018.

[20]孙赫扬.中国改革开放以来制度创新影响经济增长的实证研究[D].沈阳:辽宁大学,2022.

[21]杜佳.新中国60年农村经济制度变迁研究[D].西安:西北大学,2015.

[22]胡艳红.建国以来中国农村土地制度变迁及启示研究[D].成都:四川师范大学,2015.

[23]杨文雯.云南少数民族"直过区"制度变迁及其效应研究[D].昆明:云南大学,2017.

[24]何颜隆.制度变迁与我国基本经济制度演进逻辑[D].武汉:武汉理工大学,2020.

[25]杨洪林.鄂西南明清移民与乡村社会变迁[D].武汉:华中师范大学,2013.

五、其他

[1]习近平. 在庆祝改革开放 40 周年大会上的讲话[N]. 人民日报,2018-12-19(1).

[2]习近平. 在全国民族团结进步表彰大会上的讲话[N]. 解放军报,2019-09-28(2).

[3]王延中. 铸牢中华民族共同体意识的战略意义[N]. 光明日报,2022-08-18(6).

[4]新华社. 习近平在青海考察:坚持以人民为中心深化改革开放 深入推进青藏高原生态保护和高质量发展[EB/OL]. [2021-06-09]. https://www. gov. cn/xinwen/2021-06/09/content_5616441. htm.

[5]姚晓丹. 反事实推理拓展史学研究路径[N]. 中国社会科学报,2016-08-29(3).

[6]崔在辉. 恩施傩戏现状和传承保护[A]. 恩施州民间艺术活态传承模式研讨会,2012.

六、外文文献

[1]Douglass C. North. The Economic Growth of the United States(1790—1860)[M]. New York:The Norton Library W·W-Norton & Company·Inc,1961.

[2]Douglass C. North. Quantitative Research in American Economic History[J]. The American Economic Review,1963,53(11):128-130.

[3]Robert William Fogel. Railroads and American Economic Growth Essays in Econometric History[M]. Baltimore:The Johns Hopkins Press,1964.

[4]Robert William Fogel. The Reunification of Economic History with Economic Theory[J]. The American Economic Review,1965,55(1-2):92-98.

[5]Douglass C. North,Growth and Welfare in the American Pass :A New Economic History[D]. Prentice Hall College Div,1966.

[6]Douglass C. North. Sources of Productivity Change in Ocean Shipping,1600—1850[J]. Journal of Political Economy,1968,76(5):953-970.

[7]Charlotte Erickson. Quantitative History[J]. The American Historical Review,1975,80(2):351-365.

[8]Claudia Goldin. Cliometrics and the Nobel[J]. The Journal of Economic Perspectives,1995,9(2):191-208.

[9]David Levinson,Melvin Embereds. Encyclopedia of Cultural Anthropology[M]. New York:Henry Holt and Company,Inc. ,1996.

[10] Bronislaw Malinovski. Argonault of the Western Pacific[M]. New York: Dutton&Co. ,1992.

[13]Marshall Godelier, Levi-Strauss. Marx and After? [D]. HongKong: The Chinese University of Hong Kong,1990.

[14]Marshall Sahlins. Stone Ages Economics[M]. Chicago: Alding Publishing Company,1972.

[15]Karl Polanyi, C. Arensberg, H. Pearson. The Economy as Instituted Process, Trade and Marker in the Early Empires: Economies in History and Theory[M]. New York: The Free Press,1957.

[16]Yan yunxian. Flow of Gifts: Reciprocity and Social Networks in a Chinese Village [M]. Stanford: Stanford University Press,1996.